자치경찰론

최종술

Autonomous Police Theory

박영사

▶▶▶ 머리말

    학문적 연구결과를 책으로 세상에 내놓는다는 것은 조심스러운 일이다. 부족한 측면들이 드러나 자신의 지식수준이 세상에 알려지기 때문이다. 그럼에도 불구하고 노력에 대한 성과를 드러내고 싶은 마음이 있는 것 같다.

    이 책은 지금까지 저자가 연구해 온 자치경찰 분야의 연구들을 정리하고, 이에 가필하여 구성한 것이다. 자치경찰 분야의 연구는 현재도 계속 진행되고 있다. 앞으로 보다 발전적인 연구들이 나오면 또다시 보완할 것이다.

    본서의 특징은 자치경찰의 이론적 기초로서 지역사회경찰활동론을 제시한 것이다. 자치경찰활동의 이론적 근거를 지역사회경찰활동론으로 삼아 자치경찰론을 서술하였다.

    본서의 구성은 제1편 지역사회경찰활동론, 제2편 지방자치와 자치경찰, 제3편 한국의 자치경찰 제도, 제4편 외국의 자치경찰 제도로 구성되었다.

    자치경찰론의 중요한 분야들을 본서에서 다루고 있다. 앞으로 연구결과가 다시 나오면 보완해서 증보해 나갈 것이다. 본서를 출간하는 데 도움을 주신 여러분들과 출판사 관계자께 감사를 표한다.

2024. 07. 18.

저자 최 종 술

▶▶▶ 목차 ────────────────

제4편
◆
외국의 자치경찰 제도

▶▶▶ 표 목차

▶▶▶ 그림 목차

제1편

자치경찰의 이론적 기초

제1장

지역사회경찰활동론

제1절

지역사회경찰활동의 등장

1 경찰활동의 의미

1) 권력적 법 집행(Law enforcement) 작용

전통적으로 경찰활동은 권력적·명령적·강제적 요소가 있는 국가 기능을 말한다. 즉, 공공의 안녕과 질서를 유지하기 위해 일반 통치권에 근거하여 국민에게 명령·강제함으로써 자연적 자유를 제한하는 작용이다.

경찰활동은 규범적 강제작용, 즉 권력적 법 집행에 국한되며, 대륙법계 국가들은 이와 같은 관점에서 경찰활동을 이해하였다. 이러한 경찰활동의 개념은 주로 행정법학자들에 의하여 주장되었다.

이러한 맥락에서 경찰활동의 개념은 형식적 의미의 경찰활동과 실질적 의미의 경찰활동으로 분류된다. 형식적 의미의 경찰활동은 실정법상 보통경찰 기관에 분배되어 있는 임무를 달성하기 위하여 행하는 경찰활동이다. 반면, 실질적 의미의 경찰활동은 사회 공공의 안녕과 질서를 유지하기 위하여 일반 통치권에 근거해서 일반 국민에게 명령·강제하는 권력적 작용이다.

예컨대, 보통경찰 기관인 일선 경찰서 소속 경찰관들이 수행하는 경찰활동은 형식적 의미의 경찰활동이다. 반면, 시·군·자치구청 소속 공무원들이 식품·접객업소 등을 단속하는 사무를 수행하는 경우, 이는 실질적 의미의 경찰활동이다.

2) 경찰 서비스(Police service) 제공

경찰활동은 계몽·지도·봉사 차원의 경찰 서비스 제공 기능이다. 경찰은 사회 공공의 질서를 유지하고, 위해와 범죄로부터 국민 개개인의 생명과 재산을 보호하며, 다양한 공공서비스 또는 공공재를 제공해 주는 기능을 수행한다. 이것은 경찰활동의 비권력적 봉사·응원 기능을 강조한 개념이다. 이러한 개념은 경찰행정학자들에 의하여 주장되었다.

경찰 작용을 공공 서비스(Public service) 제공의 한 유형으로서 경찰 서비스 제공을 위한 활동이며, 치안 서비스라는 공공 서비스(Public service) 제공을 위한 활동이다.

3) 종합적 의미

전통적으로 대륙법계 국가의 경찰활동은 강제와 규제적 요소를 가진 권력적 법 집행을 의미하고, 영미법계 국가의 경찰활동은 봉사와 지원에 의한 비권력적 서비스를 제공하는 작용을 의미한다.

그러나 오늘날 경찰활동은 종합적 개념으로 정의된다. 즉, 전통적 의미의 경찰 기능인 공공의 질서유지를 위한 권력적 법 집행 기능과 함께 비권력적인 봉사 또는 응원 기능이 모두 포함된 개념이다.

경찰의 기능과 역할을 범죄 발생 시점을 기준으로 구분하면, 전통적 경찰활동은 사후적 진압활동에 중점을 둔 경찰활동이다. 오늘날 경찰활동은 사후적 진압활동와 함께 사전예방적 활동에도 중점을 두는 경찰활동이다. 예컨대, 범죄예방과 범죄수사 기능 중 어느 것을 더 중시하는가에 따라 경찰의 역할과 기능에 대한 강조점이 달라진다.

〈그림 1-1〉 경찰의 역할과 기능

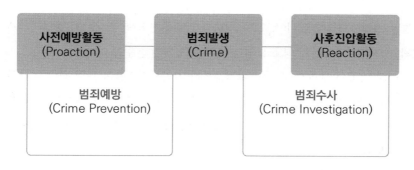

2 지역사회경찰활동의 등장

1) 등장 배경

전통적으로 경찰은 범죄를 저지른 범죄자에 대한 수사활동을 통하여 범인을 체포, 검거하고, 이를 사법 처리하는 활동을 해 왔다. 이로서 국민의 생명과 재산을 보호하고, 사회적 질서를 유지하며, 위험을 방지하는 법 집행자(Law enforcer)의 역할을 하였다.

전통적인 경찰활동은 범죄사건과 관련이 없으면, 원칙적으로 경찰활동을 하지 않으며, 접근하지 않았다. 주민들이 부담스럽게 느낄 것을 우려해 순찰 시에도 가급적 차량에서 내리지 않았다. 즉, 경찰에게 지역 주민은 보호와 법 집행의 대상일 뿐이었다.

그러나 오늘날 경찰의 기능은 공공의 질서유지, 범죄예방 등 다양한 치안 서비스를 제공해야 한다. 특히, 경찰의 사전 범죄예방활동은 형사정책이나 경찰정책 측면에서 중요하고, 범죄의 사후 진압보다 경찰의 본질적 기능으로 중요한 위치를 차지한다. 이러한 변화는 새로운 의미의 경찰활동을 요구하게 되었고, 이것이 지역사회경찰활동(Community Policing)이 등장한 배경이다.

지역사회경찰활동은 경찰의 역할에 대한 일반적 인식에 근본적인 변화를 가져왔다. 또한 모든 시민이 경찰활동 과정에 능동적으로 참여하도록 환경을 조성한다. 경찰이 자신의 정책 의제보다 지역사회 문제에 초점을 맞추도록 경찰의 업무 방향과 전략의 방향을 제시한다. 요컨대, 지역사회경찰활동은 지역사회의 문제를 지역 주민이 발견하고, 그에 대한 전략과 전술의 개발을 위한 기본 철학이다.

2) 지역사회경찰활동의 기원

(1) 미국의 지역사회경찰활동

오늘날 지역사회경찰은 미국, 일본, 캐나다를 비롯한 선진 각국에서 광범위하게 활동하고 있지만, 지역사회경찰의 최초 도입은 미국에 그 기원을 두고 있다.

1960년대 미국의 사회적·정치적 위기로부터 지역사회경찰이 도입되었다. 당시 시민권 운동, 도시 폭동, 베트남 전쟁에 대한 반전시위 그리고 범죄발생의 증가, 약물사용 증가 등 사회 문제가 발생하였지만, 경찰은 이와 같은 대규모 범법 행위를 예방·통제하는 능력에 한계가 있었다.

이와 같은 사회적·국가적 상황에 직면하여, 사회 문제 해결을 위한 기존의 경찰활동에 시민들이 회의를 가지게 되었고, 그 결과 사회질서 문란사건들을 검토하기 위한 다수의 위원회가 창설되었으며, 경찰활동을 개선하기 위한 권고안들도 제안되었다.

즉, 범죄에 대한 시민들의 관심이 증가하면서 존슨(Lyndon Baines Johnson) 대통령은 1965년 「법집행과 사법행정에 관한 대통령 위원회(Law Enforcement and Administration of Justice)」를 창설하였다. 1967년 「법집행과 사법 행정에 관한 대통령 위원회」는 「자유사회에 있어서 범죄의 도전(The Challenge of Crime in a Free Society)」이라는 보고서를 발표하였다. 이 보고서에서 선발과 훈련을 통하여 경찰의 능력을 제고하고, 특히 경찰이 지역사회와 보다 나은 대화를 확립하고, 지역사회의 요구에 더 반응적일 것을 권고하였다.

1967년 흑인 지역에서 인종차별과 경제적 불평등에 대한 반발로 일련의 폭동이 발생하면서, 치안 문란에 관한 국가자문위원회(The National Advisory Commission on Civil Disorders)인 「Kerner 위원회」가 창설되었다.[1] 이 위원회는 주로 1960년대 중반, 미국 도시에서 발생한 민족 폭동의 원인과 해결책을 조사·분석하는 것이 목표였다.

1968년 출판한 이 위원회의 최종보고서는 슬럼가에 있어서 경찰의 역할 그리고 경찰과 지역사회 간의 관계에 관한 내용을 다루었다.[2] 즉, 경찰관과 슬럼가 주민들과의 적대심이 1964년부터 1968년 사이 미국 전역에 걸쳐 일어난 폭동의 주된 원인이라는 사실을 제시하였다. 또한 보고서는 빈번한 불심검문과 같은 경찰활동의 전통적 전략과 전술이 이와 같은 마찰을 일으키고, 지역사회 관계를 악화시킨 것으로 결론지었다.

「Kerner 위원회」 보고서는 전통적 경찰의 전략과 활동에 대한 결함을 지적하고, 주의를 환기시키는 결정적 역할을 하였다. 특히 결정적 계기가 된 것은 1968년 「범죄통제와 안전거리에 관한 총칙법(Omnibus Crime Control and Safe Streets Acts)」의 제정이다. 이 법은 전

---

1) 사회복지용어대사전, 더 나은 복지세상 편; 1967년 미국에서 발생한 민족 폭동과 인종 불평등에 대한 대응으로 국가자문위원회인 "Kerner Commission"가 결성되었다. 이 위원회의 명칭은 "The National Advisory Commission on Civil Disorders"이다. Kerner Commission은 미국 대통령 린턴 B. 존슨(Lyndon B. Johnson)이 1967년 7월에 창설하였다.

2) 상게서; Kerner Report는 1968년 3월에 발표되었고, 그 중에서도 가장 잘 알려진 부분은 "우리는 두 국가로 나뉘었다("We are moving toward two societies, one black, one white—separate and unequal")"라는 문구이다. 이 보고서는 인종 차별과 경제적 불평등을 민족 폭동의 주요 원인으로 지목하며, 사회적·경제적 개선과 고용기회 확대, 교육 개혁 등의 대책을 제안했다. 그러나 이 보고서의 권고사항은 대부분 실행되지 않았고, 미국의 인종 갈등과 불평등은 그 후에도 계속되었다. Kerner Commission과 그 보고서는 현장에서의 대책을 마련하는 데 있어서 중요한 역할을 했다.

통적인 경찰활동의 전제를 비판하고, 지역사회경찰활동을 연구하는 계기가 되었다. 이후 전통적인 경찰활동에 대한 비판은 더욱 가속화되었고, 범죄의 감소와 경찰과 지역사회 간 관계 개선에 대한 새로운 실험들이 계속 진행되었다.

(2) 문제지향적 경찰활동

① 개념

1979년 골드스타인(Herman Goldstein)은 문제지향적 경찰활동((Problem-Oriented Policing, POP)을 제시하였다. 문제지향적 경찰활동은 전통적인 사건 중심적 경찰활동의 한계를 극복하기 위한 새로운 경찰활동 모델이다.[3] 경찰이 단순히 범죄사건에 대응하는 것을 넘어 범죄의 근본적인 원인을 파악하고 해결하기 위한 노력을 강조한다.

② 구성 요소

문제지향적 경찰활동은 다음과 같은 구성 요소를 기반으로 한다.

첫째, 문제 정의이다. 경찰은 우선 해결해야 할 주요 문제를 명확하게 정의해야 한다. 시민들의 의견을 수렴하고, 범죄통계 분석, 전문가 자문 등을 활용한다.

둘째, 분석이다. 정의된 문제의 원인을 심층적으로 분석한다. 즉, 범죄유형, 발생 장소, 시간, 관련 요인 등을 분석하여 문제의 본질을 파악한다.

셋째, 전략 개발이다. 분석결과를 바탕으로 문제 해결을 위한 구체적인 전략을 개발한다. 단순히 범죄자를 처벌하는 것뿐만 아니라, 범죄예방, 환경 개선, 사회적 문제 해결 등 다양한 방안을 모색한다.

넷째, 실행이다. 개발된 전략을 실제로 실행하고, 그 효과를 지속적으로 평가한다. 필요에 따라 전략을 수정하고 개선하며, 시민들과의 소통을 통해 협력 체계를 구축한다.

다섯째 평가이다. 전략의 효과를 정기적으로 평가하고, 문제 해결 여부를 확인한다. 평가결과를 바탕으로 전략을 개선하고, 향후 계획을 수립한다.

③ 장점

문제지향적 경찰활동은 다음과 같은 장점이 있다.

첫째, 범죄의 감소 효과이다. 범죄의 근본적인 원인을 해결함으로써 범죄발생률을 감

---

3) Herman Goldstein(1979). Problem-Solving Policing. McGraw-Hill Education.

소시킨다.

둘째, 시민 만족도 향상이다. 시민들의 문제 해결에 적극적으로 참여하고 협력함으로써 시민 만족도를 높인다.

셋째, 경찰 조직의 효율성 증대이다. 문제 해결에 집중함으로써 경찰 조직의 효율성을 증대시킨다.

넷째, 지속가능한 범죄예방이다. 단기적인 범죄대응을 넘어 장기적인 범죄예방 전략을 수립하고 실행 가능하다.

④ 한계

문제지향적 경찰활동은 다음과 같은 한계가 있다.

첫째, 실행의 어려움이다. 문제 분석, 전략 개발, 실행, 평가 등의 과정이 복잡하고 시간이 많이 소요될 수 있다.

둘째, 자원 부족이다. POP를 성공적으로 실행하기 위해서는 충분한 자원과 인력이 필요하다.

셋째, 시민참여 부족이다. 시민들의 적극적인 참여와 협력 없이는 POP의 효과를 제대로 기대할 수 없다.

넷째, 정치적 영향이다. 정치적 영향으로 인해 POP의 실행이 어려울 수 있다.

(3) 문제지향적 경찰활동 프로그램

1980년대 중반 지역사회 문제 해결을 위한 여러 가지 대응 수단에 관한 실험이 전개되었다. 「미국치안연구소(National Institute of Justice)」는 버지니아(Virginia)주 뉴스포트 뉴스(Newport News)시의 문제지향적 경찰활동 프로그램(Problem Oriented Policing: POP)에 대한 연구를 진행하였다.

뉴스포트 뉴스(Newport News)시 문제지향적 경찰활동 프로그램은 문제 해결을 위한 경찰의 일상적 운영을 경찰활동의 목표로 하였다. 경찰활동은 세 가지 주요한 지역사회 문제에 집중하였다.

첫째, 저소득층, 정부 보조 주택의 강도(burglaries) 문제, 둘째, 도심 주차장에 주차한 자동차 도둑(thefts) 문제, 셋째, 도심의 매춘과 관련한 절도(robberies)이다.

이외에도 편의점에서의 소동, 특정 지역에서의 약품 거래, 도심 상업지역에서의 절도 등과 같은 만성적인 지역사회 문제들이다.

이와 같은 지역사회 문제는 단순히 범죄를 해결하고 범법자를 체포하는 것뿐만 아니라, 순찰 수준을 강화하고, 범법 행위의 직접적인 조건들을 철저히 분석해야 해결되는 것이다.

문제 해결의 접근 방법은 경찰이 직면하고 있는 사건을 근원적인 문제로 간주하며, 문제 해결을 위해 문제의 구성 요소를 분석한다. 문제에 대한 체계적인 탐구는 경찰과 관련 지역사회 구성원들의 공동 작업으로 한다.

문제 해결의 핵심은 단순히 범죄를 해결하고 범죄자를 체포하는 것 뿐만 아니라, 문제의 근본적 원인과 조건을 심층적으로 이해하고 해결책을 찾아내는 것이다. 예를 들어, 범죄의 발생을 막기 위해 순찰과 함께 범죄발생 지역과 조건을 분석, 예방 조치를 시행한다. 또한, 지역사회의 문제를 해결하기 위해서 경찰과 지역사회 구성원 간에 필수적으로 협력한다. 문제에 대한 체계적인 탐구를 통해 경찰은 지역사회의 요구와 우려를 이해하고, 함께 해결책을 찾아내는 공동 작업을 수행한다.

문제지향적 경찰활동은 범죄를 단순히 징후만으로 보지 않고, 문제를 구성하는 다양한 요소들을 식별하고, 이를 체계적으로 해결함으로써 지역사회의 안전과 질서를 향상시키는 것이다.

제2절

지역사회경찰활동의 특성과 운영전략

1 지역사회경찰활동의 의의와 특성

1) 의의

먼저 지역사회(Community)란 일반적으로 특정 지리적 위치에 속한 개인들이 함께 형성하는 공동체를 말한다. 이 개념은 지역적·사회학적·심리문화적 측면을 포함하며, 지리적 영역, 사회적 상호작용, 공동 유대 및 공동체 의식이 주요 구성 요소가 된다. 지역사회는 구성원 간의 상호작용과 연결성, 그리고 특정 지역에 속한 의식적인 일체감이 강조된다. 지리적 범위를 넘어서 사회적으로 상호작용하며 성장하는 개인들 간의 유기적인 관계를 반영한다.

지역사회경찰활동(Community Policing, Cop)은 지역사회에서 수행되는 경찰활동으로서 경찰이 단순히 범죄를 단속하는 것뿐만 아니라, 지역사회와 적극적인 상호작용 및 협력을 강조하는 관점과 전략을 포함한 경찰활동 방식이다. 이 접근 방식은 경찰이 지역 내 문제를 이해하고 그에 대한 지속적인 설루션(solution)을 개발하며, 지역민들과 협력하여 안전과 질서를 유지하는 데 중점을 둔다.

지역사회경찰활동은 이전 경찰활동과 다른 특성들을 가진다. 즉, 전통적 경찰활동(Traditional Policing), 경찰-지역사회 관계(Police-Community Relation), 합동 경찰활동(Team policing)과는 다른 특성이 있다.

2) 특성

(1) 포괄성

지역사회경찰활동은 경찰 업무의 중심이 범인 검거에서 지역사회의 삶의 질과 관련된 사회 문제 해결을 위한 서비스 제공으로 옮겨져 범죄에 대한 관심이 약화될 우려가 있다. 그러나 지역사회경찰활동은 범죄수사나 범인 검거를 경시하는 것이 아니라, 오히려 더 넓은 시각에서 지역사회의 문제에 접근한다. 범죄예방을 위한 순찰활동도 중요시 하고, 이를 통해 실질적인 효과를 얻고자 한다. 지역사회경찰활동은 범죄예방을 위한 일환으로서 기존의 순찰활동과 결합하여 수행되며, 범죄의 원인이 되는 사회적 문제에 집중한다. 이는 단순한 방범과 달리 장기적인 이익을 위해 노력하고, 즉흥적인 대응이 아닌 장기적인 관점에서 포괄적으로 문제를 해결하는 방향으로 나간다.

(2) 능동성

지역사회경찰활동은 범죄 문제 해결을 위해 순찰과 신고 출동 그리고 범인 검거와 같은 그동안 경찰이 해왔던 대응 방식이 아닌, 다양하고 종합적인 접근 방식을 추구한다. 따라서 그동안 경찰 본연의 업무가 아니라고 인식했던 일들을 많이 하게 된다. 낭비적이고, 불필요한 일들을 하는 것이라는 비판을 받을 수 있다. 즉, 경찰은 오로지 범죄 문제와 싸우는 데 소중한 시간과 경비를 사용해야 하며, 사회활동은 일반행정에 맡겨야 한다는 입장에서 비판을 받을 수 있다.

그러나 이러한 입장들은 범죄의 문제는 경찰 업무의 일부분에 지나지 않는다는 사실을 간과하고 있다. 실제로 경찰은 범죄와 관련 없는 서비스 활동도 한다. 지역사회경찰활동은 이러한 서비스 제공 활동을 경찰의 기본 업무로 인정하여 포함시키며, 경찰관에게 지역사회와 주민들의 생활 문제에 관심을 갖도록 하여 그 역할을 더욱 확대한다. 경찰관의 지위는 법 집행관, 평화유지자, 권위의 상징, 사회봉사자 등과 같은 다양한 측면을 가진다. 지역사회경찰활동은 경찰이 담당해야 하는 일을 범죄발생 후 소극적인 처리가 아닌 적극적으로 주민생활의 민원과 불편사항까지 해결해 주는 것으로 확대한다.

(3) 민주성

지역사회경찰활동은 전통적인 피라미드식 계층구조의 경찰 체제를 비능률적으로 보며, 이를 부정한다. 경찰 고위 간부들은 정책 결정 권한을 일선 경찰관과 시민들에게 맡기고, 지역사회경찰관은 지역사회와의 연결고리 역할을 수행하며, 축적한 경험과 지식을 기반으로 정책을 결정할 권한을 부여받는다. 모든 경찰조직 구성원은 지역사회경찰활동의 철학, 지역사회경찰관의 역할, 그리고 새로운 경찰활동의 효과에 대한 이해가 필요하다.

지역사회경찰활동의 성공은 지역사회경찰관이 얼마나 그 역할을 올바르게 수행하는지에 달려있다. 따라서 지역사회경찰관이 조직 내에서 특권을 행사하거나 소외를 받지 않도록 해야 한다. 조직 내 어떤 형태의 차별이 있으면 상호간 충돌을 초래하며 목표 달성을 어렵게 한다.

범죄는 교육과 사회적 혜택을 받지 못하는 소외된 하류층에서 더욱 많이 발생할 수 있기 때문에 지역사회경찰활동은 이 계층에 중점을 두고 있다. 경찰은 가난하고 약한 자들에게 더 많은 관심을 가져야 하며, 모든 지역의 시민은 동등한 서비스를 받을 권리가 있어야 한다. 이러한 노력을 통해 성공적인 범죄대응과 지역사회의 안전을 확보할 수 있다.

(4) 비완전성

지역사회경찰활동은 완벽하진 않지만, 문제 해결을 위한 장기적이고 종합적인 방법을 제시한다. 일선 경찰관에게 지역에 맞는 창조적인 해결책 시도의 권한을 허용한다. 그러나 가장 큰 문제는 시행착오의 위험이다. 따라서 절차와 업무의 제도화로 비숙련자에게 시행착오 위험을 감소시켜야 한다.

문제 분석과 대안 접근은 과학적이고, 포괄적이며, 지역사회의 다양한 자원을 적극 활용한다. 지역사회경찰활동은 어느 정도의 시행착오는 감수해야 하며, 이는 지역사회 자원의 효과적 활용을 통해 지속적인 개선이 필수적이다.

2 지역사회경찰활동의 구성 요소

1) 주민 삶의 질 향상

지역사회경찰활동은 주민 삶의 질 향상을 경찰활동의 중요한 목표로 설정하고, 이를 실현하는 경찰활동을 우선시한다.

지역사회경찰활동은 범죄와 범죄에 대한 두려움, 일반적인 주민생활의 질 문제가 모두 경찰 임무의 중요한 요소가 된다. 범죄에 대한 두려움도 범죄 그 자체와 마찬가지로 중요한 문제로 본다. 사람들의 범죄에 대한 두려움을 완화시키고, 안심하고 생활할 수 있는 환경을 조성한다. 범죄에 대한 두려움으로 울타리 안에서 숨어지내는 시민들을 밖으로 이끌어 경찰과 지역사회의 노력에 능동적으로 참여할 수 있도록 임무를 수행한다.

2) 주민과의 공동 생활과 신뢰 증진

경찰과 주민 간의 공동 생활과 신뢰 증진은 치안 유지와 범죄예방에 있어 핵심적인 역할을 한다. 주민으로부터 얻는 제보는 범죄자 검거에 결정적인 역할을 한다. 현대사회의 익명성으로 시민들의 이해와 협조가 없이 효과적 치안 유지가 어렵다. 경찰은 주민의 지지와 협조를 중요시하며, 주민과의 상호 신뢰를 바탕으로 우호적인 관계를 구축해야 한다.

지역사회경찰활동은 주민의 지지와 협조를 바탕으로 경찰활동을 수행하며, 범죄자 검거의 핵심인 주민 제보를 확보하는 데 중점을 둔다. 법적 권한만으로 한계가 있어 시민과의 긴밀한 협력이 필수적이다. 또한 경찰은 시민들과의 긍정적 관계를 구축하여 시민의 지지와 신뢰를 회복해야 한다. 이는 시민들과 친구나 동반자가 되어 더 가까워지고, 이를 통해 시민들의 신뢰와 협조를 얻어내어 지역사회의 안전과 질서를 지속적으로 유지한다.

3) 권한의 공유

지역 주민들이 지역사회 문제를 해결하는 데 직접 참여하도록 하여 경찰의 권한을 공유해야 한다. 모든 합법적 권한은 시민으로부터 나온다는 인식이다. 그리고 시민들의 권한을 확대해 나가야 한다. 경찰은 법 집행 기관이 아니라 서비스를 제공하는 기관이 되어야 한다. 서비스 기관으로서 경찰은 고객에게 최상의 서비스를 제공하는 것이 목표이다.

4) 문제지향적 경찰활동

문제지향적 경찰활동(Problem-oriented policing, POP)은 범죄를 단순히 신고 처리와 범인 검거로만 접근하는 고정된 관념을 버리고, 범죄의 원인에 주목하여 의미 있고 장기적인 해결책을 모색하는 방향으로 전환한다. 경찰은 범죄와 싸우는 투사로서가 아니라 범죄전문가로 간주되며, 지역의 문제와 생활안전 문제에 대한 원인을 심도 있게 고민하고 해결하는 역할을 수행해야 한다. 또한, 시민들은 문제를 발견하고 해결책을 실행하는 데에 참여할 수 있는 권한을 부여받아야 한다. 이를 통해 경찰과 시민들 간의 협력을 강화하고 지역사회의 안전과 질서를 향상시킨다.

5) 지역사회경찰관

지역사회경찰관(Community Policing Officer, CPO)은 지역사회의 한 구성원으로서 문제해결자이며, 단순히 범죄와 싸우는 사람이나 범죄신고를 처리하는 사람이 아니다. 이것은 업무의 일부분에 불과하며, 개별적인 사건 해결에 국한하지 않고, 혁신자로서 근원적인 문제 해결을 위한 방안을 모색한다. 지역사회경찰관은 지역사회와 경찰 간의 직접적 연결고리이며 주민들과 인간적인 접촉을 통하여 어려울 때 도움을 주는 친구이자 우리의 이웃이 된다. 지역에서 발생하는 문제를 해결하는 독자적 자율권을 운영하는 지역사회의 치안 총책임자이다.

또한 주민들의 문제를 조사하고, 필요한 서비스를 연결시켜 주는 전문가이다. 단순한 법 집행 경찰관이 아닌 범죄예방과 경찰-지역사회 관계의 전문가이다.

6) 전담관할구역

지역사회경찰관을 특정 구역에 상주시키는 것은 담당 경찰관이 그 지역의 특성을 정확히 파악하는 데 필수적이다. 관할구역의 크기는 지역의 특성에 따라 다를 수 있으나, 담당 경찰관이 관할구역 전체에 걸쳐 주민들과 상시적인 접촉이 가능할 정도의 규모이다.

관할구역의 크기는 지역사회의 통합성 정도에 달려 있으며 동질적인 특징을 가진 구역이다. 동질성이 유지되게 설정된 관할구역 내에서 주민 개개인에게 동등하게 개별화된 양질의 서비스를 제공한다.

3 지역사회경찰활동의 운영전략

1) 지역사회경찰활동의 기획

(1) 기획의 의미

지역사회경찰활동의 성공을 위해 실행에 대한 기획(Planning)이 수립되어야 한다. 비전, 사명 그리고 가치 설정이 명확하게 이루어져야 하며, 성취 목표를 향한 준비 행위가 필요하다. 행정에 있어서 기획은 중요하고 필수적인 수단의 하나이며, 의사결정 작용이기도 하다. 조직의 목표를 달성하기 위해 수행하는 기획은 세부적인 것부터 폭넓게 정의된 것까지 다양한 종류의 기획들이 있다. 지역사회경찰활동은 기획을 통해 지역사회경찰활동의 실행을 위한 전반적인 사항에 대해서 평가 체제를 구축한다.

기획은 무엇을 할 것인가? 어떻게 실행할 것인가? 언제 할 것인가? 누가 할 것인가? 등과 같은 기본적인 질문들을 포함해야 한다.

(2) 기획의 목적

기획은 조직이 현재 상황에서 미래에 대한 목표를 설정을 하고, 조직 구성원들에게 이러한 목표를 알게 하여 조직의 사명을 보다 효과적으로 성취하도록 하는 것이 그 목적이다.

(3) 기획의 주체

① 지방정부와 경찰 책임자

경찰서장 등 경찰 책임자나 지방자치단체장 등 지방정부의 장이 지역사회경찰활동의 실행에 관여하는 것은 당연하며, 특히 경찰 책임자의 지원 없이는 불가능하다.

② 경찰관서의 직원들

먼저, 고위관리계층은 장기적, 일반적 기획 업무에 관여하고, 기획활동에 투자하는 시간도 다른 하급 직원에 비해 많다

둘째, 중간관리자들은 조직 전반의 실행 기획에 참여하고, 단기적이거나 중간적인 범위의 기획들을 감독하고, 일반적으로 기획 실행단계에서 조정하는 역할을 한다.

셋째, 일선 감독자들은 실행 중인 계획들을 감독함으로서 기획에 참여하고, 소규모의 경찰관서는 이러한 일선 감독자가 중간관리자의 역할까지도 병행하고 있다. 이들은 특정되거나 세분화된 기획의 실행 과정을 개발하는 데 조력하기도 한다.

넷째, 일선 경찰관의 이해와 지원은 반드시 필요하다. 관서 내의 최고 책임자부터 말단 직원에 이르기까지 모든 계층의 참여가 있어야 초기 단계의 저항들을 극복할 수 있다.

③ 지역사회

지역사회의 협력 없는 기획은 성공할 수 없다. 진행 과정에서 지역사회를 경찰활동 철

학과 실행에 동참시키고, 지역사회의 여론과 일치되게 하며, 개혁을 실행하는 장기적인 지원을 보장하는 기반이 된다.

④ 타 기관 및 단체

지역사회경찰활동의 실행을 위해 지역사회에 관련된 다른 공공 기관과 봉사단체 등 모든 관련 단체의 참여를 유도해야 한다.

2) 기획의 방법

(1) 기획의 수립

기획은 먼저, 비전(Vision), 가치설정(Value statement), 사명(Mission statement)을 제시해야 한다. 비전이란 조직원이 조직의 미래가 어떠한 모습으로 변하기 원하는 조직의 예상 이미지이다. 가치 설정이란 조직에 의해 가치 있고, 바람직하다고 여겨지는 원칙 등에 대한 설정이다. 사명이란 조직의 목표나 조직이 추구하는 바이다. 이에 따라 목표의 설정, 환경 분석 그리고 목표 달성 방안의 결정으로 기획이 수립된다.

(2) 기획의 조정

기획의 조정이란 어떻게 실행될 것인지에 대하여 세부 사항을 조정, 결정하는 것이다.

(3) 최종기획서의 작성

기획에 대한 소개, 지역사회와 경찰관서 현황, 미래에 대한 비전 제시, 가치 설정, 사명, 조직 구조도, 조직의 내외적 환경 분석, 기획의 목표 등 구체적 체계를 마련한 최종기획서가 작성된다.

▽

제3절

경찰의 조직 문화와 지역사회경찰활동

1 경찰조직 문화의 특성

조직 문화란 특정 조직의 구성원들이 공유하고 있고, 그들의 행동과 전체 조직 행동에 작용하는 조직 고유의 가치관, 신념, 규범, 관습 그리고 행동 패턴들의 포괄적 총체이다. 이와 같은 개념을 경찰조직에 적용했을 때, 경찰조직 문화 또는 경찰 문화가 된다.

일반적으로 경찰조직 문화의 부정적 특성을 살펴보면 다음과 같다.

1) 비밀주의

경찰 업무를 수행함에 있어 발생할 수 있는 실수를 적정 한도에서 인정하고, 조직 내에서 비밀로 함으로서 자신을 비롯하여 동료 경찰관들도 보호하려고 한다. 동료 경찰관 사이의 믿음은 비밀주의의 기초가 된다. 경찰관에게 책임감을 지우면서도 너무 자세히 간섭하지 않도록 하여 업무를 수행하게 하는 의도도 포함된다.

비밀주의는 전통적 경찰활동의 모델에서 두드러지게 나타난다. 일반 시민은 법 집행의 객체, 제3의 방관자적 입장이 된다. 일반인들이 경찰에 대해 많이 알면 알수록 경찰조직과 경찰관 개인에게는 불이익만 많아질 뿐이라고 여긴다. 조직 내부의 일이 외부로 알려질수록 상부뿐만 아니라 언론이나 대중으로부터의 성가신 일이 많아지기 때문에 가능한 한 조직 내부의 일을 발설하지 않도록 요구받는다.

경찰 업무의 본성 때문에 비밀주의는 항상 경찰 업무의 특성으로 비춰졌다. 비밀주의의 관례는 경찰서가 전통적 경찰활동 모델에서 지역사회경찰활동 모델로 변해 갈 때 그 존재는 당위성을 잃게 된다. 지역사회경찰활동은 경찰관들이 가진 정보를 시민들이 공개하기를 요구하고, 협조적인 문제 해결자의 새로운 역할을 요구한다. 불필요한 비밀주의는 경찰과 지역사회의 협력체제(Partnership) 강화와 지역사회경찰활동 철학의 전제에 방해가 되는 것이다.

2) 고립

고립이란 한 사회의 구성원들이 다른 사회 구성원들과 상호작용하며 관계를 맺는 것을 어렵게 하는 감정적이고 심리적인 상태이다. 경찰 비밀주의의 부산물로 경찰조직은 사회로부터 고립된다. 경찰은 사람들과의 상호작용을 스스로 제한하고, 정신적으로 사회적 고립을 느끼기도 한다.

경찰조직의 사회적 고립에 영향을 미치는 요인을 보면, 다음과 같다.

첫째, 강제력의 행사이다. 경찰의 강압적인 명령, 공권력 행사 등에 대한 사생활 침해 등으로 시민들은 경찰에 대해 적대감을 갖게 된다.

둘째, 경찰관 자질의 미달, 폭력성, 부패 등 부정적 측면의 언론공개로 인한 대중들의 불신, 경멸 등이다.

셋째, 경찰작용 그 본연의 특성 때문에 사회로부터 떨어진 상태로 있게 된다. 경찰 업무는 인간의 이면, 즉 악한 행위를 다루기 때문에 사회를 항상 의심하는 습관을 가지게 되어 결국 사회와의 고립을 만들어 내는 것이다.

전통적 경찰활동 모델에서는 조직 내부의 결속을 강조하여, 경찰관이 시민들이나 순찰지역의 주민들과 너무 친숙해지는 것을 막고, 이보다는 경찰관이 동료 간에 더 긴밀한 관계를 유지하도록 노력하고, 지역 구성원과의 과도한 친밀은 부패를 야기할 수도 있다고 여겼다.

지역사회경찰활동은 이웃의 근심거리를 해결하기 위해서라도 순찰을 하면서 더 가까이 지역사회 주민에게 다가가고 그들에 대해 알고 접촉하도록 장려하는 점에서 전통적 모델과는 반대되는 접근이다. 따라서 지역사회경찰활동 철학이 조직에서 강화될수록 경찰관의 고립은 줄어들 것이다.

3) 배타적 결속

교감, 융합, 우정, 개인적 친분, 감정적 깊이 등 조직 구성원들은 동일성과 결속력을 지니고 있다. 동업자, 비슷한 업무를 수행하는 사람들, 같은 문제를 직면한 사람들은 결속력을 다지거나 발전시키는 경향이 강하다. 모든 직업이 결속력을 지니고 있지만, 경찰조직에서는 더욱 강하게 작용한다

일반적으로 결속의 3가지 요소는 방어, 전문성, 몰개성화이다. 전통적 경찰활동은 배타적 결속을 경찰관 사이에서 강화시키고, 지역사회경찰활동에서는 지역사회와의 상호접촉을 증가시키고, 그 둘 사이의 관계에서는 신뢰를 바탕으로 하는 것이 전제조건이다.

4) 경찰조직 내의 문화 분할

경찰문화는 서열, 즉 일선 경찰관 대 감독관에 따라, 그리고 기능, 즉 순찰 대 행정기능에 따라, 미국의 경우 최고 책임자의 선출, 즉 선거직 대 임명직에 따라 하위 체제로 분할되기도 한다. 지역사회경찰 활동이 경찰 문화에 스며들면 관리직 경찰과 현장 경찰관 사이의 거리는 줄어들 것이다. 분화된 문화가 아닌 총체적인 문화로 경찰 문화가 조화를 이룰 때 지역사회경찰활동은 성공적인 경찰 철학이 되는 것이다.

2 전통적인 경찰활동의 특성

1) 특성

일반적으로 전통적인 경찰활동의 특성은 다음과 같다.

첫째, 경찰활동의 가장 중요한 기능은 범죄억제이다. 따라서 고도로 중앙집권화된 명령 체계와 표준화된 행정상의 처리 절차가 효과성과 능률성을 가져온다.

둘째, 경찰조직은 계급조직이고, 명확한 분업과 사무의 전문화에 의해 특징지어진다.

셋째, 경찰관들은 설정된 임용기준을 기초로 하여 선발된다.

넷째, 훈련되고 규율되어진 경찰관에 의해 경찰활동이 이루어진다.

다섯째, 예방적이고 임의적인 자동화된 순찰이 범죄를 막는다.

여섯째, 경찰활동은 현대적 기술을 이용하여야 한다.

일곱째, 경찰관은 공명정대하게 법을 집행하여야 한다.

여덟째, 범죄는 과학적 조사방법들에 의하여 해결되어야 한다.

2) 전통적인 경찰 이념의 변화

경찰활동의 고전적 이념으로서 전통적 경찰활동에서 중요시하는 가치들은 다음과 같다.

첫째, 효율성과 법적 강제력의 집행이다.

둘째, 준군사적인 명령의 체계, 엄격한 절차적 규율 및 규칙의 준수이다.

지역사회 경찰활동의 이념은 숫자와 반응시간을 강조하는 능률성 중심의 경찰활동 이념에서 사회 문제의 근본 원인 제거와 같은 질적인 문제들을 중요시하는 효과성 활동 이념으로 그 가치가 변화된다.

지역사회 경찰활동은 주민의 문제를 해결하고, 범죄를 예방하며 주민의 삶의 질을 향상시키기 위해 경찰과 지역사회가 함께 작용하는 것을 요구한다. 인간에 바탕을 두고 시민의 삶의 질을 높이는 데 그 가치를 둔다.

3 지역사회경찰활동에 대한 저항과 극복조건

1) 지역사회경찰활동에 대한 저항

(1) 저항의 정의

저항이란 개혁에 반대하는 적대적 태도와 행동을 말한다. 조직 개혁은 현상 유지적 균형상태를 인위적으로 변동시키기 때문에 언제나 다소간의 저항에 봉착하게 된다. 저항의 이유는 개혁의 내용을 잘 모르기 때문에, 감정적인 이유로 저항할 때도 있으며, 이성적 내지 합리적인 이유를 들어 저항할 때도 있다.

(2) 경찰조직 내 변화에 대한 저항

인간은 자신의 행동을 변화시키는 것을 좋아하지 않으며, 새로운 환경 또는 방식들에 적응하는 것에 스트레스를 느끼거나 다른 형태의 심리적인 불안감을 느끼게 된다. 따라서 내외적으로 변화에 대항하는 사람들과 조직의 보편적인 저항이 있다.

(3) 저항의 이유

① 목적에 대한 오해

지역사회경찰활동의 철학을 이해하지 못한 상태로 업무를 수행하면, 목적에 대한 오해로 인하여 진정한 의미의 지역사회경찰활동 실행에 어려움이 따르고 그 결과에 대한 평가를 내리지도 못한다.

②변화의 필요성에 대한 몰이해

지역사회경찰활동의 도입이 시대적 요구로서 변화의 필요성을 인식하지 못하는 경우, 저항을 초래한다. 경찰에 대한 자연스런 변화의 요구를 알지 못하며, 상부의 지시에 의한 수동적인 태도를 취하게 된다.

③새로운 역할의 혼동과 무지에 대한 공포

시민에게 봉사하도록 요구되는 새로운 지역사회경찰활동의 역할과 사회에 강제되는 통제만을 행사했던 전통적인 역할 사이에서 가치갈등을 느끼면 결국 저항이 나타난다.

④지위와 권력 상실에 대한 두려움

시민 봉사에 초점을 두는 지역사회경찰활동으로 경찰관의 지위가 무너지는 것을 두려워한다. 또한 경찰관들은 '결국 우리가 친해져야만 하고 책임을 져야만 하는 사람들에 대하여 어떻게 권력을 행사할 수 있겠는가?' 라는 의문을 제시한다.

⑤변화 수용도의 부족

지역사회경찰활동 프로그램들이 경찰관들에게 강제되고 있다는 것을 느낄수록 경찰업무에 대한 철학을 변화시킬 의향을 감소시킨다. 결국 경찰활동 변화에 저항한다.

2) 지역사회경찰활동에 대한 저항의 극복조건

(1) 외부적 저항의 극복조건

지역사회경찰활동의 성공적인 수행을 위해서는 내외적으로 존재하는 저항에 적절히 대응하여야 한다. 경찰은 경찰조직 내부뿐만 아니라, 외부에서도 광범위한 지지를 받을 수 있어야 한다. 외부적 저항에 대한 극복조건을 살펴보면 다음과 같다.

①지역 공동체

지역 주민과의 상호 협동체제를 강조하면서 지역 주민에 대한 최선의 서비스를 제공하고, 지역사회를 중심으로 한 치안활동을 강조하는 것이 지역사회경찰활동의 중심적 내용이다. 경찰 기관이 지역사회경찰활동의 절차에 있어서 여론의 지지를 얻기 위해 지역 공동체를 활용하는 것이 매우 중요하다. 지역 공동체의 지지를 얻기 위한 절차 중 가장 중요한 것은 지역사회경찰활동이 무엇이고, 그것이 시민들에게 가지는 의미는 무엇인지에 대해서 교육하는 것이다.

이를 위한 방법 가운데 효과적인 것은 작은 공동체 회의를 개최하는 것이다. 경찰 관리자뿐만 아니라 구역 또는 관할의 장들 그리고 참여하기를 바라는 개인들까지 참여하는 작은 공동체 회의를 개최하고, 각각 회의에 참여하도록 한다. 회의의 중요성을 인식시키고 참가자들이 단순히 보여주기 위한 담화가 아니라는 것을 시민들이 이해하도록 해야 한다.

② 매스 미디어

매스 미디어의 영향력은 지역사회경찰활동에 대한 지지를 얻는 데 중요한 역할을 한다. 지역사회경찰활동에서 매스 미디어는 법 집행과 상호작용을 향상하게 된다. 지역사회경찰활동의 실행 기간 동안 경찰활동의 발전을 알리는 작용을 하며, 지역 회의를 시민들에게 알리고, 경찰의 지역적 문제를 해결하기 위한 노력을 지역사회 시민들에게 보고한다.

③ 지역 경제 지도자들

지역 경제 지도자들은 지역사회경찰활동에 귀중한 자원을 제공할 수 있으며, 영향력을 미친다. 예를 들면, 재정적 지원으로 지역사회경찰활동을 위한 장비를 기부할 수 있으며, 문제 해결에 동참할 수 있다. 가치있는 정보를 제공해 주며, 지역사회의 기본구조를 보강할 자금을 투자할 수 있다.

(2) 내부적 저항의 극복조건

경찰 관리자들로부터 내부적인 지지를 받는 것은 매우 중요하다. 조직 내부의 저항은 조직 구성원들과 밀접하게 관계되므로 신중한 대응이 필요하다. 수뇌부와 최고급 관리자들이 지역사회경찰활동에 대해 지원하는 것은 매우 중요하다. 내부적 저항을 극복하기 위한 조건은 다음과 같다.

① 분업화

중앙집권화된 상명하복의 구조는 부패의 원인이 되므로 변화를 지지하는 관리자들이 이를 바꾸어 나가야 한다. 즉, 최고위 간부와 하위 실무자들은 경찰 업무를 분담해야 한다. 경찰 업무가 분업화되면 지역사회의 문제에 좀 더 가까이 접근할 수 있으며, 전략적인 자원

배치와 결정으로 신속한 업무 수행이 가능하다.

　지역사회가 경찰 서비스에 더욱 접근하기 쉽도록 지역사회 경찰관에게 권한을 부여하므로 궁극적으로 경찰과 지역사회 모두에게 더 큰 만족을 가져다 줄 것이다.

② 권한 부여

　경찰 최고위 간부와 최고 명령권자는 하부 직원들이 더 많은 결정을 하고, 지역 문제의 해결을 위한 혁신적인 해결책을 제시할 수 있도록 그들에게 권한 부여를 해야 한다. 자율성이 부여된 책임은 경찰관의 업무 수행을 더욱 효과적으로 만드는 요인이 된다.

③ 의사소통

　지역사회경찰활동에 대한 지지를 유지하기 위해서 관리자와 각 계층의 실무자 사이의 의사소통은 지속적으로 이루어져야 한다. 이를 통하여 실무자들은 정확히 부서 안에서 무엇이 일어나는가와 절차적 변화에 대해서 알 수 있다.

　지역사회경찰활동은 사회와의 의사소통의 길도 열어 놓아야 한다. 경찰 내부의 각 부서에서도 획일적인 과정을 지양하고, 다양한 실무자들의 의견을 수렴할 수 있도록 해야 한다.

④ 업무 환경

　지역사회경찰활동 수행 시 관리자가 반드시 지원해야 하는 분야 중의 하나는 업무 환경이다. 경찰 관리자는 지속적으로 조직의 업무 환경을 향상시키도록 유도하고, 일선 경찰관들이 무엇을 원하고 있는지 지속적으로 검토하여 업무 개선방안을 수렴해야 한다.

제4절

지역사회경찰활동의 장애요인과 성공적 수행 지침

1 지역사회경찰활동의 장애요인

1) 내부적 장애요인

지역사회경찰활동의 실행 시 장애가 되는 요인은 내부적 장애요인과 외부적 장애요인으로 구분된다.

지역사회경찰활동이 경찰 조직 내에 도입되면, 조직 기구의 개편이나 문화의 변화가 일어난다. 변화에 대한 저항이 예상되며, 이로 인해 지역사회경찰활동이 조직 내에 뿌리내리기가 쉽지 않다.

지역사회경찰활동 실행에 대한 경찰 내부에 존재하는 장애요인을 살펴본다. Skolnick 과 Bayley는 지역사회경찰활동 실행에서 경찰 내부에 존재하는 장애요인 10가지를 제시하였다.[4]

(1) 경찰활동의 전통적 문화

전통적으로 경찰이 시민을 접할 때, 의심에 찬 눈으로 대하는 경계의 태도가 있다. 시민 중 누군가는 위험인물일 수 있기에 경찰은 시민들과 밀접한 관계 형성을 꺼리는 경향이 있고, 오히려 경찰끼리 지내는 것을 선호한다. 이러한 경찰의 사회적 고립성은 시민에 대한 불신을 초래한다. 이와 같은 경찰의 전통적 문화는 지역사회경찰활동을 실행하기 어렵

---

4) Jerome Skolnick, David Bayley(1988), *Community Policing: A Contemporary Perspective*, Oxford University Press.

게 한다.

(2) 신임 경찰관의 호전적 태도

신임 경찰관들은 경찰학교에서 받은 교육의 영향으로 자신들을 범죄와의 전쟁을 수행하는 투사로 인식하는 경향이 있다. 그러나 이와 같은 경향은 지역사회경찰활동을 어렵게 만들고, 원활한 지역사회경찰활동을 수행하기 위한 경찰관의 성숙된 태도를 갖지 못하게 한다.

(3) 일선 경찰관들의 문화

일선 경찰관들은 일반적으로 지역사회경찰활동의 철학에 대해서 보다 냉소적이고 회의적일 뿐만 아니라, 대체로 혁신적인 경찰활동의 개념이나 전략에 저항이 심한 경향이 있다. 이와 같은 문화는 지역사회경찰활동의 실현을 어렵게 만든다.

(4) 긴급 신고에 대한 대응 책임

전통적 경찰활동에서는 신고 전화에 신속 대응해야 한다는 것이 강조되었고, 경찰관으로서 최우선 과제로 여긴다. 따라서 많은 인력을 신속 대응 업무에 집중 배치하게 되면 지역사회경찰활동을 어렵게 만든다. 이것은 지역사회경찰활동의 지향점과는 배치된다.

(5) 한정된 자원

경찰활동을 위한 한정된 자원은 업무의 우선순위 선정과 밀접한 관련이 있다. 신고 접수 시 신속 출동이 가장 중요하다는 태도를 가지고 있다면, 경찰 책임자들은 지역사회경찰활동을 수행하기 위한 자원이 부족하다고 말할 수 있다. 만일 지역사회경찰활동의 정책과 전통적 신속 출동 체제를 동시에 유지하려면 많은 자원이 필요하다.

(6) 2인 탑승 순찰 제도

이 제도는 인원 부족을 야기할 뿐만 아니라 나아가 경찰관이 차량 내에만 있으므로 지역 주민과 괴리감이 생겨 상호간 사회적 유대 및 교류가 제한된다. 궁극적으로 지역사회경찰활동의 발전을 저해하는 결과를 초래한다.

(7) 전통적 경찰활동의 실적 평가 체제

건수 위주의 실적 평가 체제하에서, 경찰관들이 체포 건수나 통고처분 등 건수 위주의 경찰 업무가 장려되어 왔다. 이와 같은 실적 평가 체제는 지역사회경찰활동에서 제시하는 문제지향적 경찰활동을 등한시할 수밖에 없다.

(8) 전통적 경찰활동의 중앙집권적준군대식 명령 체제

하위계급의 직원들이 더욱 유연하고 적극적으로 업무에 임하고, 하의상달의 의사소통을 증대시키기 위해서 권한의 하향 분산과 명령구조의 재조정이 지역사회경찰활동을 실행하는 데 요구된다. 그러나 전통적 경찰활동의 준군대적 명령 체제는 지역사회경찰활동의 실현을 어렵게 한다.

2) 외부적 장애요인

지역사회경찰활동에서 지역사회의 역할은 매우 중요하다. 그러나 때때로 지역사회의 협조와 참여를 유도하기 어렵다. 지역사회 프로그램을 계획할 때 견고하고 유용한 사회 하부구조를 구성하는 것이 매우 힘들다. 특히, 경찰이 그들의 프로젝트에 필요한 주민활동단체를 구성하거나 유지하기가 불가능할 때도 있다. 지역사회에 협조를 구하는 것이 어려운 이유를 살펴보면 다음과 같다.

(1) 주민활동에 참여할 시간적 여유

지역사회의 많은 가정이 부부가 함께 직장을 가지는 맞벌이 형태이다. 부모는 직장에서 생업에 종사한 후 가정에서 자식들을 돌보거나 다른 볼일을 보거나 요리, 청소 그리고 자녀들의 학교행사에 참여해야 한다. 따라서 각자의 일이 바빠서 주민활동에 참여할 시간적 여유가 없는 것은 당연한 결과이다.

(2) 경찰과 시민 간의 소원한 관계

경찰과 시민의 관계가 대립적이고 소원함이 있다. 시민들은 경찰을 두려워하고, 신뢰하지 못하며, 그리고 적대심을 가질 수 있다. 경찰과 친숙한 관계로의 개선을 원하기보다 경찰의 비리를 감시하는 데 더 관심이 있을 수 있다.

(3) 사회 하부기반구조의 약화

수입이 낮고 범죄가 많은 지역들은 대체적으로 주민 결속력을 필요로 하는 사회 하부
기반구조가 약하다. 이와 같은 현상은 지역사회경찰활동의 실현을 어렵게 만든다.

(4) 범죄자의 보복에 대한 두려움

범죄가 많은 지역의 주민들은 이웃의 범죄자와 마약 거래자들의 보복을 두려워한다.
범죄자의 보복에 대한 두려움은 주민과 함께하는 지역사회경찰활동을 어렵게 만든다.

(5) 전통적인 경찰활동 방식에 익숙한 주민들

지역 주민들에게 수십 년간 집행된 기존의 전통적 경찰활동 정책을 지역사회경찰활
동으로 전환하는 것은 쉬운 일이 아니다. 지역사회경찰활동의 개념을 이해시켜 주민들이
받아들이도록 기대하기 어렵다. 왜냐하면, 지난 수십 년간 경찰은 시민들에게 범죄소탕 전
문가로 인식되어 왔기 때문이다. 전통적인 방식에 익숙해진 태도를 변화시키는 것은 어려
운 일이다. 즉, 경찰과 지역사회는 공통의 목표와 관심사를 갖는다고 주민들을 설득, 이해시
키지 못하는 한, 주민들과 동반자 관계를 기대하는 것은 어렵다.

(6) 범죄방지 프로그램에 대한 주민들의 불신

범죄율이 높은 지역에 사는 주민들은 범죄방지 프로그램을 회의적으로 보고 있다. 왜
냐하면, 과거 그러한 프로그램들이 시행되었다 중지되는 것을 보아 왔기 때문이다. 지역사
회경찰활동 프로그램 또한 이와 같은 맥락에서 이해한다면, 주민들은 이것을 불신할 수밖
에 없다.

(7) 범죄피해자에 대한 서비스 제공의 소홀

범죄피해 경험이 있던 사람들은 그렇지 않은 사람들보다 경찰에 대해 더 불만을 갖고
있다. 범죄피해자는 서비스를 원하고 지역사회경찰활동은 범죄피해자들에게 제공할 것이
많지 않다. 따라서 범죄피해자를 위한 프로그램의 마련이 수반되지 않는 한, 범죄피해자들
의 협력을 이끌어 내기는 어려울 것이다.

(8) 경찰의 불공정한 관심과 호의

지역사회에 시행된 경찰 프로그램들은 각 지역의 차이에 기인해서 문제가 야기될 수 있다. 만일 경찰이 특정 그룹에만 관심과 호의를 갖고 다른 그룹을 공정하지 않은 입장에서 대우한다면 지역사회는 분열하게 된다.

3) 지역사회경찰활동의 한계

(1) 지역사회 개념의 모호성

지역사회가 정확히 무엇을 의미하는지가 명확하지 않다. 지역사회와 이웃이 어디서부터 어디까지를 말하는지 불확실하며, 다원적인 사회에서 이를 명확히 하기가 더 어렵다. 특히 다민족, 다문화 그리고 다원적인 사회에서 동질성을 가진 지역사회를 확정하기는 더욱 어렵다.

(2) 경찰의 역할에 대한 혼란

지역사회경찰활동은 경찰의 역할에 대해 혼동을 불러일으킬 가능성이 크다. 전통적인 경찰활동은 경찰관에게 범죄 진압자로서의 역할을 강조해 왔다. 그러나 지역사회경찰활동에서는 경찰관이 여러 가지 사회 문제를 해결해 주는 역할을 함으로써 기존의 치안 업무에 새로운 역할까지 요구하므로 과중한 업무 부담을 준다. 경찰관은 어떤 상황에서 어떻게 경찰권을 행사할지 판단을 하기가 어려워진다.

(3) 효과에 대한 의문

지역사회경찰활동은 시민들의 범죄에 대한 두려움을 완화시키는 데 어느 정도 도움을 줄 수 있지만, 지역사회경찰활동과 범죄발생률 사이의 상관관계는 낮은 것으로 보인다. 실제 범죄발생률을 감소시키지 못하면, 오히려 지역사회경찰활동은 경찰이 공공안전에 대한 실패의 원인을 지역 주민들의 비협조로 떠넘기는 결과를 가져올 수 있다.

(4) 다른 정부 기관과의 협조 문제

다른 정부 기관의 활동을 부당하게 간섭할 가능성이 크며, 경찰과 다른 공공 기관의 역할 분담이 불확실하게 되어 혼란을 가중시킨다. 경찰활동의 자율성 부여는 권한에 대한 재량 행위를 증가시켜 다른 정부 기관과의 갈등을 초래한다. 경찰이 주민 생활과 관련되는 일반행정 분야까지 관여할 수 있는 여지를 남긴다.

(5) 일선 경찰관의 능력 결여

지역사회경찰활동은 일선 경찰관에게 사회 봉사자로서 우수한 의사소통 능력을 구비하고 창의적으로 문제를 해결할 것을 요구한다. 기존 업무 외의 보다 큰 능력을 요구하며, 경찰교육 훈련만으로 만들어지는 것도 아니어서 감당하기 어려운 업무 부담이 된다. 주민과 밀접히 관련된 치안 문제는 모두 다룰 수 있고, 해결할 수 있는 능력을 가져야 하므로 어려움이 있다.

(6) 경찰의 정치 집단화

지역사회경찰활동을 도입하면 지역 정치인과 경찰 사이에 밀착 관계가 형성될 가능성이 있다. 경찰이 지역 정치권의 영향을 받을 수 있으며, 경찰을 정치 집단화시킬 수도 있다. 따라서 경찰이 시민들로부터 신뢰를 얻지 못하게 될 수도 있다.

(7) 경찰관 부정부패의 증가

일선 경찰관의 재량권 확대와 한 지역 고정 근무 제도는 경찰관의 부정부패를 확산시킬 위험성이 높다. 일선 경찰관이 지역 주민들과 자주 접촉하면서 사소한 일까지 간섭한다면 그만큼 부정부패가 발생할 가능성이 농후한 것을 의미한다. 경찰관이 한 지역에서 계속 근무하는 것을 원칙으로 내세우면, 경찰관과 시민 간 부정부패의 고리를 더욱 강하게 만들 위험성이 있다.

(8) 시민의 사생활 및 인권침해

전통적인 경찰활동은 시민의 자유와 권리를 보장하기 위해 소극적인 경찰활동을 지향해 왔다. 지역사회경찰활동은 이와 반대로 적극적으로 개입함으로써 인권침해의 소지가 있다. 예컨대, 경찰의 방범심방은 개인의 사생활을 부당하게 간섭할 우려가 있으며, 부당한 간섭을 최소화하여 시민의 자유와 권리를 보장한다는 민주주의 원칙과 상반된다.

(9) 일선 경찰관의 반발

전통적인 경찰활동은 전체 순찰활동의 90% 이상을 차량순찰에 의존해 왔지만, 지역사회 경찰활동이 도입되면 도보 순찰이 전보다 증가하여 경찰관들은 열악한 기후 환경에 그대로 노출된다. 대도시의 인구 밀집 지역 이외 광범위한 농어촌 지역을 도보로 순찰한다는 것은 일선 경찰관들에게 많은 부담이 된다.

(10) 평가의 곤란

경찰관 개인의 객관적인 업무능력 평가의 방법을 찾기가 어려우며, 이것은 경찰관 승진과 관련하여 문제가 된다. 즉, 양적인 평가보다 질적인 평가 위주로 이루어진다. 평가지표의 선정이 주관적이며, 계량적 지표가 아니므로 평가에 어려움이 있다.

2 성공적 수행을 위한 지침

Skogan(2006)[5]은 지역사회경찰활동 프로그램[6]을 성공적으로 수행하도록 경찰 책임자를 위한 다음과 같은 지침을 제시하였다.

1) 경찰은 지지를 받는 게 아니라 지지를 얻어야 한다

경찰은 시민의 관심사에 대응해야 하고, 문제지향 해결방법의 지역사회경찰활동 전략을 실행해야 한다. 따라서 시민의 관심과 요구에 대응할 수 있는 조직적 기구가 필요하다. 시민들이 경찰에게 그들의 관심과 요구사항 중 우선순위에 있는 것을 전달할 수 있는 경로가 있어야 한다.

2) 경찰뿐만 아니라 시민들에게도 지역사회경찰활동에 관해서 계몽, 지도한다

시민들은 지역사회의 문제를 해결하기 위해 이웃을 위한 경찰의 역할과 노력이 무엇인지를 아는 것이 중요하다. 시민들이 지역 문제에 관심을 가진 후, 우선적으로 해결해야

---

5) Wesley G. Skogan(2006). *Community Policing: Can It Work?*. Wadsworth Publishing Company.
6) 시카고에서 시행된 구역회의 프로그램(Beat Meeting)은 이웃 주민들과 구역책임 경찰관으로 구성된 작은 그룹을 결성하고 도시 전체에 걸쳐 지역사회 문제에 대해 토론하고 의견을 모으는 정기적인 모임이다.

될 문제를 스스로 결정하도록 한다.

3) 지역사회조직 단체의 활발한 활동을 유도해야 한다

지역사회 단체의 리더가 바뀌더라도 일정에 대해서는 계속적으로 유지하도록 해야 한다. 궁극적으로 이러한 지역사회 단체는 지역사회경찰활동에 대해서 정책적 지지를 보낼 수 있어야 한다.

제2장

경찰활동론의 발전과정

$$\triangledown$$

제1절

지역사회 경찰활동과 전통적 경찰활동의 비교

1 지역사회경찰활동의 구성 요소

지역사회경찰활동의 구성 요소는 많은 학자들에 의하여 제시되었다. 자세히 살펴보면 다음과 같다.

1) Hartman, Brown, Stephens의 지역사회경찰활동 요소[7]

(1) 부서의 지표

이 지표는 전체적인 방향을 제시하며, 지역사회와의 동반자적 관계를 강조한다. 이는 경찰이 지역사회와 함께 협력하여 활동하는 방향성을 나타낸다.

(2) 분권화

분권화는 지역사회 문제 해결을 위해 경찰에게 권한을 부여하는 것이다. 분권화에 의한 권한 부여을 통해 지역 경찰은 자체적으로 문제를 해결하고 지역사회에 민첩하게 대응할 수 있어야 한다.

(3) 문제 해결

경찰활동은 특정 문제에 대한 적극적 대처에 중점을 둔다. 지역사회경찰활동이 범죄

---

7) John L. Hartman, Michael K.Brown, David W. Stephens(2013). *Community Policing: A Contemporary Perspective.* Pearson Education, Inc.

나 안전과 관련된 특정한 문제에 대한 개입과 해결을 의미한다.

(4) 시민의 참여

경찰의 정책 결정 과정에 시민들이 참여하는 것은 중요하다. 지역사회경찰활동이 민주적이고 투명한 경찰활동을 위해 시민들의 의견을 수렴하고 반영하는 것을 의미한다.

(5) 순찰범위

경찰은 담당하는 지역 내에서 친밀성을 유지하며 순찰활동을 해야 한다. 지역사회경찰활동은 지역경찰이 지속적으로 지역 내 상황을 파악하고 지역 주민들과 소통하는 것을 강조한다.

2) Skolnick과 bayley의 지역사회경찰활동 요소[8]

(1) 지역사회에 기반을 둔 범죄예방

지역사회는 범죄예방의 중심에 있다. 경찰이 단순히 범죄자를 체포하는 것이 아니라, 지역사회와의 연계성을 강조하며 범죄를 예방하는 목적을 가진다.

(2) 순찰인력의 조정

지역사회경찰활동과 전통적인 경찰활동과의 차이점은 지역사회경찰활동은 긴급상황 대응보다는 지역사회와의 연계성을 강조한다는 것이다. 지역사회경찰활동은 순찰에 중점을 두기보다는 지역사회와의 더 깊은 협력과 소통이 필요하다.

(3) 시민의 의견 수렴

시민들의 의견을 듣고 존중하는 것은 지역사회경찰활동의 중요한 측면이다. 새로운 기회를 만들어 시민들이 경찰활동에 참여할 수 있도록 하는 것이 강조된다.

(4) 분권화

경찰활동은 지역에 따라 적응성이 있어야 하며, 권한의 분산은 지역사회에 적합한 경

---

8) Jerome H. Skolnick, David H. Bayley, op. cit.

찰활동을 활성화시키고, 시민들을 위한 경찰활동이 되도록 하는 데 필수적이다. 경찰활동의 결과가 시민들을 위한 것이 되도록 한다.

3) Friedmann의 관점[9]

(1) 경찰의 관점

범죄통제와 범죄에 대한 공포 감소를 위해 지역사회 자원을 이용하고 협조를 끌어내고, 경찰의 정보 수집망을 강화한다. 지역사회 내에서 경찰의 합법성을 유지하려는 목적에서 지역사회와의 유대를 맺는 것이다.

(2) 지역사회의 관점

지역사회는 양질의 치안 서비스, 경찰의 책임 강화, 경찰 의사결정에 대한 시민의 적극적인 참여 보장을 가치 있는 것으로 여기며, 또 그렇게 되어야 한다.

(3) 지역사회와 경찰의 공통관점

지역사회와 경찰의 공통관점에서 지역사회경찰활동은 다음과 같은 전제에 기초한다.
  가. 범죄는 경찰이 통제할 수 없는 사회적 요인들에 의해 발생한다.
  나. 범죄통제는 범죄를 일으키는 이러한 사회적 요인들에 초점을 둘 필요가 있다.
  다. 수동적인 경찰활동 대신에 적극적인 경찰활동이 필요하다.
  라. 분권화된 지역사회 지향 경찰활동이 필수조건이다.
  마. 생활의 질과 범죄의 공포 문제에 대한 관심이 필요하다.
  바. 시민의 자유와 권리보장은 성공적인 민주적 경찰활동의 필수 요소이다.

4) Goldstein의 견해

Goldstein(1979)은 문제지향적 경찰활동의 근본 요소로 11가지를 제시한다. 이는 문제에 대한 체계적이고 효과적인 대응을 강조하며, 투명성과 평가의 중요성을 강조한다. Goldstein(1979)의 문제지향적 경찰활동의 근본 요소는 다음과 같다.[10]

---

9) Robert R. Friedmann(1992). *Community Policing: Police-Community Partnerships*. Lexington Books.
10) Herman Goldstein(1979). *Problem-Oriented Policing*. McGraw-Hill, Inc.

(1) 개별적 사건의 문제 유형화

경찰은 각각의 사건을 단순한 사건이 아니라 문제로서 유형화하여 접근해야 한다. 각 사건을 개별적으로 이해하고 해결하는 대신, 그것이 어떤 문제의 일부인지 고려해야 한다.

(2) 경찰활동의 주대상을 시민들의 실질적 문제에 초점을 둠

경찰은 시민들이 직면한 실질적 문제에 주목해야 한다. 범죄뿐만 아니라 사회적 문제에 대한 관심이 필요하다.

(3) 궁극적 목적으로서의 효과성

경찰활동의 궁극적인 목적은 효과적인 결과를 도출하는 것이어야 한다. 어떠한 대응이 효과적이고 지속적인지 고려해야 한다.

(4) 체계적인 조사의 필요성

문제에 대한 체계적이고 깊은 조사가 필요하며, 이를 통해 더 나은 이해와 해결이 가능해진다.

(5) 문제의 분리와 적절한 유형화

복잡한 문제를 분리하고, 적절한 유형화를 통해 해결 전략을 세워야 한다.

(6) 문제에 대한 다면적 이해관계 분석

문제를 이해하기 위해 다양한 관점을 고려하고, 다면적으로 이해관계를 분석해야 한다.

(7) 현 대응의 파악과 비판

현재 대응에 대한 이해와 비판을 통해 개선의 여지를 찾아야 한다.

(8) 정형화된 대응의 제한 없는 탐색

문제에 대한 고정된 대응이 아닌, 새로운 방식과 창의적인 탐색을 할 수 있어야 한다.

(9) 적극적 입장의 채택

소극적이 아닌 적극적인 입장을 취하고, 문제에 대한 적극적 대응이 필요하다.

(10) 의사결정 과정의 투명성과 재량권 부여

의사결정 과정은 투명하게 이뤄져야 하며, 경찰에게 일정한 재량권이 주어져야 한다.

(11) 새롭게 마련된 대응의 결과 평가

새롭게 도입한 대응 방식에 대한 지속적인 평가가 필요하며, 그 결과를 통해 개선점을 찾아야 한다.

2 지역사회경찰활동과 전통적 경찰활동의 비교

지역사회경찰활동과 전통적 경찰활동을 기준에 따라 비교해 보면 다음과 같다.

1) 경찰에 대한 시각

전통적 경찰활동에서 범죄에 대한 책임은 전적으로 경찰에게 있다고 본다. 지역사회경찰활동에서는 주민들도 범죄방지에 대한 의무가 있다고 본다.

2) 경찰의 역할

전통적 경찰활동에서 경찰의 역할은 범죄해결이다. 지역사회경찰활동에서 경찰의 역할은 포괄적인 지역사회 문제 해결이다.

3) 업무 평가 방식

전통적 경찰활동의 업무 평가는 체포율, 범죄발생률, 신고 대응 등 주로 양적 자료에 의한다. 지역사회경찰활동은 범죄와 무질서에 대해 평가하고, 질적 자료에 의존한다.

4) 업무 우선순위

전통적 경찰활동는 범죄와 폭력퇴치가 업무의 우선순위에 있다. 지역사회경찰활동에서는 범죄, 폭력 이외 지역사회 질서 문란 행위 등 시민 불편사항에 우선순위를 둔다.

5) 주된 업무

전통적 경찰활동에서 경찰의 주된 업무는 범죄수사와 사건 해결이다. 지역사회경찰활동에서는 주민의 문제 및 관심사항이 주된 업무이다.

6) 효율성 기준

전통적 경찰활동에서 경찰활동의 효율성 기준은 대응 시간이다. 지역사회경찰활동에서 경찰활동의 효율성 기준은 지역 주민과의 협력 정도이다.

7) 조직 구조

전통적 경찰활동에서 경찰의 조직 구조는 경직되고 집중된 구조이다. 지역사회경찰활동에서 경찰서의 조직 구조는 분권화된 구조이다.

8) 타 기관과의 관계

일반적으로 전통적 경찰활동에서 타 기관과의 관계는 갈등 관계에 놓여 있다. 지역사회경찰활동에서는 타 기관과의 관계가 협조 관계이다.

9) 참여 형태

전통적 경찰활동에서 시민의 참여 형태는 수동적인 참여이다. 지역사회경찰활동에서 시민의 참여 형태는 자발적, 능동적 참여이다.

10) 의사소통

전통적 경찰활동의 의사소통은 경찰의 일방적 의사전달이다. 지역사회경찰활동에서 의사소통의 형태는 쌍방적 의사소통이다.

11) 경찰과 지역사회의 관계

전통적 경찰활동에서 경찰과 지역사회의 관계는 공공 관계(Public Relationship) 모형에 기초하고 있다. 지역사회경찰활동에서는 경찰과 지역사회의 관계는 주민참여 모형, 공동 생산 모형에 기초하고 있다.

∇

제2절

경찰과 지역사회관계론

1 지역사회와 경찰 간 상호작용 요소

일반적으로 지역사회의 여건 중에서 지역 내 경찰활동에 영향을 미치는 요인들은 다음과 같다.

첫째, 인구, 인구밀도, 연령분포 등이다

둘째, 인구 특성, 교육 수준, 고정 수입 등이다.

셋째, 인구 이동성이다.

넷째, 지역사회의 경제적 기반 및 주민의 권한이다.

다섯째, 지역사회 내의 보편적 가치 기준 및 태도이다.

이외에도 지역사회의 기대가 있다. 이것은 지역사회 구성원들이 경찰에게 기대하는 사항들이다.

일반적으로 경찰에 대한 전체 지역사회의 태도는 방어적이다. 경찰관들은 대민접촉 과정에서 인간적 관계 형성의 실패와 함께 주민을 의심해야 하는 직업의 속성이 있기 때문이다. 이로 인하여 자신들은 사회로부터 고립되어 경찰관 상호간에만 통하는 이른바 경찰 하위문화(Police subculture)를 형성하게 된다.

2 경찰활동의 유형

경찰의 역할과 기능 그리고 지역사회의 특성에 따라 경찰활동의 유형은 다양하게 나타난다. 일반적으로 경찰활동의 유형은 법 집행 기능, 질서유지 기능, 치안 서비스 제공 기능을 기준으로 분류된다.

월슨(James Q. Wilson)은 경찰활동과 경찰행정에 대한 실증적 연구를 토대로 그 유형을 분류하였다. 미국 8개 도시의 경찰관서에 대한 연구에서 경찰관서는 경찰관들이 심각하지 않은 법 위반(misdemeanor)에 대응하는 방식에 따라 파수꾼 유형(Watchman style), 율법주의 유형(Legalistic style), 서비스 유형(Service style)의 3가지 경찰활동 유형으로 구분하였다. 월슨(James Q. Wilson)이 제시한 3가지 경찰활동 유형을 살펴보면 다음과 같다.[11]

1) 지역사회 감시자 유형(Watchman Style)

파수꾼 유형에서 경찰의 주된 기능은 질서유지(order maintenance)이다. 경찰관들은 지역사회의 감시자로서 전체 지역사회의 질서를 유지하는 데 기여해야 한다. 따라서 무조건적으로 법 위반 사례를 단속하기보다는 지역사회의 특성과 주민들의 요구를 고려하여 적절한 법 집행을 해야 한다.[12]

경찰은 경범죄, 교통 법규 위반, 사소한 위법행위들에 대해서 형사사법 절차를 적용하지 않고, 구두 경고를 하거나 해당 지역에서 떠나도록 하고, 압수물품 파기 등의 비법적 방법을 주로 활용한다.

지역사회 감시자 유형의 경찰활동은 경찰이 사건을 처리할 때 해당 사건의 처벌 경감 사유가 있는지 우선 고려하고, 되도록 형사사법 절차를 활용하지 않는다. 즉 경찰의 재량권을 확대한다.

예컨대, 청소년의 경우, 부모의 입장에서 처벌토록 하는 것을 우선하고, 중대한 불법행위나 지역사회의 평화를 현저히 해치는 경우 이외에는 시민들의 분쟁은 당사자 간의 문제로 여긴다.

2) 엄격한 법집행주의 유형(Legalistic Style)

이 유형은 율법주의적 유형이며, 그 특징은 경찰의 기본 임무는 법 집행이고, 획일적·일관적 기준을 적용하여 경찰활동을 집행한다. 경찰관의 재량권 행사는 최소화한다. 모든 주

---

11) Wilson, J. Q.(1968). *Varieties of Police Behavior*. Cambridge. MA: Harvard University. pp. 141~144.

12) 이창훈(2016). "경찰관의 범죄피해 두려움 공감도와 경찰활동 선호유형이 지역사회 중심경찰활동에 미치는 영향". 「한국공안행정학회보」 제25권 제2호 통권 제63호. 한국공안행정학회. pp. 185~186.

민들은 반드시 동일하게 처우되고, 법 집행의 획일성과 경찰활동의 공정성을 강조한다.

엄격한 법집행주의를 따르는 경찰관들은 엄격한 근무 규율과 복장 상태를 유지하며, 첨단장비를 보유하고 빠른 형사사법 절차를 시행하려고 노력한다. 또한 범죄자들의 생활 및 성장 환경과 범죄 심각성을 고려하지 않고, 객관적이고 공식적인 제제를 적용한다. 이 유형은 경찰 전문주의를 강조하는 경향이 있다.[13]

3) 서비스 제공 유형(Service Style)

경찰은 법 집행, 질서유지, 지역 주민에 대한 일반적인 사회 서비스 등을 모두 중요하게 여긴다. 즉, 경찰관들은 모든 신고에 신속하게 대응하며, 형사사법적 절차를 필요에 따라 적용하고, 도보 순찰, 안전 인식 진단, 범죄대응 등 다양한 치안 서비스 활동을 수행한다.

경찰은 지역사회의 삶의 질을 향상시키기 위해 민감하게 반응하며, 지속적인 소통, 협력, 다양성을 강조한다. 이 서비스 유형은 지역사회 중심 치안 서비스 제공을 강조하며, 경찰관들은 지역 주민과의 협력, 소통, 신뢰성, 협동심, 의사소통 능력 등을 중요시 한다.[14]

3 경찰과 지역사회 관계의 쟁점

1) 경찰에 대한 주민의 태도

경찰을 보는 주민의 시각에 따라 경찰과 지역사회의 관계는 다양하게 나타난다. 주민이 경찰을 어떻게 바라보는가에 따른 경찰과 지역사회의 관계는 다음과 같다.

(1) 대립적 관계

주민이 경찰을 권력의 상징으로 인식하거나, 경찰활동에 대한 불신과 불만을 갖는 경우, 경찰과 지역사회의 관계는 대립적 관계로 발전한다.

이러한 관계에서 주민은 경찰의 활동에 대한 저항과 비판을 보내며, 경찰은 주민을 단순히 통제해야 할 대상으로 인식한다. 이러한 대립적 관계는 지역사회의 갈등을 심화시키

---

13) 이창훈(2020). "미국 지역경찰의 공권력 남용 논란에 관한 연구". 『형사정책연구』 통권 제123호. p. 148.
14) 상게논문. p. 148.

고, 경찰의 권위와 신뢰를 약화시킨다.

경찰에 대한 적대 세력은 범법자들이고 이에 대응하는 경찰의 역할은 명확히 정당한 것이며, 지역 주민들의 협력도 기대할 수 있다. 그러나 대립적 관계는 경찰에 대한 적대세력이 범법자뿐만 아니라 일반 시민까지 확대되고 이들의 저항이 경찰의 법 집행을 어렵게 한다.

따라서, 경찰은 주민의 다양한 목소리에 귀 기울이고 지역사회의 문제를 해결하기 위해 노력하여, 주민과 협력적인 관계를 구축하는 것이 중요하다.

(2) 협력적 관계

경찰이 주민을 지역사회의 안전과 질서를 위해 함께 노력하는 파트너로 인식하는 경우, 경찰과 지역사회의 관계는 협력적 관계로 발전한다.

이러한 관계에서 주민은 경찰의 활동에 대한 신뢰와 지지를 보내며, 경찰은 주민의 의견을 수렴하고 지역사회의 문제를 함께 해결하기 위해 노력한다. 이러한 협력적 관계는 지역사회의 안전과 질서를 증진하는 데 기여한다.

경찰과 지역사회의 협력적인 관계는 지역사회의 안전과 질서를 증진하고, 주민의 삶의 질을 향상시킨다.

주민과 경찰 간 관계에 대한 여론조사에 의하면,[15] 인종 간 뚜렷한 차이를 보이는 것으로 나타났다. 경찰의 효율성, 불순함, 비행, 정직성, 경찰의 보호 필요성 항목에 대해 백인들은 경찰의 업무 수행이 비교적 만족스럽다는 반응을 보였다. 반면, 흑인과 소수민족 그리고 빈민층은 백인과 시각을 달리하고 있다. 경찰에 대한 소수 집단들의 불평은 빈민지역에 대한 보호 의무 소홀과 소수 집단에 대한 잔인하고 불손한 행동을 취한다는 점으로 나타났다.

2) 경찰 하위문화

경찰 하위문화(police subculture)는 경찰조직 내에서 형성된 독특한 가치관, 태도, 행동양식을 의미한다. 경찰관 사이에서 형성되는 특정 인식구조나 행태 등을 일컫는다. 경찰의 업무 수행에 중요한 영향을 미치며, 경찰과 지역사회 관계에도 영향을 준다. 즉, 경찰 하위

---

15) 상게논문. p.149.

문화는 경찰과 지역사회 관계에 긍정적 영향과 부정적 영향을 준다.

(1) 긍정적 영향

경찰 하위문화는 경찰이 지역사회의 안전과 질서를 유지하는 데 도움이 된다. 예컨대, 경찰의 직업적 자긍심과 사명감을 고취시켜, 경찰이 주민을 보호하고 범죄를 예방하는 데 적극적으로 노력하도록 한다. 또한, 경찰의 결속력을 강화시켜, 경찰이 지역사회의 위협에 대응하는 데 효과적으로 협력하도록 한다.

(2) 부정적 영향

경찰 하위문화는 경찰과 지역사회의 관계를 악화시킬 수 있다. 예컨대, 경찰 하위문화가 권위주의적이거나 배타적인 성격을 띠는 경우, 경찰은 주민을 무시하거나 경멸하는 태도를 보인다. 또한, 법과 규정을 무시하는 성격을 띠는 경우, 경찰은 주민에게 부당한 대우를 하거나 범죄를 저지를 수도 있다. 특히 경찰관의 사회 전반 또는 특정 그룹에 대한 냉소는 업무의 효율성은 물론 사기 저하나 권한 남용과 다른 부정적 행위로 이어진다.

3) 경찰관들의 편견

경찰관들의 태도와 가치관은 경찰과 지역사회와의 관계에 중요한 영향을 미친다. 경찰구조 자체와 경찰조직의 하위문화가 경찰관들의 편견을 강화시킨다.

경찰관의 무의식적 편견이나 선입견은 일선 현장에서의 무기나 무력 사용에 영향을 미친다. 특히, 부정적 경찰 하위문화가 통제받지 않을 경우, 이미 형성되어 있는 편견이 강화 내지는 보완되는 악순환이 일어난다.

경찰 자신의 편견은 선택적 법률 집행을 초래하여, 직접 당사자뿐만 아니라 주변 사람들로부터 법률과 경찰에 대한 신뢰와 존경의 상실을 초래한다.

4) 경찰의 재량 행위

경찰활동에서 경찰의 재량 행위는 불가피하다. 재량 행위의 제한은 경찰관의 개인적 자질이나 숙련에 달려 있는 것이 아니라 경찰 업무의 조직적, 법적 규정에 달려 있다. 경찰의 재량 행위 정도는 지역사회에서 경찰활동에 중요한 영향을 미치는 요인이 된다.

$\triangledown$

제3절

경찰과 지역사회 관계의 개선

1 경찰과 시민의 상호갈등에 대한 접근방법

1) 합의모형(Consensus Model)

법 규범과 경찰에 의한 법집행이 민주적으로 이루어지면 경찰과 사회의 공동이익 및 가치를 생산하기 때문에 경찰활동이 사회 구성원들로부터 환영을 받는다는 것을 전제로 한다. 경찰과 시민간 갈등의 원인을 경찰 업무 자체의 모순보다는 불완전한 경찰과 시민의 관계에서 찾는다. 결국 경찰과 시민의 갈등은 경찰 역할의 불완전성, 지역사회 관계 프로그램에 대한 시민의 인식 부족에서 비롯된 것으로 본다[16].

그러나 이 모형은 가장 현대화되고, 진취적인 경찰을 가진 나라조차 경찰과 시민 간의 갈등이 지속되고 있음을 볼 때, 그 현실적인 한계가 있다.

2) 갈등억제 모형(Conflict Repression Model)

경찰활동은 법 규범과 경찰에 의한 법 집행이 사회적 강자들의 이익을 대변할 뿐이며, 경찰조직은 현존하는 계층구조의 불평등을 유지하기 위해 필요한 도구에 지나지 않는 것으로 보는 모형이다.

이 모형에 따르면, 경찰조직은 경찰 편의 위주의 법 집행을 통해 사회적 약자보다 강자에 우선순위를 두고 보호하고 있으며, 편리하게 적용될 수 있는 법 규범 자체가 계급에 의한 차별 대우와 부정을 조장하고, 결과적으로 경찰과 시민 간 적대 관계 형성요인 중 하

---

16) Michael Radelet(1980). *The Police and the Community.* Praeger Publishers.

나로 작용한다는 것이다.

3) 완전봉사모형(Full Service Model)

경찰의 법 집행과 서비스 지향 간에 나타나는 역할 갈등을 극복하기 위해 경찰의 기능을 완전 서비스 제공에 둔다. 경찰의 법 집행 기능이 포기되어야 한다는 의미가 아니라, 경찰이 법 집행자로서 그들의 의무를 수행해야 함은 물론 그 운용의 1차적 지향이 지역사회에 대한 봉사가 되어야 함을 의미한다.[17]

이러한 맥락에서 경찰의 역할은 변화를 맞이하게 되고, 경찰 기능의 생산성과 효과성에 있어 변화를 초래할 수 있는 요인으로 작용해 경찰의 전문화를 이끌게 된다.

2 경찰공공관계론

경찰과 지역사회 간의 관계에서 일어나는 긴장과 갈등을 해결하고 주민의 협력과 지지를 확보하여 경찰의 기능을 효과적으로 수행하기 위한 접근방법이다. 경찰 공공 관계(Police Public Relation, PPR)는 경찰 기관의 활동 목적, 활동 대상, 그리고 그러한 활동들이 지역사회의 후생에 미치는 영향 등을 주민에게 알려주며, 좋은 경찰의 이미지를 심고, 지역주민의 이해와 협력을 얻어내기 위한 노력을 말한다.

3 경찰지역사회관계론

경찰지역사회 관계(Police Community Relation, PCR)가 하나의 독립된 개념으로 정착되기 시작한 것은 1957년 미국의 St. Louise 경찰국이 지역사회 관계 담당 부서를 최초로 설립한 이후이다.

경찰지역사회관계론은 다음과 같은 4가지 측면이 있다.

첫째, 문제를 해결하려는 방법론이다.

둘째, 경찰행정 철학을 구성하는 기술이다.

셋째, 경찰작용을 지역사회의 요구와 필요에 통합시키는 방법이다.

---

17) R. E. Farmer, V. A. Kowaleski(1990), *Police Partnerships: Building Community Partnerships That Work.* Prentice Hall. 1990.

넷째, 경찰활동이 경찰 체계의 한 부분이라는 현실에서의 문제 해결 방법이다.

경찰지역사회관계론은 경찰의 이미지 제고라는 경찰 자신의 일방적 판단에 따른 결정보다 한층 높은 차원의 목적을 갖고 있다. 그리고 경찰 업무의 관리와 공급의 효율성에 대해 근본적으로 재검토한 철학이다. 경찰지역사회관계론은 지역사회의 필요에 따라 경찰업무를 수행한다는 점에서 더욱 성숙 발전 단계에 이르면, 지역사회경찰활동(CoP)의 도입으로 이어진다.

4 경찰공공관계론와 경찰지역사회관계론의 비교

1) 활동목적

먼저, 경찰 공공 관계(PPR)는 경찰 환경을 개선하고 유지하는 것이며, 공공정보의 제공과 이미지 제공, 경찰활동의 장애물 제거를 그 내용으로 한다.

경찰지역사회관계(PCR)는 지역사회가 가진 잠재적 능력을 개발하고, 이를 경찰 기능과 합치하여 양자를 동반자적 관계로 연결시켜 경찰이 담당하고 있는 사회 문제 해결을 보다 효과적으로 수행하려는 것이다. 이러한 관점에서 경찰과 지역사회의 상호 관련성, 의존성을 강조하여 경찰이 효율적인 공공 서비스를 제공한다는 것이다.

2) 활동과정

경찰 공공 관계(PPR)의 활동과정은 경찰의 필요에 따라 정보를 개발하고 제공하는 것으로 경찰의 업무 수행을 수월하게 하는 목적을 가진다. 경찰 공공 관계(PPR)의 정보전달과정은 경찰에서 지역사회로 전달되는 일방적인 과정이고, 정보에 대한 책임은 계층제적 경찰조직의 책임이다. 경찰조직 자체가 계층적이고, 정보전달이 일방적이기 때문에 정보 수준에 대한 책임도 조직의 수준에 따라 달라진다. 경찰 공공 관계(PPR)는 경찰 관리상의 효율성을 높이기 위한 수단에 불과한 것이며, 경찰 기능이 가진 목적을 효과적으로 달성하기 위한 필수적인 요소는 아니다.

경찰 지역사회 관계(PCR)의 활동과정은 본질적으로 탄력적이고, 신속하다. 경찰의 기능을 지역사회의 필요와 요구에 맞게 적절하게 연결시킨다. 활동과정은 궁극적으로 지역사회 주민을 위한 것이고, 지역 주민과 경찰 쌍방의 정보전달과정이다. 정보전달에 대한 경찰조직의 책임은 광범위하게 확산되어 있어 하부단위의 조직까지 이동하는 경향이 있다.

3) 시민참여

경찰 집단은 자신의 조직적 성격 및 역할에 따른 고정관념 등에 함몰되어 경직된 사고와 태도를 계속 유지하는 경향이 있다. 이러한 현실적 한계를 극복하기 위해서 해당 지역사회 주민들의 참여와 도움이 요구된다.

지역 주민들이 경찰로부터 일방적인 정보를 제공받고, 경찰이 제공해 주는 공공 서비스만 받게 되는 경찰 공공 관계(PPR)에서는 지역 주민들의 수동적인 참여만 요구된다.

반면, 경찰 지역사회 관계(PCR)에서는 지역 주민들의 적극적·능동적 참여가 요구된다. 경찰 목적의 완수나 그 결과의 환류를 위해서 지역사회 주민들의 적극적 참여가 반드시 필요하다.

$$\triangledown$$

제4절

합동경찰활동

1 의의

합동경찰활동(Team Policing)은 미국에서 1960년대 후반부터 1970년대 초반까지 제기된 경찰활동 개선의 노력이다. 순찰과 수사, 지역 서비스를 종합화하여 처리하기 위한 경찰활동이며, 의사결정을 실제로 순찰, 수사, 지역 서비스를 수행하는 담당자에게 이양함으로써, 업무 관리, 범죄통제 및 수사, 지역 서비스의 개선을 도모하기 위한 것이다.

1974년 미국의 60여 개 경찰서가 이러한 합동경찰활동을 활용하였으며, 경찰서의 재구성, 경찰 지역사회 관계의 개선, 경찰관의 사기 강화, 경찰조직의 유연성 확보를 추구한 프로그램이다. 기본적 개념은 경찰 서비스 제공을 위한 의사결정의 분권화, 그리고 지역사회 중심으로의 전환이다.

2 특징

1) 분산화(decentralization)

합동경찰활동에서 경찰조직은 의사결정의 분산화를 특징으로 한다. 경찰 운영에 대한 의사결정의 책임은 팀을 책임지는 중간 관리자에게 부여한다. 이러한 분산화는 경찰활동이 지역 상황에 적절하고 신속한 대응을 할 수 있게 한다.

2) 지역 주민 지향(neighborhood focus)

경찰팀은 특정 구역에 비교적 지속적인 기간 동안 배치한다. 경찰관을 특정 지역에 지속적으로 배치함으로써 지역 주민의 요구에 효율적으로 대응하기 위한 것이다. 즉, 각 구역마다 주민의 요구와 문제가 다르고, 경찰 서비스에 대한 기대가 다르기 때문이다.

3) 경찰 서비스의 통합(unity of police services)

지역에 배치된 경찰팀은 그 지역의 모든 경찰 서비스를 제공한다. 팀은 지역의 순찰활동, 범죄수사, 청소년 선도 활동을 총괄하여 담당한다. 이는 경찰 서비스가 다양한 단위에 의하여 중복되고, 단절되는 것을 막기 위한 것이다. 따라서 경찰팀은 하나의 사건을 처음의 신고 접수로부터 수사에 이르기까지 처리하게 된다.

4) 합동의사결정(team decision making)

경찰 운영에 대한 의사 결정은 구성원 간 상호협력 관계에 기초하여 결정된다. 경찰관의 전문적 지위와 사기를 강화시키기 위한 것이다. 단순히 상부의 명령을 수행하는 대신, 직접 의사결정에 참여하는 것이다. 즉 지역사회에 직접적으로 관계하는 경찰관이 경찰활동에 관한 결정에 관여함으로써, 지역사회에 적합한 활동을 수행할 수 있다.

5) 지역사회의 의견반영(community input)

합동경찰활동은 지역 주민과의 상담을 통하여 지역사회를 위한 경찰활동을 발전시키고자 한다. 경찰과 지역사회 간의 관계를 개선하고, 지역 주민에 의하여 인식되는 지역 문제에 적절한 활동을 수행하는 것이다.

6) 경찰조직의 변환

권위주의적 관료조직과 군대조직의 성격이 혼합되어 있는 경찰조직을 탄력성 있는 조직으로 변환한다. 현행 조직을 일, 즉 활동을 중심으로 재편하고, 이에 따라 활동단위를 설정하여, 팀제(team policing)로 전환한다. 현장활동의 능력을 우선으로 하며, 팀의 자율권을 확보하고, 팀의 재정적 인센티브와 승진 평점에 활동별 가중치를 부여한다.

또한 업무의 성격상 경찰 부처를 국이나 과 형태의 관료조직으로 운영할 필요는 없으며, 부가적인 업무는 민간에게 이양하거나 자율적인 사업 단위화(free-standing agency)하여 운용상의 재량권과 신축성을 보장하는 프로그램으로 전환한다.

3 인사관리

1) 직책 중심의 인사관리

형식주의를 배격하고, 직책 중심의 조직 관리를 기본으로 한다. 능력 중심의 직무 관리가 이루어지기 위해서 직무 연계에 대한 계급 경직성을 완화하고, 문호를 개방, 경쟁 요소를 강화시킨다.

2) 직무의 전문화

객관적 보직기준을 설정하기 위한 대안으로, 현행 경과 및 특기 제도를 합리적으로 활성화하여 직무를 전문화한다. 현행 경과 및 특기 분류를 재구성, 서로 비슷한 직무 유형군으로 묶어서, 각기 그에 적합한 업무 수행 평가 기준, 보직 및 승진 관리, 교육 프로그램 등이 실시되도록 한다.

3) 직무통제 제도 수립

경찰 서비스 헌장과 치안정책 목표를 구체화하는 실천 기준 및 경찰 윤리 행동강령을 제정하여, 직무통제 제도를 수립한다. 고객 중심의 치안 서비스 체제를 구축하기 위해 긴급 구조사항 발생 시, 현장출동까지의 대기시간 최대치를 정하는 등 치안 서비스 수준의 기준을 정하고, 만일 문제가 있을 경우, 최소한의 사과와 설명을 들을 권한이 주어지고, 경우에 따라 보상 제도를 시행한다.

4) 성과계약 제도와 팀 중심의 직무평가 제도 확립

성과계약 제도와 팀 중심의 직무평가 제도를 확립한다. 성과계약 제도란 각 기관별 또는 직무 분야별 관리직과 팀장들이 계약 담당자가 되어, 매 회계연도 개시 전에 산출결과에 따른 사전계약(performance agreement)을 상급자와 체결하고, 계약 내용을 바탕으로 회계연도 말에 실제 업무성과결과에 대해 평가한다.

평가결과는 평가대상에게 사후적으로 공개하고, 이에 동의한다는 서명을 받게 하여 평가자의 부당한 권한 남용을 방지하고, 평가대상의 의견을 제시할 수 있는 기회를 제공, 평가의 객관성과 투명성을 유지한다. 평가결과에 따른 성과급(performance bonus)을 각 기관과 팀 단위로 평가등급에 따라 차등 지급하여, 활동 중심의 책임 행정에 대한 제도적 유인책을 마련한다.

제3장

지역경찰 제도

▽

제1절

우리나라 지역경찰 제도

1 지역경찰의 의의

1) 등장 배경

원래 외근경찰이라는 용어는 내근경찰에 반대되는 개념으로 사용되었으며, 주로 수사, 정보 수집, 교통경찰 등과 같은 분야에서 활동하는 경찰을 지칭했다. 특히, 파출소에 소속되어 일정한 지역을 담당하며 전반적인 경찰 업무에 참여하는 경찰을 흔히 외근경찰이라고 했다. 그러나 이 용어는 파출소에서 근무하는 경찰의 기능을 명확하게 설명하지 못했고, 다른 경찰 기능과의 구분도 어려웠다. 이에 '지역경찰'이라는 용어가 도입되었다.

지역경찰이란 실제로 순찰지구대나 파출소에서 근무하는 경찰들이 수행하는 범죄예방, 다양한 봉사 활동, 지역안전활동 등과 같이 다양한 경찰 업무를 포괄적으로 수행하는 경찰을 말한다. 지역경찰은 지역사회의 특별한 요구에 대응하면서도 경찰의 다양한 활동을 포함하고 있어, 이전에 사용되던 외근경찰보다 더 명확하게 경찰의 역할을 표현한다.

2) 개념

일반적으로, 지역경찰은 관할지역의 현황을 파악하여 적절한 활동을 수행하고, 항상 즉각적인 대응 체계를 유지하여 경찰 업무를 통해 주민의 안전과 평안을 유지하는 역할을 수행한다. 지역경찰관은 지역 안전에 대한 책임을 가지며, 주민을 위한 적극적 봉사와 원활한 관계를 위해 노력해야 한다. 이러한 임무를 수행하기 위해, 공휴일이나 24시간 경계 체제를 유지하며 경찰 업무에 대한 초동 조치를 취해야 한다.

현행 법률상 "지역경찰관서"는 『국가경찰과 자치경찰의 조직 및 운영에 관한 법률(이하 경찰법)』과 『경찰청 직제』에 규정된 대로, 지구대 및 파출소를 의미한다. 또한, "지역경찰"은 해당 지역경찰관서에 소속된 경찰 공무원을 지칭한다. "지역경찰 업무 담당 부서"는 지역경찰관서와 지역경찰 관련 사무를 처리하는 경찰청, 시·도경찰청, 경찰서 소속의 모든 부서이다.[18]

2 지역경찰의 조직 및 구성

1) 지역경찰관서

시·도경찰청장은 인구와 면적, 행정구역, 교통 및 지리적 여건, 사건사고 발생을 고려하여 경찰서 관할구역을 설정하고, 이에 따라 지역경찰관서를 설치한다. 지역경찰관서는 ○○경찰서, ○○지구대 또는 ○○파출소와 같은 명칭으로 지정된다.

지역경찰관서는 지구대장 또는 파출소장이 배치된다. 이들은 지역경찰과 소속 지역경찰관들을 지휘·감독하고 지역경찰관서의 사무를 조정한다. 지역경찰관서장은 다양한 업무를 수행하는데, 관내 치안 상황의 분석과 대책 수립, 시설·예산·장비의 관리, 소속 지역경찰의 근무 지휘 및 감독, 경찰 중요 시책의 홍보 및 협력 치안활동을 수행한다.

또한, 지역경찰관서의 하부조직으로 관리팀과 복수의 순찰팀을 운영한다. 관리팀은 행정 업무를 담당하고, 순찰팀은 범죄예방 순찰과 사건사고에 대한 초동조치 등 현장 치안 활동을 수행한다. 순찰팀장은 경감 또는 경위로 보한다.

지역경찰관서의 지휘·감독은 경찰서장이 전체적으로 담당하며, 각 부서장은 자신의 부서와 관련된 지역경찰의 업무에 대해 경찰서장을 보좌하여 조정한다. 그리고 순찰팀장은 근무시간 중 소속 지역경찰을 효율적으로 지휘·감독한다.

2) 치안 센터

시·도경찰청장은 지역 치안을 효율적으로 수행하도록 지역경찰관서장 소속에 치안 센터를 설치할 수 있다. 치안 센터의 명칭은 "○○지구대(○○파출소) ○○치안 센터"로 한다.

치안 센터는 지역경찰관서장의 소속하에 두며, 치안 센터의 인원, 장비, 예산 등은 지

---

18) 지역경찰의 조직 및 운영에 관한 규칙 [경찰청예규 제602호, 2022. 5. 31., 일부개정]

역경찰관서에서 통합 관리한다. 관할구역은 소속 지역경찰관서 관할구역의 일부로 한다. 관할구역의 크기는 설치 목적, 배치 인원 및 장비, 교통·지리적 요건 등을 고려하여 정한다.

치안 센터는 24시간 상시 운영을 원칙으로 한다. 다만, 지역 치안 여건 및 인원 여건을 고려, 운영시간을 탄력적으로 조정할 수 있다. 또한 경찰서장은 치안 센터의 종류 및 지리적 여건 등을 고려하여 필요한 경우, 치안 센터에 전담 근무자를 배치할 수 있다.

경찰서장이 치안 센터에 전담 근무자를 배치하는 경우, 전담 근무자 중 1명을 치안 센터장으로 지정할 수 있으며, 치안 센터장의 임무는 첫째, 경찰 민원 접수 및 처리. 둘째, 관할지역 내 주민 여론 수렴 및 보고. 셋째, 타기관 협조 등 협력 방범활동이다.

(1) 치안 센터의 종류

치안 센터는 설치 목적에 따라 크게 검문소형과 출장소형으로 구분된다.

① 검문소형 치안 센터

적의 침투 예상로 또는 주요 간선도로의 취약 요소 등에 교통통제 요소 등을 고려하여 설치한다. 다만, 시·도경찰청 및 경찰서 관할의 경계에는 인접 관서장과 협의하여 하나의 치안 센터 설치를 원칙으로 한다.

검문소형 치안 센터 근무자의 임무는 거점 형성에 의한 지역 경계, 불심검문 및 범법자의 단속·검거, 지역경찰관서에서 즉시 출동하기 어려운 사건·사고 발생 시 초동조치이다.

② 출장소형 치안 센터

출장소형 치안 센터는 지역 치안활동의 효율성과 주민 편의 등을 고려, 필요한 지역에 설치한다.

출장소형 치안 센터 근무자의 임무는 관할 내 주민여론 청취 등 지역사회 경찰활동, 방문 민원 접수 및 처리, 범죄예방 순찰 및 위험발생 방지, 지역경찰관서에서 즉시 출동하기 어려운 사건·사고 발생 시 초동조치이다. 다만, 도서, 접경 지역 등 지리적 여건상 필요한 경우, 출장소형 치안 센터에 검문소형 치안 센터의 임무를 병행하도록 한다.

③ 직주일체형 치안 센터

직주일체형 치안 센터는 출장소형 치안 센터 중 근무자가 치안 센터 내에서 거주하면서 근무하는 형태의 치안 센터이다. 직주일체형 치안 센터에는 배우자와 함께 거주함을 원칙으로 하며, 배우자는 근무자 부재 시 방문 민원 접수·처리 등 보조 역할을 수행한다.

직주일체형 치안 센터에 배치된 근무자는 근무 종료 후에도 관할구역 내에 위치하여 지역경찰관서와 연락 체계를 유지하여야 한다.

3) 근무 체제

지역경찰은 근무 수행에 필요한 경찰봉, 수갑 등 경찰 장구, 무기 및 무전기 등을 휴대하여야 한다. 지역경찰관서장과 순찰팀장은 필요한 경우, 지역경찰의 복장 및 휴대장비를 조정할 수 있다.

지역경찰관서장은 일근근무를 원칙으로 한다. 다만, 경찰서장이 필요하다고 인정하는 경우, 지역경찰관서장의 근무시간을 조정하거나, 시간외·휴일 근무 등을 명할 수 있다.

관리팀은 일근근무를 원칙으로 한다. 순찰팀장과 순찰팀원은 상시·교대근무를 원칙으로 한다. 지역경찰의 근무는 행정근무, 상황근무, 순찰근무, 경계근무, 대기근무, 기타근무로 구분한다.

(1) 행정근무

행정근무를 맡은 지역경찰은 해당 지역경찰관서 내에서 다양한 행정 업무를 담당한다. 문서의 접수와 처리, 시설·장비의 관리와 예산의 집행, 각종 현황, 통계, 자료, 부책 관리 등이다. 지역경찰관서의 원활한 운영과 행정 업무의 효율성을 유지한다.

(2) 상황근무

상황근무를 맡은 지역경찰은 해당 지역경찰관서와 치안 센터 내에서 다양한 임무를 수행한다. 시설과 장비의 작동 여부 확인, 방문민원과 각종 신고 사건의 접수, 처리, 그리고 요보호자와 피의자의 보호·감시, 중요 사건·사고 발생의 보고와 전파 업무 등이다. 이들 임무를 통해 지역경찰은 상황근무를 효과적으로 수행하여 지역 내의 안전과 치안을 유지한다.

(3) 순찰근무

순찰근무는 그 수단에 따라 112 순찰, 방범 오토바이 순찰, 자전거 순찰과 도보 순찰 등이다. 112 순찰근무와 야간 순찰근무는 반드시 2인 이상 합동으로 지정한다.

순찰근무를 지정받은 지역경찰은 지정된 근무구역에서 담당업무를 수행한다. 즉, 주민여론과 범죄첩보의 수집, 각종 사건사고 발생의 초동조치와 보고, 전파, 그리고 범죄예방과 위험발생 방지활동, 범법자의 단속과 검거, 경찰 방문과 방범진단, 통행인과 차량에 대한 검문검색 등 이다

그리고 순찰근무를 할 때에는 문제의식을 가지고 면밀하게 관찰, 주민에 대한 정중하고 친절한 예우, 돌발 상황에 대한 대비와 경계 철저, 지속적인 치안 상황 확인과 신속 대응을 해야 한다.

(4) 경계근무

경계근무는 반드시 2인 이상 합동으로 지정하여야 한다. 경계근무를 맡은 지역경찰은 특정 장소에서 범법자를 단속·검거하기 위해 통행인, 차량, 선박 등의 검문검색 및 후속조치를 진행한다. 또한, 비상 및 작전사태 발생 시에는 차량, 선박 등에 대한 통행통제 업무를 수행한다. 이를 통해 경계근무는 해당 지역의 안전과 질서를 유지하고 범죄를 예방하기 위한 중요한 역할을 수행한다.

(5) 대기근무

대기근무는 「경찰기관 상시근무 공무원의 근무시간 등에 관한 규칙」 제2조 제6호의 "대기"를 뜻한다. 대기근무의 장소는 지역경찰관서와 치안 센터 내로 한다.

식사시간을 대기근무로 지정한 경우, 대기근무 장소를 식사 장소로 사용할 수 있다. 대기근무를 맡은 지역경찰은 해당 장소에서 휴식을 취하면서도 무전기를 청취하며 10분 이내에 출동 가능한 상태를 유지해야 한다. 이를 통해 대기 근무자는 신속한 대응이 요구되는 상황에 대비하여 항시 대기 상태를 유지한다.

4) 지역경찰의 동원

시·도경찰청장 또는 경찰서장은 필요한 경우에 한하여 지역경찰을 다른 근무에 동원할 수 있다. 즉, 다중범죄의 진압, 대간첩작전 등 비상사태, 경호경비와 각종 집회, 행사의 경비, 그리고 중요범인 체포를 위한 긴급배치, 화재, 폭발물, 풍수설해 등 중요사고 발생,

기타 다수 경찰관의 동원을 필요하는 행사와 업무이다.

지역경찰 동원은 근무자를 우선으로 하되, 불가피한 경우에 한하여 비번자와 휴무자를 순차적으로 동원할 수 있다. 비번자 또는 휴무자를 동원할 경우, 초과근무수당을 지급하거나 추가 휴무를 부여해야 한다.

3 지역경찰 제도의 발전방안

지역경찰이 대민 일선 조직으로서 효율적인 경찰활동을 수행하는 데에 개선해야 할 사항을 살펴보면 다음과 같다.[19]

1) 지역주민과의 유대 강화

경찰이 지향하는 지역경찰활동은 지역 주민들의 수요에 대한 높은 만족을 제공할 수 있어야 하고, 지역 문제를 같이 해결하며, 지역 주민과도 상호 유기적 관계가 형성되어야 한다. 이를 통해 주민의 범죄에 대한 두려움 제거, 그리고 경찰에 대한 신뢰의 증대가 이루어져야 한다. 그러나 순찰지구대 체제로 개편된 이후, 주민들은 자신들의 거주지 내 파출소 감소로 범죄에 대한 두려움이 더욱 증대되었고 또한 차량 순찰 위주의 순찰 체제는 지역 주민과의 거리감을 초래하였다.

따라서 주민과의 거리감을 줄이고, 주민에게 보다 더 다가갈 수 있는 방안으로 도보 순찰이나 자전거 순찰, 스쿠터 순찰을 활용하는 것이 필요하다. 즉, 직접적으로 주민과의 접촉을 통하여 주민들과의 유대 관계를 강화하는 것이 중요하다. 지역 주민과 경찰관의 유대 관계 강화 방안으로 지역 사정에 밝은 사람 중심으로 그 지역의 순찰 요원을 구성해야 한다. 한 지역에 오래 근무할 수 있는 경찰관을 배치하여 넓은 관할구역의 순찰활동에 대한 효율성을 높이고, 그 지역의 지리적 상황이나 주민의 동태 등 지역적 특징을 세부적으로 알고 지역 문제에 능통한 그 지역의 전문 경찰관이 필요하다.

---

19) 최종술·김소희(2011). "우리나라 지역경찰제도의 문제점과 개선방안 : 파출소제도와 순찰지구대제도의 비교를 중심으로". 『법정리뷰』. 제28집 2호.

2) 지역경찰의 인력과 예산의 확대

대국민 일선 조직인 지역경찰의 인력과 예산의 확대가 필요하다. 특히, 전의경 제도가 폐지되는 상황에서 지역 주민의 생명과 재산을 지키는 지역경찰관의 증원과 재정 지원은 필수적이다.

3) 순찰 요원의 전문화

과거의 파출소 체제에서 순찰지구대 체제로 지역경찰 체재가 개편되어 운영되었음에도 불구하고 여전히 경찰의 순찰활동을 방해하는 여러 업무 중복이 있다. 이를 해결하기 위해 업무를 명확하게 구분해야 할 것이며, 순찰 요원들에 대한 전문화 교육으로 전문적 순찰요원은 범죄예방활동에만 전념할 수 있도록 해야 한다.

4) 순찰 인력과 시설의 효율적 활용

인력 낭비를 해소하고, 인력과 장비의 효율적 운영을 위한 순찰지구대 체제는 여전히 인력과 시설을 치안 수요에 맞게 전략적, 신축적으로 활용하지 못하는 측면이 있다. 따라서 경찰의 대민 일선 조직에 걸맞게 치안 수요에 맞춰 인력과 시설을 활용할 수 있도록 해야 한다.

$$\triangledown$$

제2절

우리나라 지역경찰 제도의 변천

1 조선시대

오늘날 지역경찰과 유사한 제도로서, 1465년(세조11년)에 설치된 포도청의 좌, 우 순청 밑에 각각 「경수소」라는 제도가 있었다. 「경국대전」에 의하면, 경수소는 보병 2인이 동네 사람 5인을 데리고 궁, 검, 장 등으로 무장하고 숙직하며, 「산곡경수소」에는 정병 5명이 숙직했다는 기록이 있다. 이것은 오늘날 지역경찰과 유사한 역할을 수행하며 지역안전을 유지하고자 설치된 제도로 보인다.

2 갑오개혁 이후

1894년 갑오개혁 이후, 포도청이 「경무청」으로 바뀌면서 한성 5부에 5개 경무지서를 설치하고, 경무지서에는 순검문소 50개를 설치하고 운영했다는 기록이 있다. 이것은 포도청의 경수소에 해당하는 조직이다.

경수소, 순검문소 등은 1900년 분서, 분파소로 변천하고, 1907년경 분파소는 순사주재소로 명칭이 변경되며 1910년 이후, 주재소는 순사파출소와 순사주재소로 구분된다.

3 국립경찰 발족 이후

1945년 8월 15일 광복 이후, 미군정청은 10월 21일 중앙에 경무국, 지방에 도지사 소속하에 경무부를 설치한다. 1946년에는 주재소의 명칭이 순사주재소에서 지서로 변경된다. 대한민국 정부 수립 이후 큰 변화없이 파출소 제도는 운영되었지만, 1966년 경찰서 소재지는 파출소, 그 외 지역은 지서로 변경한다. 이로써 파출소의 명칭과 운영 형태에 일부 조정이 이루어진다.

지서와 파출소의 기능은 큰 차이가 없었고, 범죄예방활동의 중요성이 강조되면서 1996년 파출소로 명칭이 통일되었다.

4 경찰법 제정 이후

1) 대단위 파출소(시범운영)

파출소 중심으로 지역경찰이 운영되었지만, 1990년에 들어서 급증하는 치안 수요에 효과적으로 대응하는 것에는 한계가 있다고 제기되었다.

경찰은 1991년 4월부터 12월까지, 전국 20개 파출소를 대상으로 「대단위 파출소」를 시범운영했다. 이 프로젝트에서 치안 수요와 지리적 여건 등을 고려, 기존 분산되었던 2~3개 파출소의 인력과 장비를 1개의 중심 파출소로 통합, 운영하였다. 이를 통해 파출소 운영의 효율성을 높이고, 경찰활동을 효과적으로 조정하는 시도를 하였다.[20]

대단위파출소 운영의 결과, 긍정적인 측면은 기존 파출소의 소내 및 대기근무 인력을 순찰근무로 전환, 순찰 인력을 증대하고 순찰활동이 강화된 것, 3교대 근무로 경찰관들의 사기가 향상된 것, 그리고 파출소의 통합 운영으로 파출소 운영예산이 절감되었다.

반면, 부정적인 측면은 지역의 범죄예방이 기존 제도에 비해 효과를 거두지 못했으며, 파출소가 없어진 지역 주민의 불만과 협력 치안의 어려움, 넓어진 지역과 늘어난 직원들에 대한 파출소장 감독의 한계가 지적되었다. 이런 이유로 대단위파출소 시범운영 후 더 이상 진전 없이 기존 파출소 제도로 복귀하였다.

2) 광역파출소(시범운영)

전국 12개 파출소를 대상으로 1994년 3월부터 12월까지 10개월간 「광역파출소제도」를 2가지 유형으로 시범 운영하였다. 먼저, 통합광역파출소는 좁은 관할구역 파출소를 1개로 통합하였다. 분할광역파출소는 치안 수요가 많은 파출소에 인력과 112차량을 보강, 넓

---

20) 상게논문. 참조.

은 지역을 관할하였다. 분할광역파출소는 112순찰차를 중심으로 파출소를 운영하였다. 그 결과 112순찰의 강화로 범죄발생이 10.6% 감소하고, 경찰관들의 근무여건이 개선되었다.[21]

그러나 이 운영 모델은 경찰관들의 지역 책임의식 약화, 112순찰차 중심의 순찰로 인해 주민과의 접촉기회 감소, 파출소 폐지로 인한 지역 주민들의 불안감 증대의 문제가 지적되어 더 이상 시행되지 못했다.

3) 경찰서 집중 순찰제(시범운영)

1997년 말 외환위기로 국가 경제가 어려워지자, 다시 파출소 운영의 효율성 문제가 제기되었다. 이에 1999년 4월부터 2000년 5월까지 전국 20개 경찰서를 대상으로 「경찰서 집중 순찰제」를 시범운영하였다.[22]

이 제도는 파출소 근무 인력을 최소화하여, 치안 서비스센터로 전환하고 주로 범죄신고 접수와 봉사 업무를 수행하도록 하였다. 순찰 기능은 경찰서 방범과에 기동순찰계를 설치하여 집중적으로 순찰 업무를 담당하도록 했다. 치안 수요가 많은 지역에 경찰력을 집중 배치하여 가시적인 방범효과가 증대되고, 순찰경찰관들의 근무여건이 개선되어 긍정적 평가를 받았다.

그러나 이 시스템은 범죄발생 증가 및 검거율 저하, 주민들의 부정적인 반응, 경미한 사건의 처리로 인한 주민 불편, 순찰경찰관들의 지역 책임의식 약화의 문제로 더 이상 실행되지 못하였다.

5 순찰지구대 제도의 실시

지역경찰의 효율적 운영을 위한 변화를 위해 2003년 '순찰지구대'가 창설되었다. 2003년 6월 동안 전국 40개 경찰서를 대상으로 기존 3~5개 파출소 인력과 장비를 1개 파출소에 집중시켜 '순찰지구대'를 설치하고, 시범운영하였다. 그리고 2003년 8월부터는 전국적으로 실시하였다.

그러면 최초 도입 당시 순찰지구대 운영 체제를 살펴보면 다음과 같다.

---

21) 최종술(2004). "광역적 순찰지구대 체제에 관한 연구". 「한국공안행정학회보」 제18호. 한국공안행정학회.

22) 상게논문. 참조.

1) 의의

순찰지구대는 기존 파출소 3~5개를 하나로 통합한 체제로, 사건 발생이 많은 지역과 적은 지역을 통합하여 동일한 근무 인원과 물적 설비를 활용한다. 이것은 긴급상황에 신속히 대응하는 장점이 있고, 특히 사건 발생 초반 대처하기 용이하다. 또한, 우범 지역의 집중적 방범순찰이 가능하며, 기존 파출소의 민원봉사대 역할도 수행하여 시스템의 다양한 역할을 수용한 제도이다.[23]

2) 도입 배경

순찰지구대 제도는 파출소 중심 경찰활동 체제의 문제점을 극복하기 위한 방안으로 도입되었다. 파출소 제도는 출동시에 2~3명 정도가 파견되어 범죄진압에 어려움이 많았다. 또한, 봉사 업무와 규제·단속 및 방범 업무를 동시에 수행하여 대민친절의 봉사 업무 수행에 구조적 한계가 나타났다.

파출소 기능이 지역 치안의 거점, 주민협력 치안의 구심점, 대민접점 및 봉사 업무, 최일선 치안 집행기관이라는 4가지 기능을 수행하여 업무가 과중하고, 파출소에 근무하는 경찰관의 잦은 인사이동으로 인한 주민과의 유기적 상호관계 유지에 한계가 있었고, 지역 문제에 정통한 경찰관 양성에 어려움이 있었다. 파출소는 주민의 효과적 통제를 위해 치안 수요가 아닌 행정구역 단위로 설치되고, 획일적 관서형태 운영으로 소내 대기 인력이 과다 소요되는 문제점도 있었다.[24]

이와 같은 문제점을 극복하고 파출소의 치안 서비스 기능을 보다 강화하기 위해 2003년 9월부터 전국적·전면적으로 순찰지구대 제도가 시행되었다.

3) 운영체제

순찰지구대는 「지역경찰조직 및 운영에 관한 규칙」에 따라 경찰서의 지역 실정에 맞게 3~5개 파출소를 권역별로 구분, 순찰지구대로 재편하였다. 권역 내 파출소의 인력 장비를 집중 운영하여, 현장 치안활동을 수행하는 운영 체제이다. 그리고 이전의 파출소는 봉

---

23) 이상원(2001). 『방범론』. 대명출판사. p.54.

24) 최응렬(2004). "순찰지구대 어떻게 운영되고 있나?". 『지방자치』 통권195호. p.71.

사와 지역 협력활동에 중점을 두는 '치안 서비스센터'의 역할로 전환하였다.

초기 순찰지구대는 도시형인 기본형과 농촌형, 특수형으로 지역의 특성과 치안 수요에 맞게 구조를 구분하였다. 농촌형과 특수형의 경우, 농촌 지역 2, 3급지 경찰서와 특수파출소를 대상으로 구성된 순찰지구대이다.

도시형(기본형)은 기존의 도시 지역 파출소 3~4개를 1개 순찰지구대로 편성하였다. 기존 파출소 즉, 치안 센터에는 민원담당 경찰관을 배치하고, 주민 치안 관련 서비스를 제공한다. 통합된 파출소 인력은 순찰반으로 편성하여 지구대 사무소에서 집중 운영한다. 외근인력의 기동성과 지역성을 구분, 집중시키고 지역경찰활동을 전문화하였다. 순찰지구대의 조직구성은 경감급 순찰지구대장, 경위급 지구대 사무소장, 순찰 요원, 관리 요원, 민원담당관, 순찰지도관으로 구성되었다.

농촌형은 기존의 파출소(치안 센터)를 유지하면서 지역경찰활동을 하는 유형이다. 농촌지역 2, 3급지 경찰서와 특수파출소를 대상으로 순찰지구대를 구성하였다. 파출소에는 파출소장을 비롯한 1~4명의 민원 담당관이 배치되어 치안 공동생산을 위한 주민참여의 통로로서 치안 자치 센터를 운영하였다.

특수형(특수파출소)은 원격지, 특수 치안 지역에서 기존의 파출소 체제를 그대로 유지하면서 관할 인구, 면적, 출동거리, 시간 등을 고려하여 선택적으로 운영되었다. 특수파출소에서는 현장근무 및 민원 업무를 총괄하여 수행하였다.

당시 1개 순찰지구대는 순찰지구대장, 사무소장, 순찰지도관, 순찰 요원, 관리 요원, 민원담당관을 두었다. 순찰지구대장은 경감으로서 해당 순찰지구대 활동과 업무의 총괄지휘와 지역 책임자 역할을 하였다. 지구대 사무소를 제외한 기존의 파출소에는 일근근무하는 1~4명의 민원담당관을 배치하여 치안 서비스 공동생산을 위한 주민의 참여 통로로서 치안 센터를 운영하였다.

민원담당관은 경찰 민원 접수처리, 지역 주민을 위한 봉사활동, 협력방범활동, 지역 치안 모니터링 활동, 이외 지구대장이 지정하는 업무를 수행하였다.

〈그림 1-2〉 도입 당시 순찰지구대의 조직구조[25]

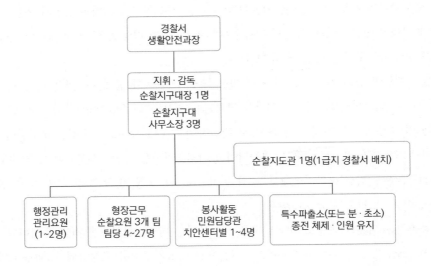

4) 초기 순찰지구대 체제의 장점과 단점

(1) 장점

① 인력·재정·시설과 장비 등 방범 자원의 효율적 운영

순찰지구대는 기존의 파출소를 지역 실정에 따라 3~5개로 통합, 재편함으로써 권역 내 파출소의 인력과 장비를 집중적으로 운영하여 현장 치안활동을 수행하는 방식이다. 순찰지구대의 가장 큰 장점은 집단 폭력, 공권력 도전 행위 등 위법 행위에 대한 경찰력의 대응에 충분한 인원을 확보하였다는 것이다.

주간에는 기존의 파출소를 융통성 있게 활용하고, 야간에는 지역의 지구대 인원을 한번에 모아서 업무를 수행한다. 과거 야간에 범죄신고를 하면 근처의 파출소에서 달려와 대응했지만, 패싸움 등 단체적 범행 시에는 인력의 부족으로 인해 많은 어려움을 겪었다. 그러나 지구대 체제에서는 최소한 4명 정도의 경찰관이 동시에 출동할 수 있게 되면서 파출소의 단점이 보완되었다.

② 치안 수요와 지역 실정의 실질적 반영

광복 이후 지역경찰 체제의 중심이었던 기존의 파출소 제도는 소규모 파출소를 지키

---

25) 상게논문. p.71.

는 데 상당한 경찰 인력을 낭비하였다. 특히, 농어촌 지역 파출소의 경우, 대도시보다 인력 부족 현상이 심각하여 야간이나 심야 시간에 경찰관 1명이 파출소를 지키고 있었고, 순찰 도 1명이 함으로 피습의 위험성 등이 있어 순찰활동이 급격히 위축되어 있었다.

또한 도시 지역의 경우, 치안 수요와 관계없이 행정구역인 동 단위로 운영되어 경찰력 이 필요 이상으로 분산되었고, 공권력에 도전하는 집단 폭력 범죄에 효과적으로 대처하지 못하는 문제점이 있었다.

그러나 순찰지구대로 개편되면서 경찰서의 관할구역을 인구, 면적, 주민생활권, 교통 망 등 그 지역의 실정을 종합적으로 고려하여 3-5개의 파출소를 권역별로 구분, 운영하여 치안 수요와 지역 실정을 실질적으로 반영하였다.

③ 근무여건 개선과 경찰관의 사기 진작

기존 파출소의 3부제 근무교대 방식은 주간 12시간, 휴무 24시간, 야간 12시간, 휴무 24시간 반복으로 생체리듬을 저해하는 운영 체제였다. 따라서 피로의 누적이 근무의욕을 저해하는 문제점이 있었다.

순찰지구대는 지역 특성에 맞게 다양한 근무교대 방법을 도입하여 경찰관들의 근무 의욕을 향상시킨다. 근무 방법은 다음과 같이 구분된다.

A형은 주야 교대제로 주간은 09:00~19:00까지, 야간은 19:00~09:00이다.

B형은 주간은 09:00~19:00까지 1개조로 고정하고, 야간은 당 비번 교대제이다.

C형은 변형 3교대제로 당 비 일, 비, 휴로 순환한다.

지역별로 A, B, C형을 고루 운영하고, 농촌형 경찰서는 B형 또는 C형을 실시하였다. C형의 일 근무는 시차 출퇴근, 치안 수요 밀집시간대에 경력집중 등 탄력적으로 운용하였다.

(2) 단점

① 광범위한 관할구역

관할구역이 지나치게 넓어 지역 내의 세부적인 환경을 파악하기 어렵다. 이로 인해 범 죄사건이 접수되어도 그 위치를 파악하지 못하는 경우가 발생하였다. 또한 관할구역이 넓 어짐에 따라 지역의 방범 문제를 파악하고, 주민들과 유대를 강화시키는 지역사회경찰활 동을 수행하기 어렵다. 그리고 도보 순찰이 아닌 순찰차 중심의 순찰활동이 주가 되어 지 역 주민과의 접촉이 점차 감소하였다.

② 지역 주민과의 협력 치안 및 지역 정보수집의 어려움

순찰지구대 방식으로 전환된 후 관할구역이 넓어져 지역 주민과의 유대감이 사라지고 협력 치안이 어려워졌다. 지역 주민들은 종전의 파출소 경찰관들의 얼굴에 익숙해져 새로운 경찰관이 오게 되면 경찰관과의 거리감으로 범죄예방에 대한 불안감을 느끼게 된다.

또한 지구대를 통합하면서 자율방범대 및 행정발전위원회 등의 관리가 힘들었다. 종전 자율방범대의 구역이 다름으로 인해 자율방범대의 관리도 어려울 뿐만 아니라 지역이 넓어져서 행정발전위원회의 구성이 실질적으로 어려웠다.

③ 지역 주민의 불안감 증대

지역 주민들은 자신의 거주지 내에 있던 파출소가 24시간 상주 체제로 운영되다가 제도의 변화로 야간에는 이를 폐쇄하여 범죄에 대한 두려움과 불안감이 증가하였다. 예전에는 지역에서 24시간 상주하고 있던 파출소로 인해 시각적인 방범 효과를 얻을 수 있었지만, 순찰지구대 체제 실시로 비어 있는 상태가 되어 시각적 방범 효과를 얻기 힘들고, 주민들의 범죄에 대한 두려움이 증가하는 부정적인 효과가 나타났다.

④ 범죄첩보 수집 및 범죄대처 능력 저하

기존에는 경찰관과 지역 주민 사이에 면식 관계로 가능했던 범죄첩보활동이 순찰지구대 제도로 변화되면서 지역 주민 접촉이 줄어들어 첩보 수집, 각종 집회, 민원 등에 대한 여론 수집이 어려워졌다.

사무소장, 민원담당관, 관리 요원에 대한 사무의 정확한 구분이 없어 그 책임의 범위가 명확하지 않아 신속히 범죄에 대처해야 하는 상황임에도 불구하고 서로에게 미루는 경향이 나타났다. 이러한 경향이 시간 때우기 식 근무로 변질되면, 지역에 대한 책임감 결여로 범죄첩보 수집 및 대처 능력의 저하를 가져온다.

⑤ 순찰 및 범죄신고 시 출동시간의 지연

관할구역이 넓어져 파출소 단위로 움직이던 때보다 출동시간이 길어졌다. 이러한 상황은 순찰차들이 넓은 영역에 흩어져 있기 때문이다. 결국 광역화로 인해 상황 발생 시 경찰의 출동시간이 지연되는 문제점이 있다. 3~4개 동에 걸쳐 순찰차들이 흩어져 있어 신속한 대응에 차질이 빚어진 것이다.

또한, 기존의 파출소가 치안 센터로 개편되어 2명의 민원담당관이 근무하게 되었다.

지역 주민들은 사건 사고 등 급박한 상황 발생 시 치안 센터를 먼저 찾는다. 그러나 치안센터는 사건 신고만 받고, 출동을 위해서 신고된 사건을 또다시 순찰지구대로 접수해야 한다. 이러한 과정을 거치다 보면 사건 사고 접수 자체가 늦어져 자연스레 출동도 늦어지는 경우가 발생하였다.

　　⑥ 순찰지구대의 혼잡 및 시설부족

　　3~4개의 파출소 인력과 시설들을 한 순찰지구대에서 관리하고, 인원이 한곳에 모이면서 갑자기 증가한 방범자원들의 관리와 보관에 혼란이 야기되었다. 면적이 협소한 이전 파출소 건물을 그대로 활용하는 경우, 증가된 인력과 장비 및 시설을 감당하는 데 한계가 있었다. 이러한 이유로 파출소 직원들이 집단 조회를 하거나 옷을 갈아입거나 샤워, 휴식 등을 하는 데 불편이 따랐다. 또한, 파출소가 통폐합된 후 활용하지 않는 일부 파출소가 방치되어 국가 재산을 효율적으로 활용하지 못한다는 지적도 제기되었다.

　　⑦ 순찰 요원의 비효율적인 활용

　　초기 순찰지구대 체제는 인력과 시설의 효율적 사용을 목적으로 하였다. 그러나 이러한 목적과는 다르게 인력과 시설을 방범 수요에 적합하게 전략적, 신축적으로 활용하지 않으면, 방범활동에 장애가 된다. 기존의 파출소와는 달리 내근자 2명을 정해 두고 나머지는 모두 외근활동을 하였다. 내근자 이외 외근활동 순찰 요원들은 시간 때우기 식의 근무를 한다는 것이다.

제3절

각국의 지역경찰 제도 실례

1 미국의 경우

미국의 경찰은 크게 연방정부경찰, 주정부경찰, 지방정부경찰로 나눌 수 있지만, 그 형태가 다양하기 때문에 지방경찰 운영의 획일적 기준을 정하기 어렵다.

일반적으로 도시경찰의 조직구조를 보면, 수사 부서, 운영 부서, 행정지원 부서로 구성된다. 이 가운데 운영 부서(Operation Bureau) 소속의 순찰지구대가 범죄예방을 위한 순찰, 긴급 신고 시 출동을 담당한다.

워싱턴 주(State of Washington) 타코마 시(Tacoma City) 경찰국의 경우, 일반적인 방범순찰 근무는 운영부서(Operation Bureau)에서 주관, 실시하고 있다. 지역사회 치안 및 순찰은 운영국에서 수행한다. 운영국에는 지역경찰 부서와 순찰 부서가 있다. 지역경찰 부서는 추가 시간과 노력이 필요한 이웃 및 비즈니스 문제를 처리할 책임이 있다. 이것은 이웃 및 지역사회 서비스, 세금 및 면허, 법 집행 등과 같은 다른 도시 부서와 협력하여 지역사회 연락 담당관을 통해 수행된다. 순찰과는 서비스 요청 처리, 예비 범죄수사 수행, 비상사태 대응, 교통법규 집행 및 사고 조사를 담당한다.[26] 순찰과에는 2개 지역(남부, 북부)을 각각 담당하는 부서를 설치, 운영하고 있다. 대체로 4조 3교대제를 실시하고 있으나 경찰관서에 따라 근무 인원 및 근무시간이 탄력적으로 적용되고 있다.

---

26) 타코마시경찰국 홈페이지(검색일 2024. 01. 09)(https://www.cityoftacoma.org/government/city_depart-ments/police/operations_bureau)

〈그림 1-3〉 미국 타코마(Tacoma) 시 경찰서 조직체계

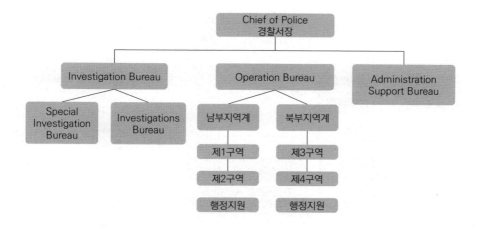

2 독일의 경우

독일의 경찰은 범죄예방 등 순찰 업무를 수행하기 위하여 경찰서 산하에 '지구경찰서 (地區警察署)'와 파출소를 각각 설치하고 있다. 지구경찰서 순찰과는 5개의 순찰팀으로 구성, 1개팀 당 8~20여명이 24시간 근무를, 파출소는 월요일에서 금요일까지 주간근무를 수행한다.

파출소 야간근무는 평일 15:00~23:00까지 주 1회 정도이며, 금·토·일요일은 18:00~ 02:00까지 개인 의사에 따라 1개월에 1회 정도 실시한다.

실례로 푸라이부르크 북부지구경찰서 조직체계를 보면 〈그림 1-4〉와 같다.

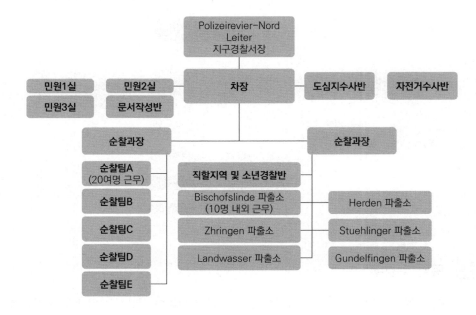

3 일본의 경우

일본의 지역경찰 조직은 경찰청의 지역과, 각 관구 경찰국의 생활안전과, 각 도·도·부·현 경찰본부의 지역과, 경찰서의 지역과가 있다. 지역경찰 순찰활동은 경찰서의 지역과에서 주관하며, 경찰서 또는 경찰본부에는 자동차 순찰대인 '自動車警邏班'를 두어 전체 순찰차를 통합, 운영한다.

순찰활동은 2인 1조로 2시간 순찰근무를 원칙으로 하고, 심야에는 3시간 연속근무 후 교대로 취침시간을 부여하며, 3시간 연속근무 중 1시간마다 교번에 들러 상황 파악을 한다. 경찰서 지역과에는 우리나라의 파출소 규모보다 작은 소규모 형태의 교번(交番) 및 주재소(駐在所)를 두고 있다.

최하위 경찰조직으로 도시 지역에 '交番'을, 농·어촌 지역에 '駐在所'를 두고, 지역사회 경찰활동을 수행한다. '交番'은 인구 8천명당 1개소 비율로 설치, 4조 3교대 근무로 한다. 교번(交番)은 도시지역에 설치되어, 치안 수요에 따라 2~6명의 경찰관이 3교대로 근무하며, 주민의 접촉점으로서 범죄신고, 경찰지원요청, 방범심방 등 지역 주민에게 다양한 치안 서비스를 제공하면서 지역사회 중심적인 경찰활동을 하고 있다.

농·어촌 지역에는 숙박시설을 갖춘 주재소(駐在所)를 두어, 경찰관이 가족과 함께 생활하면서 도시 지역의 교번과 비슷한 기능을 담당하고 있다.

이와 같은 교번과 주재소는 지역 주민과의 협력 및 봉사활동에 중점을 두면서, 지역 치안상황 파악, 범죄예방 및 지역 문제 해결, 지역 주민의 범죄신고 접수 및 급박한 도움 요청에 대응, 고민상담, 피해자 조언 등을 실시함으로써 일본 지역사회 경찰활동의 토대를 이루고 있다.

제2편

지방자치와 경찰자치

제1장

지방자치 제도

제1절

지방자치의 본질

1 지방자치의 의의

지방자치는 세계 각국의 사정에 따라 다양한 형태로 실시되고 있다. 그러나 지방정부 단위로 중앙정부의 간섭을 받지 않고 자율적인 행정을 수행하는 것은 공통적 특성이다.

지방자치는 일정한 지역의 주민들이 지방정부를 구성하여 그 지역의 문제를 지방정부의 부담으로 처리하는 것을 말한다. 주민들은 자기의 일을 처리함에 있어서 개개인에 의해 실현하는 것이 아니라 지방자치단체라는 기관을 구성하여 처리한다. 주민들이 공동으로 처리해야 할 자치사무를 국가의 간섭을 받지 않고, 자기 부담을 통하여 스스로의 결정에 따라 처리하게 된다.

최근에는 지방자치의 개념과 분권화의 개념을 합한 개념으로 자치분권이라는 용어를 사용하기도 한다. 지방자치의 핵심은 중앙 집권화된 권한을 지방으로 분권화하여 지방정부의 책임하에 지방자치를 실현하는 것이다. 따라서 지방자치의 전제조건으로 분권화가 먼저 이루어져야 한다. 이러한 의미에서 자치분권이 강조되고, 지방자치는 자치분권이라는 용어로 대체되기도 한다.

2 지방자치의 유형

지방자치는 그 기원에 따라 두 가지 유형으로 구분된다.

1) 주민자치

주민자치는 영국과 미국을 중심으로 발전하였다. 영국에서 통일된 국가가 성립되기 이전부터 주민자치는 시작되었다. 각 지방에서 주민이 참여하는 주민총회를 기원으로 해서 자치 전통이 발전된 것이다. 통일된 국가가 성립된 이후에도 이와 같은 전통이 인정되었다. 주민자치란 지역의 주민들이 스스로 지방정부를 구성하고, 지역 공동체의 문제를 주민이 낸 세금으로 지방정부의 책임하에 실현하는 것을 말한다. 따라서 지방자치권은 자연적이고, 당연한 권리이며, 천부적인 권리로 인식되었다.

2) 단체자치

단체자치는 독일과 프랑스를 중심으로 발전하였다. 중앙집권적 국가로서의 전통이 강한 독일과 프랑스에 그 기원을 두고 있다. 단체자치란 특정 지역의 지방자치단체가 중앙정부로부터 독립적으로 자율성을 가지고 그 지역을 스스로 관리하고 운영하는 것을 의미한다.

국가로부터 독립적인 인격을 부여받은 지방자치단체가 주민생활과 관련된 문제를 해결하는 것이 효율적이라는 관점에서 발전된 것이다. 지방자치는 국가에 의해 부여된 권리로서 인식한다.

3) 종합

주민자치는 지방정부와 주민의 관계에 중점을 두고, 단체자치는 국가와 지방자치단체의 관계에 근거하고 있다.

오늘날 지방자치는 주민자치와 단체자치가 혼합되어 적용되고 있다. 우리나라의 지방자치도 주민자치와 단체자치의 특성들이 혼합, 적용되고 있다. 지방행정의 과정에 다양한 주민참여가 가능하도록 주민참여 제도를 운영하는 것은 주민자치의 특성을 적용한 것이고, 국가의 권한과 사무를 지방자치단체에 배분하는 지방분권정책은 단체자치의 특성을 반영한 것이다.

3 한국 지방자치의 발전과정

우리나라 지방자치의 발전과정을 3단계로 구분하여 역사적으로 살펴보면 다음과 같다.

1) 1948년부터 1960년까지

처음으로 지방자치를 도입한 시기로서 1948년 제헌 헌법에 지방자치 관련 조항을 신설하였다. 1949년 「지방자치법」이 제정됨에 따라 1952년 제1차 지방선거를 실시, 기초의회 의원과 광역의회 의원을 선출함으로서 시작되어 1960년 제3차 지방선거까지의 시기이다.

2) 1961년부터 1991년까지

이 시기는 지방자치가 중단되었던 시기이다. 1961년에 「지방자치에 관한 임시조치법」이 시행되어 지방의회가 해산되고, 자치단체장이 임명제로 전환되었고, 1991년 지방자치가 다시 부활될 때까지의 시기이다.

3) 1991년부터 현재까지

이 시기는 중단되었던 지방자치가 부활하고, 발전해 나가는 시기이다. 1988년 「지방자치법」의 전문이 개정되고, 1991년 기초 및 광역의회 의원이 선출되었으며, 1995년 지방자치단체장이 주민의 직접 선거로 선출됨으로서 본격화되어 현재에 이르고 있다.

제2절

지방자치의 효과와 원리

1 지방자치의 효과

지방자치를 실시하여 얻게 되는 효과를 정치적 측면, 행정적 측면, 사회적 측면, 경제적 측면에서 각각 살펴보면 다음과 같다.

1) 정치적 측면

정치적 측면에서 지방자치는 민주주의 발전을 고양하는 효과가 있다. 지역 공동 문제를 지역 주민과 그 대표자들이 참여, 비판, 협조하고, 지방자치단체는 중앙정부의 변동에 따른 국정의 혼란를 방지하는 역할을 한다. 또한 국가 기능의 확대에 따른 국정의 전제화와 관료화 등에 대한 적절한 견제 기능을 담당한다.

2) 행정적 측면

행정적 측면에서 지역의 여건과 지역 주민의 요구를 파악하여 지역 실정에 부합하는 행정을 수행하도록 한다. 전국적·국가적 사무는 국가가, 주민생활과 밀접한 지방사무는 지방자치단체가 서로 분담함으로서 분업을 통한 행정의 효율성을 높인다. 또한 일정한 지역 내에서 실시되는 여러 분야의 행정을 종합적으로 수행하여 주민의 편의를 향상시킨다.

3) 사회적 측면

사회적 측면에서 중앙 중심의 단원적 사회에서 여러 지방으로 형성되는 다원적 사회로의 이행을 촉진한다. 각 지역의 역사적 배경이나 지리적 조건을 바탕으로 형성되는 지역만의 고유한 특수성을 발전시키고, 지역 발전을 위한 각 지역 간의 상호 경쟁을 촉발시킨다.

4) 경제적 측면

경제적 측면에서 지역별 특수한 자원에 기초한 다양한 산업정책을 촉진시키고, 지역 주민의 선호에 초점을 맞추는 공급의 다양성을 발전시킨다.

이러한 맥락에서 현행「지방자치법」제1조는 지방자치의 목적과 관련하여 "국가와 지자체 간의 기본적인 관계를 정하여 민주적·능률적 지방자치행정을 수행하고, 균형 있게 지방을 발전시키며, 우리나라를 민주적으로 발전시키는 것"을 목적이라고 규정하고 있다.

2 지방자치의 원리

오늘날 지방자치는 자치분권의 의미로 확장되어 사용되고 있다. 이러한 맥락에서 지방자치의 원리를 살펴본다.

1) 화이부동(和而不同)의 원리

논어(論語)의 자로 편(子路篇)에 다음과 같은 구절이 있다

" 孔子 曰, 君子 和而不同, 小人 同而不和 "

군자는 화합을 하지만, 서로 같지 아니하고, 소인은 같지만 화합을 하지 못한다는 의미이다. 군자는 각각의 개성과 특성을 가지고 있어 서로 다르지만, 이를 합치면 화합이 되어 더 큰 시너지 효과를 낸다. 반면, 소인은 따지고 보면 각각 동일한 것이지만, 이를 합치려고 해도 서로 화합하지 못한다는 의미이다.

이러한 의미를 지방자치의 원리에 적용해 보면, 각 지방이 다양한 개성과 특성을 가지고 독자적으로 발전해 나가고, 이러한 다양성과 각각의 특성들을 가진 지방이 다시 전체적으로 합쳐지게 되면 더 큰 시너지 효과를 내면서 더욱 강력한 힘을 발휘할 수 있다. 다양한 특성을 가진 주체들이 하나로 합쳐지게 되면 더욱 강력한 전체가 되고, 이 경우 어떠한 외부의 충격에도 흔들리지 않고 힘을 발휘할 수 있는 장점이 있다.

반면, 하나의 기둥으로 형성된 중앙집권적 체제는 전국적 통일성과 단일성은 발휘될 수 있으나, 외부로부터의 다양한 충격에는 흔들릴 수 있는 약점이 있다. 즉, 하나의 기둥으로 떠받쳐진 단원적 국가보다는 여러 개의 기둥으로 떠받쳐진 다원적 국가가 더욱 풍성하고, 강력한 힘을 가진 국가가 되는 것이다.

따라서 지방자치를 통해 개별적 장점과 다양성을 가진 각 지방들이 모여 전체를 이루게 되면, 국가 전체는 보다 풍부하고, 더욱 강력한 국가로 거듭나게 되는 것이다.

2) 개미의 교훈

개미는 6개의 다리를 가지고 있다. 개미는 자신의 몸무게에 약 20배 이상의 물건을 들고 나를 수 있다. 인간의 경우, 2개의 다리를 가지고, 자신의 몸무게에 2배 정도도 들고 나르기가 어려울 것이다.

〈그림 2-1〉 개미의 교훈[1]

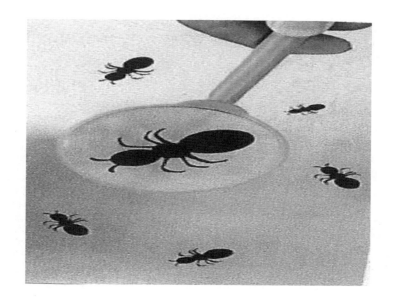

왜 개미는 자신의 몸무게 비해 엄청난 무게의 물건을 들고 나를 수 있는가? 그 이유는

---

1) 최종술(2022). "자치와 경찰, 그리고 자치경찰– 새로운 한국형 자치경찰제 모델 모색–". 『제주 포럼 주제발표 자료집』. 전국시도지사협의회.

자신의 몸무게를 지탱하는 다리, 즉 중심이 6개이기 때문이다. 분산된 6개의 중심이 몸 전체를 떠받치고 있다. 자신을 떠받치는 중심이 많을수록 더 많은 무게를 지탱할 수 있고, 그만큼 강력한 힘을 발휘할 수 있는 것이다.

이것을 지방자치에 적용해 보면, 국가를 지탱하고 있는 중심이 많으면 많을수록 국가는 더욱 강력한 힘을 발휘할 수 있다. 다양한 특성을 가진 각 지방들이 중심축이 되어 독자적인 힘을 발휘하고, 그러한 지방들이 모여서 하나의 국가가 형성되면, 여러 개의 기둥으로 떠받쳐진, 튼튼한 기초를 가진 국가가 형성되는 것이다. 튼튼한 기초를 가진 국가는 외부로부터 충격을 받더라도 흔들리지 않고, 더욱 강력한 힘을 발휘한다. 단원적 국가인 중앙집권적 체제는 하나의 중심축으로 구성되어 외부의 충격에 쉽게 흔들리거나 무너지기 쉬울 것이다.

따라서 중앙집권적·단원적 국가체제보다는 분권화와 지방자치에 의한 다원적 국가체제가 더욱 안정적이고 강력한 힘을 가지게 되는 것이다.

제2장

자치경찰제의 이해

▽

제1절

경찰자치의 본질

1 의의

경찰자치는 교육자치, 소방자치, 검찰자치 등 분야별 지방자치의 한 형태이다. 경찰자치란 일정한 지역을 기초로 하는 지방자치단체 소속의 자치경찰이 중앙정부 소속의 국가경찰로부터 상대적인 자율성을 가지고, 그 지방의 자치경찰사무를 자치경찰 기구를 통하여 자율적으로 처리하는 경찰활동을 말한다.

경찰자치 제도는 국가 안에서 특정 지역 또는 지방자치단체 내에서 자치경찰이 중앙정부 소속의 국가경찰로부터 일정한 자율성을 유지하며 그 지역의 경찰사무를 자율적으로 처리하는 제도이다. 이는 지방사회의 특수한 요구와 상황에 대응하기 위해 중앙집권적 경찰 시스템에서 벗어나 지방사회의 다양성을 반영하고 지역안전 문제에 대응할 수 있는 능력을 부여하는 것을 목적으로 한다.

2 전제조건

경찰자치를 실현하기 위해서는 몇가지 중요한 전제조건이 필요하다. 이러한 전제조건들은 자치경찰의 활동을 가능하게 하고, 동시에 중앙정부와의 조화를 유지하며 자율성을 보장한다.

1) 자치경찰활동이 가능한 일정한 지역의 존재

자치경찰을 운영하려면 특정 지역에서의 활동이 가능해야 한다. 이는 지역 내의 사회적·경제적 특성 및 범죄율 등을 고려하여 자치경찰활동을 수행할 수 있는 적절한 규모의 관할구역이 필요하다.

2) 지방자치단체 소속의 자치경찰 기구 설치

지방자치단체는 자체적으로 자치경찰을 관리하고 운영할 수 있는 기구를 설치해야 한다. 자치경찰 기구는 지역 내의 특수한 요구에 부응하며, 지역사회와의 긴밀한 협력을 통해 지역안전을 유지하도록 한다.

3) 자치경찰의 자율성 및 독립성 유지

자치경찰은 중앙정부 소속의 국가경찰로부터의 자율성과 독립성을 유지해야 한다. 지역 특성에 따라 자치경찰이 자체적으로 의사결정을 내리고 운영할 수 있도록 보장하는 것을 의미하며, 중앙정부의 지시에 구애받지 않아야 한다.

4) 자치경찰 기구의 자율적 경찰활동

자치경찰기구는 자율적으로 경찰활동을 수행해야 한다. 지역 내 문제에 빠르게 대응하고, 지역 주민들의 요구를 고려한 활동을 할 수 있어야 한다. 지역사회와의 소통과 협력을 강화하여 지역안전에 효과적으로 기여해야 한다.

3 경찰자치권의 내용

1) 개념

경찰자치를 실현하기 위해서는 경찰자치권이 부여되어야 한다. 경찰자치권이란 일정한 범위 내에서 지방자치단체 소속의 자치경찰이 갖는 경찰자치에 관한 고유 권한이다.

2) 내용

(1) 자치경찰행정권

자치경찰행정권이란 자치경찰 행정사무를 자율적으로 처리하는 권한이다. 즉, 특정 지역 또는 지방자치단체에 소속된 자치경찰이 자체적으로 경찰 행정사무를 조직하고 처리할 수 있는 권한이다. 이는 해당 지역의 안전 문제에 대한 책임과 권한을 지방자치단체에 부여하여 중앙정부의 지시나 간섭 없이 지역사회의 특수한 상황과 요구에 신속하게 대응할 수 있도록 한다.

(2) 자치경찰입법권

자치경찰입법권은 자치경찰에 관한 조례와 규칙을 제정할 수 있는 권한이다. 이는 지역사회의 특수한 상황과 요구에 부응하기 위해 중앙정부의 일반 법규 이외에도 자치경찰에 관한 조례와 규칙을 마련할 수 있는 권한이다.

(3) 자치경찰조직권

자치경찰조직권은 자치경찰의 조직을 자주적으로 정하는 권한이다. 즉, 특정 지역 또는 지방자치단체에 소속된 자치경찰이 자체적으로 경찰조직을 계획하고 운영할 수 있는 권한이다. 이 권한은 중앙정부의 지시나 간섭 없이 자치경찰의 구조와 운영 방식을 결정하고 적용시킬 수 있도록 한다. 자치경찰의 독자적인 구조 설계를 통해 인적자원 및 장비의 효율적인 활용으로 조직의 유연성과 대응 능력을 강화한다.

(4) 자치경찰재정권

자치경찰재정권은 자치경찰이 필요로 하는 재원을 자주적으로 조달하고, 사용하는 권한이다. 다시 말하면, 특정 지역 또는 지방자치단체에 소속된 자치경찰이 자체적으로 경찰활동에 필요한 재원을 조달하고, 이를 자율적으로 사용할 수 있는 권한이다. 이 권한은 자치경찰이 지역안전을 유지하고 경찰 서비스를 운영하는 데 필요한 자금을 조달하고 활용하는 데 있어서 중앙정부의 지시나 간섭이 없도록 하는 것을 목적으로 한다. 이를 위해 자체 재원 조달 권한, 지방세 수입과 예산 편성, 자율적인 예산 운용, 중앙정부와의 독립성 강화 등이 필요하다.

(5) 자치경찰인사권

자치경찰인사권은 자치경찰의 인적자원을 관리하는 권한이다. 자치경찰인사권은 지방자치단체에 소속된 자치경찰이 자체적으로 해당 지역의 경찰력을 조직하고 관리하는 데 필요한 인적자원, 즉 경찰관 및 지원 인력의 인사관리에 대한 권한이다. 이는 중앙정부의 지시나 간섭 없이 자치경찰이 인사정책을 자율적으로 수립하고 운영할 수 있도록 해야 한다.

자치경찰인사권의 구체적인 내용은 다음과 같다.

첫째, 경찰력과 인력 구성의 결정권이다. 자치경찰이 특정 지역의 안전 상황 및 요구에 맞게 경찰 인력을 설계하고 운영하는 권한이다.

둘째, 인사정책 수립 및 운용이다. 자체적으로 인사정책을 수립하고 운용할 수 있는 권한이다. 인사 절차, 인사 평가, 승진 및 보상 등에 대한 정책을 지방자치단체의 상황과 지역 경찰의 운영 요구에 맞게 조절하고 적용할 수 있는 권한이다.

셋째, 채용 및 교육훈련 관리이다. 필요한 경찰 인력의 채용 및 교육훈련 관리를 지방자치단체가 독자적으로 수행하는 것이다. 경찰관 및 지원 인력의 채용 조건과 교육 프로그램을 지역사회의 특성에 맞게 개발하고 운영할 수 있는 권한이다.

넷째, 인사 문제에 대한 독립성 강화이다. 중앙정부나 국가경찰로부터의 인사정책 지시나 간섭을 최소화하고, 지방자치단체가 경찰력의 운영과 관리에 대한 독립성을 유지하는 것이다. 이는 지방의 특수한 상황과 요구에 적합한 유연한 인사정책을 개발하고 적용하도록 한다.

요컨대, 자치경찰인사권은 자치경찰이 지역사회에 최적화된 경찰 서비스를 제공하기 위해 필요한 인적자원을 효율적으로 관리하고 활용할 수 있도록 하는 중요한 권한이다.

$\triangledown$

제2절

자치경찰 제도 개관

1 의의

　일반적으로 자치경찰제(Autonomous police system)는 지방자치의 정치사상에 따라 지방자치단체의 권한과 책임하에 지역 주민의 의사에 기초하여 치안 임무를 자주적으로 수행하는 경찰 제도이다. 즉, 자치분권의 이념에 따라 지방자치단체장이 지역 치안에 대한 책임을 가지고, 주민의 의사와 지역적 특성을 반영하여 자주적으로 자치경찰활동을 수행하는 제도이다. 지방경찰 제도(Local police system), 지방자치경찰 제도, 자치체경찰 제도 등의 명칭이 사용되기도 한다.

　자치경찰 제도는 지방선거 등으로 나타난 주민 의사가 치안행정에 적극 반영되는 주민을 위한 경찰 제도이다. 또한 국가경찰에 의한 전국적·통일적 경찰활동에서 벗어나 지역 주민의 의사와 편의에 따라 지역적 특성에 적합한 경찰활동을 실시하는 제도이다. 경찰행정에 대한 주민의 참여를 유도하고, 지역 치안에 대한 경찰의 책임을 강화하는 제도이다.

　말하자면, "주민에 의한 경찰행정", "주민을 위한 경찰행정", "주민의 경찰행정"에 기초한 경찰 제도이다.

　자치경찰(自治警察)은 지역 주민의 의사에 근거하여 경찰활동을 수행하는 경찰을 뜻한다. 자치경찰은 지역적 여건과 특성에 맞는 경찰 서비스를 지역 주민에게 제공할 수 있다. 국가경찰이 전국 단위의 획일적 경찰활동을 수행하는 데 효율적인 경찰인 반면, 자치경찰은 지역 주민의 의사에 근거하여 지역적 특성과 여건을 충분히 반영하는 소위 다양한 '맞춤형' 경찰 서비스를 제공할 수 있다. 즉, 다원화된 지역적 특성을 반영하고, 다양한 경찰의 역할과 기능을 수행할 수 있는 장점이 있다. 국가경찰이 중앙의 획일적인 지시와 명령으로 전국적인 통일성을 강조하는 반면, 자치경찰은 각양각색의 지역적 특성과 주민들의 요구를 반영한 지역별 다양성을 중요시한다.

자치경찰제는 중앙의 전국적·통일적 지시에서 벗어나 지역 주민의 의사와 편의를 우선시 하고, 경찰행정에 주민의 참여를 유도하고, 지역 특성에 맞도록 경찰행정을 수행하여 지역 치안에 대한 경찰의 책임감을 강화하는 제도이다. 물론 경찰권의 행사 방법은 주민의 자유와 권리를 철저히 보호하는 선에서 적법 절차를 거쳐야 하고, 경찰권의 남용을 방지하는 방법으로 행사되어야 한다.

2 이념

1) 분권성

중앙집권적 경찰권을 지방으로 이양하여, 지역 치안은 그 지역 경찰 스스로의 책임하에 지역 실정에 맞게 수행하도록 하여 경찰 운영 체제의 효율성을 높이고, 지역 주민 위주의 봉사행정을 도모한다. 중앙에 집중된 경찰권을 지방으로 분산하여 지방정부의 책임하에 자치경찰활동을 수행한다. 이와 같은 경찰권의 분권화로 경찰활동의 효율성을 향상시킨다.

2) 민주성

지역 주민의 참여로 주민의 의사가 치안행정에 적극적으로 반영되어 주민에 의한 경찰행정이 되도록 한다. 경찰행정에 주민의 요구를 반영하면서 국민안전에는 공백이 없도록 국가 전체의 치안 총량과 현재의 안정적 경찰활동 체계가 유지되도록 한다. 지역 주민과 함께 하는 경찰활동을 위해 주민참여를 유도하고, 치안 서비스의 민관 공동 생산을 추구한다.

3) 중립성

경찰권 행사가 지역 정치권의 영향에 좌우되지 않고, 오로지 주민의 편익을 위한 법집행과 불편부당한 치안행정을 구현하도록 해야 한다. 지방적 차원의 신정치적 중립성[2]이 확보되도록 주민의 치안활동 참여를 보장해야 하고, 주민참여를 통해 주민의 감시와 통제

---

2) 신정치적 중립성이란 국가경찰의 정치적 중립성과 대비되는 개념으로 자치경찰이 지방정치권이나 지방 토호세력 등으로부터 중립성을 유지해야 한다는 의미이다. 따라서 국가경찰의 정치적 중립성과 다른 의미로 신정치적 중립성이라는 용어를 사용한다.

가 가능하도록 법 제도화 되어야 한다.

3 필요성

1) 국가 전체의 치안 역량 강화

국가경찰과 자치경찰의 역할 분담에 의한 국가의 전체적 치안 역량을 강화하기 위한 것이다. 국가경찰사무와 자치경찰사무의 구분으로 국가경찰사무는 중앙정부가, 자치경찰사무는 지방정부가 수행하여 경찰 운영의 효율성을 높인다. 또한 국가경찰과 자치경찰 간 상호 기능 보완으로 주민 대응성 제고와 경찰 자치권을 보장하는 경찰 체제를 확립하기 위한 것이다.

아울러 지방행정과 치안행정의 연계성을 확보하고, 주민 수요에 적합한 다양한 치안 서비스를 제공하여 국가 전체의 치안 역량을 강화하기 위한 것이다. 즉, 지역 주민의 생활 안전 욕구를 충족시키면서 동시에 국가적 치안도 효율적으로 수행하는 경찰 체제를 확립하기 위한 것이다.

2) 경찰권의 지방분권화

중앙정부의 획일적 간섭에서 벗어나, 지방 실정에 적합한 경찰행정이 수행되도록 그 집행권을 지방에 분산시키기 위한 것이다. 중앙집권적 경찰권을 지방에 이양하여, 지역 치안은 그 지역 경찰 책임하에 자율적으로 수행하여 지역 주민 위주의 봉사행정을 실현하기 위한 것이다. 중앙집권적인 경찰권의 지방분권화를 통해 경찰 자치권을 보장하기 위한 것이다.

진정한 지방자치는 경찰 권한의 분권화로 지역 특성에 적합한 치안 서비스 제공이 가능해야 한다. 즉, 경찰권의 지방분권화가 실현되어야 한다.

3) 지역사회경찰활동(Community policing)의 실현

자치경찰활동은 지역사회경찰활동(Cop)의 철학과 이념을 실현하기 위한 실천 프로그램을 수행해야 한다. 지역 주민과 경찰이 힘을 합쳐 지역사회 문제에 대한 해결책을 마련하고, 이를 협력하여 해결해 나가는 지역사회경찰활동의 원리를 실현해야 한다. 치안행정에 대한 지역 주민의 참여와 협력적 치안 체제 구축으로 주민밀착형 경찰상을 정립해야 한다.

▌4 ▐ 유형

자치경찰 제도는 각 나라의 역사적·문화적·사회적 환경 등에 따라 다양한 형태로 발전되어 왔다. 자치경찰은 주민의 의사에 따라 주민을 위한 경찰활동을 수행하는 경찰이며, 그 중립성을 유지하기 위해 주민에 의한 적절한 통제가 이루어져야 한다.

이러한 맥락에서 자치경찰 체제의 특징이 구분된다. 먼저, 자치경찰활동에 시민이나 지역 주민의 의사를 반영하는 방식이다. 둘째, 자치경찰의 중립성을 확보하기 위한 통제방식이다. 셋째로 자치경찰의 장을 선임하는 방식이다.

자치경찰을 통해 지역 주민이나 시민의 의사를 수렴하고, 경찰활동에 반영하는 방식은 각 나라별로 다양하며, 자치경찰을 통제하는 방식 또한 각 나라별 자치경찰제의 특징으로 나타난다. 즉, 시민에 의한 직접적 방식과 대표기관에 의한 간접적 방식으로 구분될 수 있다. 또한 자치경찰의 책임자를 선임하는 방식에 있어서도 임명제, 선거제 등 다양한 형태를 가지고 있다.

1) 경찰 제도의 유형

일반적으로 경찰 제도는 경찰권의 주체가 누구인가에 따라 다음과 같이 구분된다.

(1) 국가경찰 제도

경찰권의 주체가 중앙정부인 국가가 되는 경우, 이를 국가경찰 제도(National police system)라고 한다. 국가경찰 제도는 일반적으로 중앙집권적인 경찰체제로 운영된다.

(2) 자치경찰 제도

경찰권의 주체가 지방정부인 지방자치단체가 되는 경우, 이를 자치경찰 제도(Autonomous Police System) 또는 지방자치경찰 제도(Local police system)라고 한다. 지방자치경찰 제도는 지방분권적 경찰체제로 운영된다.

자치경찰 제도를 가진 대표적인 나라는 미국 등이 있다. 우리나라도 2021년부터 "국가경찰 중심의 일원화 자치경찰제"를 전면 시행하고 있다.

(3) 혼합형 경찰 제도

경찰권을 국가(중앙정부)와 지방자치단체(지방정부)가 나누어 갖는 경찰 제도를 혼합형 또는 절충형 경찰 제도(Combined Police System)라고 한다. 절충형 경찰 제도를 시행하는 대표적인 나라는 일본이 있다.

3) 자치경찰 제도의 유형

(1) 연방국가의 자치경찰 제도

① 연방과 분방의 개념

일반적으로 연방(聯邦, federation)은 고도의 자치권을 가진 2개 이상의 구성 국가, 일반적으로 주(州)라 불리는 분방들이 모여 하나의 국가를 이루는 형태이다. 이는 단일정부가 아닌 여러 지방이 자체적인 정부를 가지며 중앙정부와 협력하면서 하나의 연합체를 형성하는 형태를 나타낸다.

연방은 여러 구성 국가가 독자적인 정부를 가지며 협력하여 국가를 이루는 형태이며, 이는 국가연합과 구별된다. 국가연합은 각 국가가 일정 정도의 독립성을 유지하면서도 중앙통제를 최소화하는 형태이다.

미국과 독일은 연방제를 채택한 대표적인 국가이다. 미국의 각 주(State) 또는 독일의 랜더(Land, 주)는 상당한 자치권을 보유하고, 중앙정부와 협력하여 국가를 이루는 형태이다.

분방이란 고도의 자치권을 가진 연방국가를 분할하는 구성 국가를 일반적으로 '주(State)'라고 하고, 이는 행정, 입법, 그리고 사법 권한을 모두 갖고 있는 자치지방을 말한다. 이러한 구성 국가들을 지방(支邦), 지국(支國), 분국(分國)이라고도 한다. '주'는 통상적으로 사용되는 표기이지만, 연방에 속한 구성 국가뿐만 아니라 국가로 이르지 못한 '자치지방'을 가리킬 때도 사용되는 다의적인 의미가 있다.

'분방'은 국가 차원의 지역 단위를 나타내며, 각 분방은 이미 고유명사화되어 특정 지역을 가리킨다. 각 분방의 명칭에 어미로서 결합되어 사용되는 경우, 통상적으로 '주'를 혼용하고 있다. 예컨대, 캘리포니아주나 바이에른주와 같이 어미로 '주'가 결합되어 특정 지

역을 가리키고 있다. 따라서 '주'는 특정 지역을 지칭하는 고유한 명칭으로 사용된다. [3]

② 분방경찰

형식적으로 분방경찰은 국가경찰로 분류할 수 있다, 연방국가에서 분방은 주권을 가진 독립적인 국가 개념이기 때문이다. 그래서 분방경찰 기관은 흔히 '국가경찰'로도 불린다.

그러나 실제로 연방제는 분방에 높은 수준의 자치분권을 부여하는 체계로 구성된다. 연방제는 중앙정부와 지방정부 간의 균형을 유지하면서 각 지방이 독립적으로 경찰을 운영하고 자치분권을 행사할 수 있도록 지원한다. 따라서 분방경찰은 실질적으로 '자치경찰'로 간주될 수 있다. 연방제의 철학에 따라 지방의 독립성과 자치성을 보장하며 경찰활동을 수행한다.

이러한 모순은 분방경찰이 형식적인 법적 분류와 실질적인 운영 수준에서 보면, 다른 성격을 가지고 있기 때문이다.

③ 지방자치단체 경찰

지방자치단체 경찰은 연방국가에서 특정 지역의 자치단체 내에서 경찰활동을 담당하는 기관을 지칭한다. 이 개념은 영미법계와 대륙법계 연방국가 간 서로 차이가 있다.

영미법계 연방국가는 주민자치에 중점을 두고 있어, 분방 내 자치단체들은 스스로 책임을 지고 독립적으로 '자치경찰'을 운영하는 경우가 일반적이다. 미국은 이와 같은 모델을 따르고 있다.

반면에 대륙법계 연방국가는 단체자치의 개념 아래 분방 내 자치단체에 경찰상의 자치분권을 부여하지 않는 경우도 있다. 이런 경우 지방자치단체가 자체적인 경찰을 운영하는 대신, 분방 단위로 '국가경찰'을 유지하고 있다. 독일은 이러한 구조를 채택하고 있다.

(2) 준연방적 국가의 자치경찰 제도

① 준연방제(quasi-federal system)의 개념

준연방국가는 엄연한 단방국가이면서도 지방정부에 연방제에 준하는 포괄적인 자치권을 부여하는 국가 체제이다. 이러한 체제에서 지방 간에 위계 차이가 존재하며, 중앙정

---

[3] 치안정책연구소(2020), 외국 자치경찰제도 연구, 경찰대학 치안정책연구소. 참조.

부가 언제든지 통치 권한을 회수할 수 있는 근거를 가지고 있어 연방 체제와는 구별된다.

영국, 스페인, 그리고 이탈리아는 대표적인 준연방국가의 실례이다. 영국은 불문헌법 국가로, 개별법을 통해 지방분권을 규정하고 있다. 그리고 지방정부에 사법권까지 독립적으로 보장한다. 반면, 스페인은 성문헌법 국가로, 헌법과 법률을 통해 지방분권을 규정하고 있다. 스페인은 사법권을 국가가 독점하고, 중앙정부의 통제가 강조되고 있다. 이와 같이 준연방국가는 각 나라의 특성과 상황에 따라 지방분권을 규정하는 방식이 다르다.[4]

영국 스코틀랜드는 지방에서 헌법적 성격을 띤 법률까지 제정하고 있으며, 자치단체에 대한 자치권은 국가가 아니라 해당 지방정부에 의해 인정된다. 준연방제의 핵심은 국가가 아닌 지방정부에 의해 주민자치권이 인정되므로 주민자치권에 대한 명시규정이 없다.

② 자치지방

준연방국가를 구성하는 자치지방은 일반적으로 국가에 가까운 상위 개념이지만, 연방국가의 분방과는 다르다. 이러한 특성으로 자치지방은 국가와 지방자치단체 사이에서 중간적 지위에 있다.

지방은 원래 다의적인 개념이다. 특히 유럽연합(EU)은 1978년 2월 1일 보르도 선언을 통해 개념을 정의하였고, 1988년 11월 18일 유럽의회는 지방공동헌장을 인준하여, 이 헌장 제1조에서 지방(Region)을 최소 인구 80만 이상 최대 인구 3백만 이하로 규정하였다. 이에 해당하는 지방은 이탈리아, 프랑스의 Region, 스페인의 Autonomous Communities, 독일의 Land 혹은 Regierungsbezirk, 네덜란드와 벨기에의 Province 등이 있다.

자치지방은 단순한 지리적 개념일 뿐만 아니라, 국가 내에서 제한된 자치권을 가진 실체적 개념이다. 국가에 의해 언제든지 통치권이 회수될 수 있어서 분방의 독립성에는 미치지 못하지만, 행정 자치권과 법률 제정의 입법자치권을 갖는 지역 단위이다. 이러한 지역 단위를 일컫는 용어로서 자치주, 자치성이 사용되며, 자치지방의 집행부를 자치정부라고 부른다.

대표적인 실례는 영국의 스코틀랜드지방(Scottish region), 이탈리아, 스페인의 자치지방들이 있다. 이 지역들은 별도의 법률 제정 권한을 보유하고, 연방국가에 대한 상대적인 자치권을 행사하고 있다.

---

4) 안성훈(2018). 『주요 국가 자치경찰제 운영현황 비교분석 – 견제·통제 방안을 중심으로』. 연구총서 18–AB–05. 한국형사정책연구원.

③ 자치지방경찰

자치지방경찰은 국가경찰로 분류되지 않는다. 왜냐하면 국가경찰은 일반적으로 국가 전체를 관할하고, 중앙정부의 통제를 받는 반면, 자치지방경찰은 자치지방 내에서 경찰활동을 담당하며 국가경찰처럼 국가 전체를 관할하지 않는다.

자치지방경찰은 형식상 국가경찰이 될 수 없지만, 준연방국가의 특성상 국가와 지방 사이에서 중간 역할을 수행하므로 '넓은 의미의 자치경찰'로 분류할 수 있다. 이는 국가와 지방자치체 간의 균형을 유지하면서 자치분권을 행사하는 경찰기관이다.

④ 지방자치단체 경찰

준연방국가의 자치지방 내에서 자치단체 차원의 자치경찰 인정 여부는 연방국가의 분방과는 달리 선택의 문제이다. 예컨대, 영국은 1994년부터 2010년까지 국가경찰화 경향을 보였지만, 2011년 이후 다시 자치경찰을 강화하기 시작했다. 주민에 의해 직접 선출되는 지역치안위원장이 자치지방 내의 각 지방경찰청장을 임명하고 있다. 지역치안위원장은 통상 10개 내외의 지방자치단체를 포괄하는 지방경찰청 단위로 선출되며, 1인 지방자치단체 조합의 성격을 가진다.

그러나 일부 지역은 시장과 병합되어 자치경찰이 운영되기도 한다. 이탈리아와 스페인은 각 기초자치단체별로 자치경찰을 운영하고 있지만, 제한적으로 경찰사무에 관여한다. 그래서 보조경찰의 역할을 수행하는 자치경찰로 평가된다. 이들 국가는 자치경찰을 도입하면서도 영국과는 다른 방식으로 운영하고 있다.

(3) 단방국가의 자치경찰 제도

단방국가에서 지자체경찰을 도입할 것인지는 국가마다 선택의 문제이며, 다양하게 나타난다. 프랑스는 준연방국가인 이탈리아와 스페인과 같이 자치경찰을 기초자치단체에 설치하였지만, 제한적으로 경찰사무를 수행한다.

한편, 일본은 광역자치단체에 지방경찰 기관을 소속시키고 경찰관은 자치단체 소속 지방 공무원이다. 그러나 경시정 이상 경찰관은 지방에 근무하더라도 국가 공무원 신분을 부여한다. 공안위원회가 경찰관청을 관리하고, 자치경찰에 대한 지휘·감독권을 시·도지사에게 부여하지 않는다. 시·도지사 소할에 두고 있다.

일반적으로 단방국가의 지방자치단체경찰은 자치경찰 형식은 갖추고 있지만, 실질적으로 국가경찰 내지 중앙경찰로 볼 수 있다. 우리나라의 경우, 형식상 일원화된 자치경찰 체제를 유지하고 있지만, 실질적으로는 독자적인 자치경찰조직을 갖추고 있는 것이 아니라, 국가경찰조직에 의해 자치경찰사무를 수행하는 경찰 체제를 채택하고 있다.

한편, 한국의 지방자치법은 지방자치단체의 정의를 구체적으로 명시하지 않았다. 그러나 한국의 지방자치단체는 "주민의 복지를 실현하기 위하여 주민에 의해 선출된 기관으로 조직된 지역적인 공법상 사단법인"으로 정의된다. 이는 법률 제정의 입법권과 사법권은 없지만, 조례제정의 입법권과 행정상 자치권을 행사하고 지역적으로 국한된 통치권을 가지는 기관을 나타낸다.

3) 자치경찰의 운영 형태

일반적으로 자치경찰의 운영은 크게 3가지 형태로 구분된다.

(1) 일본형 자치경찰

운영체계는 광역자치단체(도,도,부,현) 단위로 공안위원회가 설치되어 운영하며, 각 공안위원회는 해당 지역의 경찰력을 관리한다. 이는 중앙정부나 국가경찰로부터 상대적인 독립성을 가진다. 각 지역의 특수한 상황과 요구에 부응하기 위해 지방 자치체 수준에서 경찰활동을 계획하고 조직한다.

(2) 미국형 자치경찰

미국형 자치경찰은 자치단체별로 다양하게 지방경찰을 운영한다. 즉, 주(State)나 카운티(County), 시티(City) 등 주 정부나 지방정부가 독자적으로 경찰을 운영하는 형태이다. 각 자치단체는 독립적으로 경찰을 운영하며, 지역의 특성에 따라 다양한 경찰조직이 존재한다. 주 경찰(State police), 카운티 셔리프(County sheriff), 시 경찰(City police) 등이 각각 자치단체에서 운영된다. 미국의 자치경찰은 주나 카운티 등 자치단체 내에서 상당한 독립성을 유지하며, 지방경찰은 자체적으로 예산 편성과 운영이 이루어진다.

(3) 유럽대륙형 자치경찰

유럽대륙형 자치경찰은 국가경찰을 중심으로 하지만, 지방자치단체도 자체적으로 경

찰을 운영하는 형태를 취한다. 국가경찰이 중앙에서 일부 경찰활동을 조정하면서도 지방
자치체는 자체적으로 경찰을 운영하고, 지역사회의 요구를 경찰활동에 반영한다. 국가경
찰과 지방경찰 간 유연하게 협력하며, 국가의 일반적인 법률과 지방의 특수한 상황을 고려
하여 경찰활동을 조정한다. 실례로는 스페인, 프랑스, 이탈리아, 그리스 등이 해당된다.

제3절

자치경찰제의 발전 단계론

1 자치경찰제 발전 단계론의 의미

자치경찰 제도는 그 나라의 경찰 환경에 따라 다양한 형태의 제도들이 시행되고 있다. 자치경찰 제도는 중앙집권적인 국가경찰 체제로부터 지방분권적인 자치경찰 체제로 성장 과정을 거치면서 발전해 나간다. 다시 말해 중앙집권적 경찰 체제에서 지방분권적 자치경 찰 체제로 고도화되는 과정을 거치면서 발전해 나간다. 자치경찰제의 발전 단계론은 경찰 체제가 중앙집권에서 지방분권적 체제로 고도화되는 것을 전제로 한다. 이러한 전제에 기 초하여 자치경찰제가 성장, 발전되어 고도화되어 나가는 과정을 단계별 모형으로 설명한 이론을 말한다.[5]

그러면 자치경찰 제도를 발전 단계별로 구분하여, 각 단계별 자치경찰제 모형을 살펴 본다.

2 자치경찰제의 발전 단계 모형

1) 국가경찰 중심의 일원화 자치경찰제: 최소화 자치경찰제

중앙집권적 국가경찰 제도에서 자치경찰제로 나아가는 첫번째 단계는 국가경찰 중심 의 일원화 자치경찰제 모형(Model)이다. 이 모형은 기존 국가경찰 제도하에서 자치경찰제 를 실시하는 방안으로 국가경찰의 조직과 인력을 활용하여 자치경찰사무를 수행하는 방식

---

5) 최종술(2020). "자치경찰제의 발전 단계론". 「지방자치이슈와포럼」. 한국지방행정연구원.

이다. 이것을 '최소화 자치경찰 제도'라고 한다.

이 모형은 기본적으로 경찰사무의 구분이 전제되어야 한다. 국가경찰사무와 자치경찰사무의 구분을 통해 자치경찰사무 수행의 주체는 지방자치단체가 되어 자치경찰사무에 대한 책임을 부여받는다. 그러나 자치경찰사무를 수행하는 인력을 기존의 국가경찰 인력을 활용하거나, 아니면 국가경찰 인력을 자치경찰로 전환하여 활용할 수도 있다. 물론 자치경찰활동의 주체가 지방자치단체 소속의 지방 공무원 신분이어야 자치경찰제의 취지에 부합하겠지만, 지방자치단체가 한꺼번에 자치경찰 인력을 이관받거나 충원하는 것은 현실적으로 부담이 된다. 국가경찰관을 일제히 자치경찰관으로 이관하는 경우, 이관되는 국가경찰관들의 저항이 야기될 수 있기 때문에 점진적으로 국가경찰 인력을 이관하는 방식으로 진행된다.

자치경찰의 조직 또한, 국가경찰조직과의 이중적 또는 중복적 설치를 방지하기 위하여 신설하지 않고, 현재의 국가경찰조직을 그대로 활용한다. 다만, 사무기구를 설치하여 자치경찰사무를 수행하는 것에 대한 최소한의 관리 감독기구 신설은 필요하다.

2) 이원화 자치경찰제: 중간화 자치경찰제

국가경찰 중심의 일원화 자치경찰제는 자치경찰활동이 제한적이므로 제1단계의 자치경찰제가 성숙함에 따라 이원적 자치경찰제로 점차 옮겨가야 한다. 자치경찰의 순기능이 부각되면 될수록 지방자치단체는 자치경찰사무의 확대를 요구하게 된다. 자치경찰제의 순기능적 측면이 역기능적 측면을 압도한다는 가정하에 이원적 자치경찰제로의 전개는 불가피하다. 이를 중간 단계의 자치경찰제라는 의미에서 '중간화 자치경찰제'라고 한다.

이원적 자치경찰제로의 전환을 위해서는 다음과 같은 요건이 충족되어야 한다.

첫째, 자치경찰사무의 증가이다. 둘째, 자치경찰 인력의 증가이며, 셋째, 자치경찰조직의 신설과 확대의 필요성 증가이다. 이와 같은 3가지 요건의 충족은 필연적으로 이원화 자치경찰제 도입을 요구하게 된다.

이원화 자치경찰제는 중앙정부 소속의 국가경찰과 지방정부 소속의 자치경찰로 이원화된 모형이다. 경찰사무 또한 사무 수행의 효율성을 기준으로 국가경찰이 수행하는 것이 효율적인 사무는 국가경찰이 수행하고, 자치경찰이 수행하는 것이 효율적인 사무는 자치경찰이 수행하는 방식으로 재배분된다. 자치경찰사무를 시행하기 위해 지방정부 소속의 자치경찰조직이 신설되고, 자치경찰 인력 또한 지방자치단체가 책임을 지고 충원, 관리하는 방식으로 운영된다.

중앙집권화된 국가경찰의 권한을 지방으로 분권화하기 위해 이원화 자치경찰제로의 전환이 필요하며, 국가경찰권의 분권화 정도에 따라 이원화 자치경찰제의 수준이 달라지게 된다. 그러나 이원화 자치경찰제는 궁극적으로 자치경찰 중심의 일원적 자치경찰 제도로 나아가기 위한 중간 단계이다.

3) 자치경찰 중심의 일원화 자치경찰제: 최적화 자치경찰제

이원적 자치경찰제는 지방분권화와 함께 점진적으로 자치경찰의 기능과 역할이 증대되면서, 자치경찰 중심의 일원적 자치경찰제로 옮겨가게 된다. 이 모형은 국가경찰 중심의 일원적 자치경찰제와 정반대에 놓여 있다. 지방정부 소속의 자치경찰조직과 인력이 경찰활동을 주도하고, 국가경찰은 제한적으로 국가경찰사무만을 수행하게 된다. 예컨대, 전국적 경찰사무, 수사사무, 정보보안사무 등 자치경찰이 수행하지 않는 사무만을 수행한다. 국가의 경찰활동 중심축이 자치경찰이 되고, 국가경찰은 보충적이고, 보완적인 역할을 한다. 자치경찰 인력 또한 증대되고, 국가경찰 인력은 축소되는 방향으로 나아가게 된다. 물론 자치경찰 중심의 일원적 자치경찰제는 국가경찰사무와 조직이 어느 정도 축소되었는가에 따라 자치경찰제의 수준이 결정되게 된다.

사무, 인력, 조직 등에서 자치경찰의 규모가 국가경찰의 규모보다 크다면, 자치경찰 중심의 일원화 자치경찰제 모형으로 들어선 것이다. 이 모형은 자치경찰활동이 최적화된 상태로 운영된다는 측면에서 '최적화 자치경찰제'라고 한다.

4) 완전한 자치경찰제: 최대화 자치경찰제

완전한 자치경찰제는 자치경찰 중심의 일원화 자치경찰제 단계에서 국가경찰의 역할과 기능이 최소화되고, 자치경찰의 기능과 역할이 최대화된 상태를 의미한다. 이러한 의미에서 '최대화 자치경찰제'라고 한다. 즉, 국가경찰의 사무는 최소로 축소되고, 나머지 모든 경찰사무는 자치경찰이 수행하는 단계이다. 자치경찰이 국가 전체의 치안을 완전히 담당하고, 국가경찰은 자치경찰이 수행할 수 없는 성질의 사무, 그야말로 국가적 경찰사무만 수행하는 모형으로서 자치경찰제 발전의 마지막 단계이다.

완전한 자치경찰제에서는 이전의 국가경찰이 수행했던 사무가 거의 모두 자치경찰로 이관되면서, 국가경찰은 고도의 전문화된 국가 기관으로 남는다. 특히, 수사사무와 관련하여 전문 기관으로서 기능을 수행하고, 정보·보안사무, 기타 전국적 경찰사무 수행를 위한 전문화 정부기구로 탈바꿈하게 된다.

물론 이 단계는 그 나라의 지방분권화 수준과 밀접히 관련되어 있다. 완전한 자치경찰제는 단방제 국가에서 연방제 국가로 나아가는 것을 전제로 한다. 연방국가 수준의 지방분권이 실행된다면, 완전한 자치경찰제로의 이행은 충분히 가능하리라고 본다.

〈그림 2-2〉 자치경찰제의 발전 단계론[6]

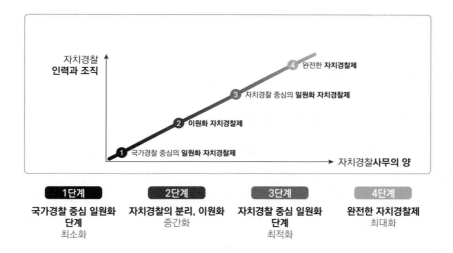

6) 서울특별시 자치경찰위원회(2022). 『시민을 편안하게 서울을 안전하게』. 서울시 자치경찰 1주년 백서.

제4절

자치경찰의 역할과 기능

1 경찰의 역할과 기능

경찰 역할과 관련된 이해의 틀을 제공하고, 경찰 업무의 정당한 한계를 결정하기 위하여 경찰활동의 다양한 역할과 기능을 살펴보면 다음과 같다.

1) 범죄와 맞서 싸우는 자(the crimefighter)

범죄와 맞서 싸우는 경찰(the crimefighter)의 역할이다. 범죄가 발생하면 경찰은 현장에 출동하여 범죄를 진압하고, 피해자를 보호하며, 수사를 통하여 범인을 체포하는 기능을 수행한다.

경찰의 일반적인 역할 모델이다. 범죄와 맞서 싸움으로써 사회의 야만인으로부터 시민을 보호하는 것이다. 로크(J. Locke)의 사회계약설에 가장 부합하는 경찰 역할 모델이며, 법 집행을 통한 범죄의 진압이 강조된다. 그러나 이 역할 모델은 법 집행 기능을 중시함으로서 경찰의 사회봉사 기능을 소홀히 할 수 있다.

2) 위급 시 조치자(the emergency operator)

법 집행 이외에도 평화의 유지와 사회봉사의 제공도 경찰 업무이다. 즉, 경찰은 법적 근거가 없어도 위급 시 대체적 권위자로서 위기 조치를 하여야 한다.

실례로서 심야 시간대 응급환자가 발생하여 신고를 받으면, 경찰이 환자를 병원에 후송하여 주는 것, 순찰차에 타이어를 싣고 다니면서 시민의 타이어에 펑크가 날 경우 교환해 주는 것 등이 그 예다.

3) 사회의 강제자(the social enforcer)

경찰은 막강한 강제력을 가진 공권력으로서 범죄진압은 물론 사회 내에서 발생하는 각종 문제에 강제적 힘을 발휘하여 해결하여야 한다. 경찰은 강제적 힘을 배경으로 사회 문제를 해결하는 강제자이다.

경찰은 사회 내에서 정당화되는 힘의 배분을 위한 메커니즘(Mechanism)으로 작용한다. 경찰력의 개입은 그 대상이 무엇이든 간에 문제 해결 시도에 대한 저항을 무력화시킬 수 있는 능력과 권위를 사용함을 의미한다.

4) 사회의 평화유지자(the social peacekeeper)

경찰은 사회의 평화유지자로서 사회의 평화를 교란하는 일체의 행위, 즉 범죄, 질서 문란 행위를 사전 및 사후에 개입하여 평화를 유지하여야 한다. 영국에서 '왕의 평화(The King's Peace)' 관념에서 유래되었는데, '왕의 평화'의 위반은 벌금형에 처해지는 범죄였다.[7]

영국 근대 경찰의 창시자인 로버트 필(Robert Peel) 경은 "경찰의 존재 이유로서 기본적 임무는 군사력과 법적 처벌의 엄중함에 의해서 범죄와 무질서를 다스리는 대신, 범죄의 무질서를 방지하는 것이다"라고 하였다.

사회의 평화유지자 모델에서 경찰의 역할은 평화스러운 질서를 보장하고 되찾는 것이다. 경찰의 역할은 사회적 갈등을 단순히 해결하는 것이 아니라, 사회적 가치와 전통의 틀 안에서 가능한 한 갈등의 개연성을 최소화하는 것이다.

경찰은 중재자로서 예방적·억지적(抑止的) 기능도 가진다. 경찰은 범죄와 무질서를 억지하고 공포를 없애주고, 실제로 사회적 신뢰와 협력을 조장하는 역할까지도 수행하는 문제 해결자도 된다. 경찰의 행동은 문제를 사전에 발견해서 해결을 시도한다는 의미에서 사전적 성격을 띤다. 경찰은 평화로운 사회질서를 보존하고 복원하기 위한 최후의 수단이다.

---

7) 영국에서 '왕의 평화'(The King's Peace)는 12세기 초에 처음 등장한 개념으로, 왕의 통치하에 있는 영토 내에서의 평화와 질서를 의미한다. 왕의 평화는 왕의 권위와 주권을 상징하는 것으로, 왕은 왕의 평화를 위반하는 자를 처벌할 수 있는 권한을 가진다. 왕의 평화의 위반은 벌금형에 처해지는 범죄로 간주되었지만, 벌금의 액수는 행위의 중대성에 따라 달라졌다. 예를 들어, 살인의 경우는 벌금으로 처벌되지 않고 사형에 처해졌다.

5) 치안 서비스(Police service) 제공자

치안 서비스 제공자 모델은 경찰의 활동을 본질적으로 시민에 대한 서비스 활동과 사회봉사활동의 측면을 강조함으로써 경찰의 강압적 이미지를 순화시키는 데 의의가 있다.

범죄와 싸우는 자 모델이나 사회의 강제자 모델, 위급 시 조치자 모델은 민생 치안에 역점을 두거나 대민봉사에 역점을 두는 경찰의 임무를 제대로 반영하지 못하는 한계가 있다.

따라서 이들 임무를 모두 포괄하는 모형이 치안 서비스 제공자 모델이다. 치안 서비스에는 범죄의 예방과 진압은 물론 비권력적 대민 서비스도 포함되기 때문이다. 따라서 치안 서비스는 경찰활동의 전 부분을 포괄하는 용어로서 의미를 지니고 있다.

치안 서비스 제공자 모델에 따르면, 경찰의 역할은 이미 일어난 사회적 갈등을 단순히 해결하는 것이 아니라, 공동체 내의 가치와 전통의 틀 안에서 가능한 한 갈등의 개연성을 최소화하는 것이다. 경찰은 때로는 엄격한 법 집행자, 때로는 치안 문제에 대한 조언자, 분쟁의 중재자, 노약자의 도움자, 응급 시 조치자 등의 역할을 하게 된다.

경찰은 가용한 자원의 범위와 활동 범위의 한계 속에서 시민생활의 질을 향상시키는 여러 형태의 사회적 봉사를 수행해야 한다. 즉, 범죄와 무질서를 억지하고 사회적 공포를 없애는 것을 넘어서 사회적 신뢰와 상부상조의 공공 정신을 실현해야 한다.

2 자치경찰의 기능과 역할

앞선 언급한 경찰의 역할과 기능은 크게 2가지로 분류할 수 있다. 이를 살펴보면 다음과 같다.

1) 치안 서비스(Police Service)의 제공

경찰 서비스(Police service) 혹은 치안 서비스의 제공이다. 지역 주민들에게 치안에 관한 서비스를 제공해 주는 기능이다. 주민에 대한 서비스 활동과 사회봉사활동 등 주민을 위한 경찰 서비스(Police Service) 제공 기능을 말한다. 생활안전을 위한 방범순찰활동, 긴급 시 시민을 구조하는 기능 등 시민을 위험이나 위해로부터 안전하게 보호해 주는 경찰활동이다. 앞서 언급한 위급 시 조치자 모델, 치안 서비스 제공자 모델이 여기에 해당된다.

2) 법 집행(Law Enforcement) 기능

범죄를 진압하고, 범인을 체포하기 위한 법 집행(Law enforcement) 위주의 기능이다. 범죄가 발생하면 경찰은 현장에 출동하여 범죄를 진압하고, 피해자를 보호하며, 수사를 통하여 범인을 체포하는 기능이다.

또한 이 기능은 주민에 대한 통제적·규제적 기능이 중심이 된다. 엄격한 법 집행을 통해 사회질서를 유지하고, 시민의 안전을 확보하기 위한 경찰의 역할이다. 이러한 의미에서 범죄와 맞서 싸우는 자, 사회의 강제자, 사회의 평화 유지자의 역할 모델이 법 집행 기능에 포함된다.

3) 자치경찰의 역할 모델

경찰의 역할 모델에서 자치경찰은 경찰 서비스의 제공 기능을 수행하는 데 중점을 두는 경찰이다. 지역 주민의 안전한 생활을 위하여 치안 서비스를 제공해 주는 기능이 자치경찰의 중심 기능이다. 치안 서비스의 제공 기능은 자치경찰관들에 의해서만 수행되는 것이 아니라, 지역 주민과의 협력하에 수행되는 것이다.

이러한 맥락에서 자치경찰활동은 지역사회경찰활동(Community policing)의 원리에 따라 수행되어야 한다. 지역의 치안 문제를 발굴하고, 발생한 지역 치안 문제를 지역 주민과 함께 해결방안을 찾아내고, 이러한 방안을 경찰과 지역주민이 힘을 합쳐 수행, 해결하는 것이 지역사회경찰활동의 핵심이다. 자치경찰은 지역사회경찰활동의 원리에 기초하여 경찰활동을 수행해야 한다. 물론 경찰 서비스 기능의 수행과정에서 자치경찰은 불법, 위법행위가 적발되면, 범죄를 진압하고, 범인을 체포하기 위한 법 집행 기능도 가져야 한다. 다만 이러한 법 집행 기능은 자치경찰활동을 원활히 수행하기 위한 범위 내에서 수행되어야 한다.

자치경찰활동은 강력한 권력을 행사하는 권력적·법집행적 경찰활동에 중점을 두는 것이 아니라, 지역 주민을 위한 경찰활동과 지역 주민에게 양질의 치안 서비스를 제공하는 경찰활동이어야 한다.

3 자치경찰에 대한 새로운 인식

본래 경찰(警察)이란 '경계하여(警) 살핀다(察)'는 의미이다. 국민의 생명과 신체를 보호하고, 공공의 안녕과 질서를 유지하기 위해 경계하고 살핀다는 것이다. 이와 같은 넓은 의미에서 경찰의 역할과 기능은 크게 2가지로 나눈다. 즉, 규제적 기능과 치안 서비스 제공 기능이다.

첫째, 규제적 기능은 공공의 안녕·질서를 유지하기 위해 국가 권력에 근거하여, 국민에게 명령·강제하는 권력적 법 집행(Law Enforcement) 작용이다. 예컨대, 국민의 생명·재산과 권리를 지키고, 범죄의 수사, 피의자의 체포 등을 집행하는 법 집행 기능이다.

둘째, 치안 서비스 제공 기능은 국민의 생명 및 재산을 보호하고, 공공의 안녕과 질서를 유지하기 위해 경찰 서비스(Police Service)를 제공하는 기능이다. 예를 들면, 생활안전을 위한 생활안전 서비스, 교통질서유지를 위한 교통 서비스 제공 등이다.

이러한 맥락에서 자치경찰의 기능과 역할은 무엇이 되어야 할 것인가?

자치경찰의 기능과 역할에 대한 새로운 인식이 필요하다. 자치경찰은 권력적 법 집행 작용에 중점을 둔 규제적 기능보다 주민을 위한 경찰 서비스 제공 기능에 중점을 두어야 한다. 요컨대, 지역 주민의 생명과 재산을 보호하고, 지역 주민의 안녕과 질서유지를 위하여 경계하고 살피는 것이 자치경찰의 역할이다.

따라서 주민을 위한 양질의 자치경찰 서비스를 어떻게 제공할 것인가가 자치경찰 체제의 구성에서 우선시되어야 한다. 자치경찰의 역할은 공권력에 근거한 권력적 법 집행 작용이 아니라 지역 주민에 의한, 주민을 위한 치안 서비스를 생산하는 것이 그 역할이 되어야 한다.

$\triangledown$

제5절

자치경찰제의 기대효과와 한계

1 기대효과

1) 주민 만족의 치안 서비스 제공

지방자치단체장은 일반행정과 함께 치안에 대해서도 선거를 통해 심판을 받으므로 경찰행정에 많은 인적, 물적 자원을 배분하게 된다.

자치단체가 자치경찰을 관리함으로써 주민의 의사와 욕구를 반영할 수 있고, 지역 주민의 일상생활의 안전, 즉 생명과 신체, 재산의 보호에 경찰 업무의 중심이 옮겨지게 되고, 지역 특성에 맞는 경찰활동이 이루어진다. 경찰관들도 주민편익 위주로 의식 및 행태가 변화되어 주민 민원을 적극적으로 수용하고, 개선하는 방향으로 업무를 수행하게 된다.

2) 주민협력의 활성화

자치경찰관은 지방자치단체 소속의 지방경찰공무원이 됨으로써 애향심을 갖게 되고, 중앙의 획일적 지시에서 벗어나게 되며, 치안행정을 지역실정에 맞게 주민과 함께 모색하게 되어 민·경협력 치안이 내실화된다. 지역 치안 문제를 주민과 함께 발굴하고, 이를 주민과 함께 해결해 나가는 과정을 거치게 되므로 주민의 참여와 협력이 활성화된다.

3) 깨끗하고 효율적인 경찰행정 실현에 기여

경찰의 위법, 부당한 처분에 대한 주민의 감시활동이 활성화될 뿐만 아니라 그 시정조치도 실효성 있게 보장되어 비리와 부정을 억제한다. 자치경찰은 지역 단위의 조직이므로 필요한 경우, 조직 운영상의 개혁을 하기가 쉬워져, 경직되고 비능률적인 중앙집권적 관료주의의 병폐가 해소된다.

2 한계와 보완

자치경찰제의 실시는 다음과 같은 한계도 발생할 수 있다. 예상되는 한계를 보완하기 위한 대책도 마련되어야 한다.

1) 국가적 비상사태에 대처 곤란

자치경찰은 국가적 비상사태, 대규모 집회 및 시위와 같은 전국적 사안에 대한 효율적 대처가 어렵다. 따라서 자치경찰 간의 상호협력 의무를 부과하고, 국가경찰에게 조정권을 부여할 필요가 있다. 국가적 중요 상황에 대한 보고 체계가 확립되고, 국가경찰에 의한 조정이 필요하다. 그리고 국가경찰사무에 한해서 국가경찰의 관리권, 긴급사태 시 국가경찰의 직접 지휘권 행사 등의 제도적 보완 장치가 필요하다.

2) 신정치적 중립성 확보

지방 정치권의 영향력을 최대한 차단해 나가야 한다. 즉, 자치경찰의 선거 이용, 인사 개입 등 지역 정치권의 부당한 영향을 최소화해야 한다. 아울러 지방 유지나 지방 토호세력의 부당한 영향력이 자치경찰활동에 미치지 않도록 차단해야 한다.

이에 대한 방안으로 합의제 관청인 자치경찰위원회를 설치하여, 공정하고 엄정한 법집행을 위한 방파제적 역할을 하도록 하고, 자치경찰의 기구, 정원, 인사관리 등 경찰 운영에 관한 법규도 구체적으로 마련해야 한다.

아울러 자치경찰에 대한 이해도를 높일 필요가 있다. 자치경찰은 권력적 법 집행 작용을 수행하는 경찰이 아니라, 지역 주민을 위한 치안 서비스를 제공하는 경찰임을 인식해야 한다. 과거 우리나라 경찰의 역사에서 권력 기관으로서 경찰 이미지가 자치경찰의 이미지로 전가되지 않도록 자치경찰에 대한 새로운 인식이 필요하다.

3) 경찰 서비스의 지역적 불균형

지방자치단체 간 경찰 서비스의 양적·질적 측면에서 차이가 생기는 현상을 완화해야 한다. 지방재정 자립도, 지방재원의 수준에 따라 치안 서비스의 지역적 불균형 현상이 나타날 수 있다. 충분한 재원의 확보 대책이 마련되어야 한다. 또 경찰관의 자질과 능력에 따른 치안 서비스 수준의 불균형 현상도 발생할 수 있기 때문에 경찰관의 신임교육, 재교육을 위한 교육 기관을 운영하고, 국가직과 지방직 간, 시·도경찰 간 인사 교류가 가능하도록 해야 한다.

한편, 시·도자치경찰마다 지역 특성에 맞는 조직 구성과 관리에 따라 각 시도별로 방만한 운영 사례가 발생할 수 있다. 따라서 자치경찰의 시행 초기에는 자치경찰조직 구성과 관리에 관한 통일된 기준을 마련하여 지역 간 과도한 편차가 발생하지 않도록 해야 한다.

제3장

우리나라 자치경찰제 도입에
관한 논의들

$\bigtriangledown$

제1절

자치경찰제 도입 방안에 관한 주요 연구들

① 자치경찰제 도입 방안의 구분

우리나라에서 지방자치 제도가 실시된 이후, 역대 정부들은 지방분권을 실현하기 위한 다양한 과제를 제시, 추진하였다. 자치경찰제의 도입 또한 지방자치와 지방분권을 실현하기 위한 과제로서 제시되었고, 새로운 정부가 출범할 때마다 추진했던 국정과제이다.

자치경찰제 도입 방안에 관한 연구들을 자치경찰제의 실시단위, 도입 모형을 기준으로 구분하면 다음과 같다.

1) 실시단위

자치경찰제의 실시단위를 광역단위로 하는가, 기초단위로 하는가, 그리고 광역과 기초단위 동시로 하는가로 분류된다. 광역단위 도입의 논거는 주로 광역적 자치경찰 기능의 필요성을 제시하고, 기초단위 도입의 논거는 지역 주민과의 밀착된 자치경찰 기능의 중요성을 제시한다. 그리고 광역과 기초단위의 동시 실시를 주장하는 논거는 전자와 후자의 단점을 보완하기 위한 방안으로 제안한다.

2) 도입 모형

도입 모형을 기준으로 분류하면, 국가경찰제와 자치경찰제를 혼합한 형태의 절충형 모형, 기초단위 실시를 중심으로 한 유럽형 모델로 구분된다.[8] 절충형 모형을 주장하는 논거는 주로 일본 자치체 경찰 제도의 장점을 제시하고, 유럽형 모형을 주장하는 논거는 지역주민과의 밀착성과 친밀성을 제시한다.

실시단위와 도입 모형을 기준으로 연구들을 분류하면 〈표 2-1〉과 같다.[9]

〈표 2-1〉 주요 연구의 분류

분류 기준 \ 선행 연구	정균환 (1996)	이황우 (1995)	김성호·안영훈·이효 (1998)	최종술 (1999)	양영철 (2005)	전국시·도지 사협의회편 (2005)	이현우외 (2009)	자치경찰제 실무추진단 (2009)	신경수 외(2019)
시기	김영삼 정부	김영삼 정부	김대중 정부	김대중 정부	노무현 정부	노무현 정부	이명박 정부	이명박 정부	이후 정부
실시단위	광역 단위	광역 단위	기초·광역 단위	광역 단위	기초 단위	광역 단위	광역 단위	기초 단위	광역 단위
도입모형	절충형	절충형	유럽형, 절충형	절충형	유럽형	절충형	절충형	유럽형	유럽형

그러면, 자치경찰제 도입 방안에 관한 주요 연구들을 그 시기별로 구분하고, 시기별 구분의 기준을 역대 정부별로 하여 살펴보면 다음과 같다.

---

8) 전국시도지사협의회(편)(2005). "정부의 자치경찰제에 대하여"; 자치경찰제도의 운영 형태는 크게 일본형, 미국형, 유럽대륙형으로 구분되기도 한다.
   ○ 일본형: 광역자치단체 단위 경찰위원회의 관리 운영
   ○ 미국형: 자치단체별 다양한 경찰 운영(미국형)
   ○ 유럽대륙형: 국가경찰을 중심으로 하되, 자치단체별 자치경찰 운영(스페인, 프랑스, 이탈리아, 그리스 등)

9) 최종술(2009). "역대정부의 자치경찰제 도입방안 연구". 『지방정부연구』 제13권 제4호, 한국지방정부학회. 참조.

2 **김영삼 정부: 1993년 2월 25일 ~ 1998년 2월 24일**

이 시기 자치경찰제 도입 방안 주요 연구에는 정균환(1996)[10]과 이황우(1995)[11] 연구가 있다. 정균환(1996)은 한국에서 자치경찰제의 도입이 왜 필요한가와 도입 모형을 소개하고, 자치경찰 도입 관련 설문조사, 자치경찰 도입에 관한 정부와 전문가의 입장을 설명하였다.

정균환(1998)의 연구는 자치경찰 도입 방향을 논의하고, 자치경찰제를 둘러싼 쟁점에 대해 실시단위, 주민 및 의회와 자치경찰과의 관계 등 쟁점 몇 가지를 제시하고, 이에 관한 견해를 제시한다. 연구 내용을 종합하면, 국가경찰제와 자치경찰제를 혼합한 자치경찰제를 제안한다.

이황우(1995)는 지방자치 시대를 맞아 한국경찰도 이에 맞는 발전 방안을 모색해야 한다는 전제하에 우리나라 실정에 적합한 자치경찰제 도입을 주장한다. 자치경찰제의 모형을 도입 범위, 설립위치, 관리 형태, 기능 등으로 구분, 논의한다. 이 연구는 국가경찰제와 자치경찰제를 혼합한 형태의 절충형 자치경찰제를 제안, 한국적 실정에 가장 적합한 모델임을 강조한다. 이 도입 방안은 일본의 경찰 제도와 유사한 제도로 분석된다.

3 **김대중 정부: 1998년 2월 25일 ~ 2003년 2월 24일**

이 시기 자치경찰제 도입 방안의 주요 연구에는 최종술(1999)[12]과 김성호 외 2인 (1998)[13] 등 연구가 있다. 김성호 외 2인(1998)의 연구는 한국 자치경찰제의 준거틀을 4가지 모형으로 제시한다. 즉 국가경찰 분권 모형, 국가경찰제에 자치경찰적 요소의 절충 모형, 자치경찰제 모형, 그리고 행정경찰 위주의 자치경찰 모형을 제안한다. 그리고 국가경찰에 자치경찰 요소를 절충한 모형은 시·도 단위 절충형 자치경찰 모형과 시·군·구 단위 절충형 자치경찰 모형으로 세분하여 각 모형을 검토한다. 이후 이 연구는 기초단위, 즉 시·군·자치구 자치경찰제 도입 방안의 준거틀로 활용된다.

---

10) 정균환(1998). 『경찰개혁(하) 자치경찰』. 서울: 좋은세상
11) 이황우(1995). "지방화시대에 따른 자치경찰제 도입 모형에 관한 연구". 『한국공안행정학회보』 제4권. 한국공안행정학회.
12) 최종술(1999). "바람직한 자치경찰제의 모형에 관한 연구". 『한국행정학회보』 제33권 제2호. 한국행정학회.
13) 김성호·안영훈·이 효(1998). 『자치경찰제의 준거틀과 모형설계』. 한국지방행정연구원.

최종술(1999)의 연구는 바람직한 자치경찰제의 모형을 모색하기 위해 실시단위, 조직구조, 인사관리, 예산 관리 등으로 구분, 각 변수별 한국 실정에 적합한 방안을 제시하고, 이를 종합해 자치경찰제 도입 방안을 제안한다. 각 변수별로 제안된 도입 모델을 종합해 보면, 혼합형 자치경찰제 모형이다.

4 노무현 정부: 2003년 2월 25일 ∼ 2008년 2월 24일

이 시기의 자치경찰제 도입 방안 연구는 양영철(2005)[14]과 전국시·도지사협의회 편 (2005)[15]의 연구 등이 있다. 이 시기의 도입 방안은 유럽형 기초단위 자치경찰제 모형과 국가경찰제와 자치경찰제를 혼합한 절충형 자치경찰제 모형이 대립되는 것이 특징이다.

양영철(2005)의 연구는 실시 단위를 시·군·자치구로 하는 유럽형 자치경찰제를 기초로 자치경찰제 도입 방안을 제안한다. 이 방안의 장점은 지역 주민의 의사를 반영하고, 주민과의 친밀성, 밀착성 등을 향상시킬 수 있다는 것이다. 소위 『주민생활중심의 자치경찰제(안)』은 참여정부 자치경찰제(안)의 기초가 된다.

전국시·도지사협의회 편(2005)의 연구는 실시 단위를 광역자치단체를 중심으로 한 혼합형 자치경찰제 방안을 제안한다. 이 연구는 광역 치안 수요에 대응하는 광역적 자치경찰의 역할과 기능을 중시하고, 특별시·광역시·도 단위로 실시하는 광역자치경찰제 도입 방안을 제안하였다.

5 이명박 정부: 2008년 2월 25일 ∼ 2013년 2월 24일

이 시기의 자치경찰제 도입 방안의 주요 연구는 이현우 외(2009)[16]와 자치경찰제실무추진단(2009)[17] 등 연구가 있다. 이현우 외(2009)의 도입 방안은 광역단위 실시 중심의 방안이다. 이전 광역단위 자치경찰제(안)을 보다 구체화하고, 세부 사항들도 제안한 방안이다.

---

14) 양영철(2005). "참여정부의 자치경찰 창설과 운영방안". 『한국사회와 행정연구』 제15권 제4호. 서울행정학회

15) 전국시도지사협의회 편 (2005). 『합리적인 자치경찰제 도입방안』. 전국시도지사협의회

16) 이현우 외. (2009). 『자치경찰제도 도입에 관한 연구』. 경기개발연구원

17) 자치경찰제실무추진단 (2009). 『자치경찰제도입관련 워크샵』 2009. 10. 29∼30.

그러나 이 자치경찰제 방안 역시 광역단위 자치경찰제 방안이다.

자치경찰제실무추진단(2009)은 자치경찰제 도입 관련 2009년 워크숍 자료를 통해 이전 정부 자치경찰제(안)을 수정, 보완한 자치경찰제 방안을 제시한다. 이 방안은 기초단위 자치경찰 도입을 전제로 하고, 광역자치경찰 기능을 보완한 새로운 자치경찰제 도입 방안을 제안한다. 그리고 제주자치경찰 운영 상황 분석과 발전 방안을 제시한다. 이 방안은 이전 정부의 기초단위 자치경찰제 도입 방안에 기초하고 있다.

6 이후의 정부: 2013년 2월 이후

박근혜 정부 시기의 자치경찰제 도입 방안 연구는 기존의 연구들을 보다 발전시킨 방안들이 제안되었으나, 자치경찰제 도입 추진에 대한 정부의 동력이 약화되었다.

문재인 정부 시기의 자치경찰제 도입 방안에 관한 연구는 많은 연구가 쏟아져 나온 시기이다. 기존의 연구를 종합, 정리하는 연구뿐만 아니라, 새로운 방안을 제안하는 연구도 있었다.

문재인 정부 시기에는 자치경찰제의 도입 방안에 대한 연구로서 김경수 외(2019)[18]의 연구는 자치경찰제의 이원화 방안에 관한 연구로서 서울시의 자치경찰제 도입 방안을 제안하여, 이전의 방안들보다 크게 변화된 방안을 제안하였다. 이 시기는 정부가 이원화 방안을 추진하기로 했다가, 다시 일원화 자치경찰제 방안으로 선회하면서, 이원화 방안 연구들과 함께 일원화 방안에 관한 연구가 제안되었던 시기이다. 그리고 문재인 정부는 2021년 7월부터 자치경찰제를 전면 실시하여 현재에 이르고 있다.

---

18) 신경수(2021). "자치경찰제 도입을 위한 서울시의 바람직한 운영방안". 「서울도시연구」 22(1).

제2절

1980년 이후 자치경찰제의 구상과 논의들

우리나라에서 자치경찰제의 도입에 관한 독자적인 논의는 비교적 최근의 일이다. 국립경찰 발족 이후 반세기 동안 주로 경찰의 정치적 중립을 위한 경찰 기구의 독립에 초점을 두었으며, 여기에 덧붙여 부분적인 논의가 있었다. 특히 경찰 제도 개선에 관한 논의는 80년대 중반까지 논의의 중점이 경찰조직을 선거 주관 부처인 당시 내무부로부터 분리함으로써 경찰의 정치적 중립성 확보에 있었다.

자치경찰로의 분권화 필요성을 인식하면서도 분단국가의 안보 논리를 앞세워 국가경찰 체제 유지의 불가피성을 강조하였다. 그러나 80년대 말부터는 경찰의 중립성 확보와 경찰행정의 민주성을 보장하는 방안으로 자치경찰제 도입이 거론되었으며, 90년대에 들어와 지방자치 제도가 실시되면서 지방자치 완성의 측면이 추가되어 자치경찰제 도입 논의가 활성화되었다.

물론 1980년대 이전에도 자치경찰제에 관한 논의가 있었다. 먼저, 군정경찰의 「영미법계 경찰 제도 구상」이 국립경찰 이전에 있었고, 1955년 9월의 정례국무회의 의결 「경찰법안」, 1960년 5월 제4대 국회의 「경찰중립화 법안」 그리고 1960년 6월에 경찰행정개혁심의회의 「경찰중립화 법안」 등에서 자치경찰제 도입에 관한 논의가 있었다.

그러면, 80년대 이후, 경찰 제도 개선 및 자치경찰 체제 도입의 필요성에 관한 논의를 중심으로 살펴본다.

1 제13대 국회 「야 3당 단일경찰법안(1989년 11월)」

제13대 국회가 출범한 이후, 정부는 행정개혁위원회를 설치하여 국정 전반에 걸쳐 그 개선안을 마련하였는데 경찰의 정치적 중립 보장과 관련해서 국가경찰 일원 체제를 유지하되 지방자치제가 정착된 후 점차적으로 자치경찰제의 도입을 검토하는 것으로 하였다.

그러나 1988년 10월 24일 통일민주당이 발의한 경찰법안과 동년 11월 25일 평화민주당이 발의한 경찰법안, 그리고 1989년 5월 10일 신민주공화당이 발의한 경찰법안을 놓고 야 3당 단일안을 마련하기로 합의하여 1989년 11월 30일 국회에 발의하였다. 야 3당 단일안은 경찰 기구의 독립성을 확보하고, 국가경찰제를 기초로 하되 지방분권화를 추구하는 절충형 자치경찰제 형태였다.

중앙경찰 조직으로 국무총리소속의 합의제 국가경찰위원회를 두고, 국가경찰위원회 관리하에 집행 기관인 경찰청을 설치한다. 지방경찰 조직은 특별시장, 직할시장, 그리고 도지사 소속으로 수도경찰위원회, 직할시와 도경찰위원회를 두고, 경찰청 관할하에 특별시, 직할시, 그리고 도 경찰본부를 설치하여 조직 주체 분류상 국가경찰 제도와 자치경찰 제도를 절충한 안을 채택하였다.[19]

2 국민회의·자민련 「공동 경찰법개정법률안(1998)」

3당 합당으로 집권한 문민정부가 지방자치 제도를 시행에 옮기자, 1996년부터 새정치국민회의와 자유민주연합(자민련) 두 야당이 경찰의 자치경찰화를 주장하면서 공동으로 방안을 마련하였다. 그리고 "국민의 정부" 출범 직전인 1998년 1월에 제시한 "자치경찰제 도입 방안"은 자치경찰제 도입의 구체적 시안으로 평가된다.[20]

이 안도 국가경찰 제도에 자치경찰 제도를 가미한 절충형 제도를 취한다. 즉, 중앙경찰조직은 국무총리 소속 국가경찰위원회를 설치하고, 그 관리하에 경찰청을 집행 기관으로 둔다. 국가경찰위원회는 위원장 및 17인 위원으로 구성하며, 위원 가운데 9명은 국회에서 추천한 사람을, 9명은 국무총리가 제청한 사람을 대통령이 각각 임명한다. 그리고 경찰

---

19) 국회 내무위소속 민주당국회의원 보좌진.내무전문위원(1994). 「경찰행정의 주요 문제점과 개선방안」, 동방기획. pp. 54–58.

20) 이강종(2003). 「한국경찰위원회제도에 관한 연구: 구조기능론적 접근을 중심으로」, 동국대학교 행정대학원 석사학위논문. pp. 54–55.

청장은 국가경찰위원회가 제청하여 국무총리를 거쳐 국회 동의를 얻어서 대통령이 임명하고, 그 임기는 2년이다.

지방경찰조직은 특별시장, 광역시장, 그리고 도지사 소속 시·도지방경찰위원회를 설치하고, 위원장 포함 10명의 위원으로 구성한다. 다만, 시·도지방경찰청장은 경찰청의 관할에 두어 지방자치단체장으로부터 독립성과 중립성 보장하였다.

3 국민회의 정책기획단의 「경찰법개정법률안(1998)」(시안)

정당 '새정치국민회의'는 지방자치제 실시를 대선공약으로 제시하고 승리하여, "국민의 정부(國民의 政府)"로 출범하면서 100대 정책과제 중 하나로 경찰 개혁을 채택하였다. 1998년 7월 당 내 "자치경찰제 정책기획단"을 설치하여 연말까지 6개월에 걸쳐 자치경찰제 도입안을 성안하였다. [21]

이 안에 따르면, 경찰조직은 국가경찰과 자치경찰의 절충형으로 하고, 도입 단위는 특별시, 광역시, 도 단위로 한다. 국가경찰조직은 국무총리 소속 국가경찰위원회를 두며, 집행 기관인 경찰청을 관리한다. 국가경찰위원회는 위원장을 포함하여 7명의 위원으로 구성한다. 국회의장과 대법원장이 각 2명씩 추천하고, 정부는 국무총리가 위원장, 상임위원을 포함한 3인을 추천, 국무회의 의결을 거쳐 대통령이 임명한다. 또한 국가경찰위원회는 경찰행정의 기본방침과 처리 기준을 심의·의결하며, 경찰청장과 시·도지방경찰청장은 이에 따라 시행하여야 한다. 경찰청장은 국가경찰위원회의 제청으로 국무총리를 거쳐 대통령이 임명하고 2년 임기제로 한다.

자치경찰조직은 시·도지방경찰위원회를 시·도지사 소속하에 두고, 그 관리하에 시·도지방경찰청을 둔다. 시·도지방경찰위원회는 위원장과 상임위원 1명을 포함한 4인으로 구성하며, 위원장은 비상임위원 중에서 호선한다. 비상임위원 중 2인은 시·도의회가 추천한 자를, 2인은 국가경찰위원회가 추천한 자를 시·도지사가 임명한다. 시·도지방경찰청장은 국가경찰위원회가 경찰청장의 의견을 듣고, 시·도지방경찰위원회의 동의를 얻어 제청한 사람을 국무총리를 거쳐 대통령이 임명한다. 시·도지방경찰청장 관할하에 경찰서장을 둔다.

---

21) 새정치국민회의 정책기획단(1998). 『지방자치 개혁 방안(자료집)』. 새정치국민회의.

4 **경찰개혁위원회의「자치경찰제안(1998)」**

1998년 3월 경찰청은 경찰공무원 11명으로 "경찰제도개선기획단"을 구성, 자치경찰제 도입을 내용으로 하는 경찰법개정시안을 마련하고, 그해 10월 1일 학계, 법조계, 언론계, 시민단체, 전직 경찰 등 사회 각 계층의 민간위원 30인으로 "경찰개혁위원회"로 확대 개편하였다. 이 위원회의 제도개선분과위원회에서 경찰청기획단이 준비한 경찰법개정시안과 국민회의 자치경찰제 정책기획단에서 마련한 경찰법개정법률안을 분석 대상으로 하여 자치경찰제 도입을 내용으로 하는 "경찰개혁방안"을 입안, 공청회를 거쳐 위원회 전체회의에서 정한 안(案)이 경찰개혁위원회의 자치경찰제(안)이다.[22]

또한 1999년 3월 경찰개혁위원회 실무팀은 경찰관들에게 새 제도의 이해를 높이기 위한 교양 자료로,「자치경찰제의 이해 - 자치경찰제의 이념, 조직, 운영, 수사권 -」책자를 발간하였다. 이 책자의 내용을 보면 먼저, 자치경찰 제도 시행 전, 우리의 현실을 감안한 충분한 제도적 장치와 준비가 필요하고, 특히 봉사 경찰상을 구현하도록 대대적인 경찰 개혁이 선행되어야 함을 전제한다. 또한 지방자치경찰제는 시·도지사에게 지방경찰을 맡겨 일반행정과 함께 치안행정의 업적에 대해서 차기 선거 때 주민심판의 대상이 되고, 주민의 필요에 따라 지역 실정에 적합한 치안행정이 실현되는 풀뿌리 민주주의의 이념을 더욱 완벽하게 구현하는 제도라고 한다.

자치경찰제는 우리나라 민주주의의 완성을 위해 반드시 실시해야 하지만, 국토의 협소함으로 광역·기동범죄에 효율적으로 대처하기 어려운 점, 국토분단 대립의 현실에 대한 국민들의 우려가 있다고 전제하면서, 우리나라에서 지방자치경찰 이념을 완벽하게 구현하기 위해 어떤 방향으로 경찰 개혁이 이루어져야 하고, 경찰관들이 어떻게 달라져야 하는지는 신중히 모색되어야 한다고 언급하였다.[23]

이러한 맥락에서 우리나라 자치경찰제의 도입 방향을 크게 6가지 측면에서 제시하고 있다.[24]

첫째, 지역 치안과 국가 치안의 조화를 위해 절충형 채택

둘째, 광역자치단체인 시도 단위로 도입

---

22) 경찰개혁위원회(2018).「국민을 위한 경찰개혁(자료집)」, 경찰개혁위원회·국회의원 공동주최.

23) 경찰개혁위원회 실무팀(1999).「자치경찰제의 이해 — 자치경찰제의 이념, 조직, 운영, 수사권 —」경찰개혁위원회.

24) 상게서, pp. 24-30

셋째, 경찰위원회 제도로 민주성과 공정성 확보

넷째, 국가직과 지방직의 구분 및 경비의 자치단체 부담과 국가지원

다섯째, 국가적 비상사태에의 대처, 지방 정치권의 영향력 차단

여섯째, 경찰수사권의 현실화와 경찰 개혁의 병행 등이다.[25]

또한, 자치경찰제 시행에 따른 수사 제도 개선 검토에 대해서 많은 부분을 할애하고 있다. 이것은 수사 제도의 개선이 자치경찰 도입과 관련하여 경찰의 주요한 관심사가 되고 있다는 것을 반영한 것이다.

결론적으로 우리의 경찰 체제는 국가 치안과 지역 치안 간 조화를 이루기 위해 국가경찰제와 자치경찰제의 절충형으로 하고, 자치경찰 실시단위는 광역자치단체인 특별시, 광역시·도 단위로 하며, 경찰행정의 중립성 확보를 위한 경찰 관리 기관인 국가경찰위원회와 시·도경찰위원회를 설치한다는 것이었다.

5 경찰청의 「경찰법개정법률 시안(1999)」

경찰개혁위원회의 자치경찰제 도입안은 당·정 협의를 통해 일부 이견을 조정하여 경찰청안으로 1999년 5월 4일 발표한바, 그 내용을 살펴보면 다음과 같다.[26]

1) 국가경찰: 중앙정부의 경찰체제

(1) 국가경찰위원회

국무총리 소속하에 국가경찰위원회를 두고, 위원장과 위원 6인으로 구성하며, 위원장과 위원 중 1인은 상임으로 하고, 국무총리가 위원장과 상임위원 및 위원 1인을, 국회의장과 대법원장이 비상임 위원 2인을 각각 추천하고, 대통령이 임명토록 한다. 국가경찰위원회는 국가경찰사무에 관하여 일반적 방침과 처리의 기준을 심의 의결하며, 개별적·구체적 집행에 관여하지 아니하되, 법률에서 그 권한으로 규정된 사항은 예외로 한다.

---

25) 상게서, pp. 25-31

26) 경찰청 경찰개혁위원회(1999), 「경찰법개정법률 시안(1999. 5. 4)」.

(2) 경찰청

국가경찰위원회에 경찰청을 두고, 경찰청에는 치안총감인 청장과 치안정감인 차장을 두며, 경찰청장은 국가경찰위원회의 제청으로 국무총리를 거쳐 대통령이 임명하고 임기는 2년으로 하며, 중임할 수 없다. 경찰청장은 소속 직원을 지휘, 감독하고, 경찰청 소관 사무를 수행하며, 국가경찰사무에 대해서 특별시, 광역시, 도경찰청장을 지휘·감독·조정·통제하며, 법령에서 국가경찰위원회의 권한 사무를 처리한다. 다만, 국가경찰사무 가운데 경찰청에서 수행하는 것이 타당하여 국가경찰위원회 규칙으로 규정한 사항은 경찰청장이 수행 가능하다.

〈표 2-2〉 경찰제도개혁위원회 안, 국민회의정책기획단 안, 경찰법개정법률 시안의 비교

구분	경찰개혁위원회 안	국민회의정책기획단 안	경찰법 개정안
국가경찰위원회 위원 임명과 해임	위원장, 상임위원 1명을 포함 위원 7명 전원은 국무총리 제청, 대통령 임명, 국무총리제청 해임.	국무총리가 위원장, 상임위원 등 3명, 국회의장이 2명, 대법원장이 2명을 각각 추천, 국무회의의 의결을 거쳐 대통령 임명	국민회의정책기획단 안과 동일
시·도경찰위원회의 구성, 위원 임명	위원장 포함 7명으로 구성, 상임위원 1명을 포함 3명은 시·도지사가, 2명은 시·도의회에서, 2명은 국가경찰위원회에서 각각 추천, 시·도지사 임명	위원장 포함 5명으로 구성, 시·도지사가 상임위원을 포함 2명을, 시·도의회에서 2명을, 나머지 1명은 국가경찰위원회가 추천하여 시·도지사가 임명	국민회의정책기획단 안과 동일
시·도경찰청장의 임명	경찰청장이 시·도경찰위원회의 동의를 얻어 제청, 국가경찰위원회와 국무총리를 거쳐 대통령 임명	국가경찰위원회가 경찰청장의 의견 청취, 시·도경찰위원회의 동의 얻어 제청, 국무총리를 거쳐 대통령 임명	국민회의정책기획단 안과 동일

2) 자치경찰: 광역시·도의 경찰 체제

(1) 시·도경찰위원회

시·도에 시·도경찰위원회를 설치하고, 위원장과 상임위원 1명을 포함한 5명의 위원으로 구성하며, 위원은 시·도지사가 임명하고, 2명은 시·도의회에서, 1명은 국가경찰위원회가 추천하도록 한다. 시·도경찰위원회는 시·도경찰사무의 일반적 방침과 처리 기준을 심의·의결하며, 개별적·구체적 집행에는 관여하지 않는다. 법령으로 그 권한으로 규정된 사항은 예외이다.

〈그림 2-3〉 경찰법개정법률안의 경찰조직도

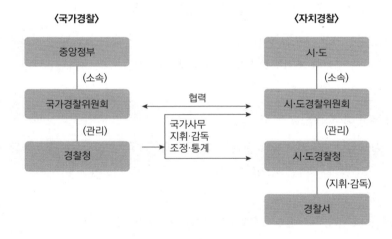

(2) 시·도경찰청

시·도경찰청에 청장을 두고, 시·도경찰청장은 국가경찰위원회가 경찰청장의 의견을 듣고 당해 시·도경찰위원회의 동의를 얻어 제청한 사람을 국무총리를 거쳐 대통령이 임명한다. 시·도경찰청장은 소속 직원을 지휘·감독, 시·도경찰사무를 관장하고, 경찰청장의 지휘·감독·조정·통제를 받아 국가경찰사무를 수행하고, 법령상 시·도경찰위원회 권한 사무를 처리한다.

시·도경찰청장 소속하에 경찰서를 두고, 경찰서장은 해당 시·도경찰청장 제청으로 경찰청장이 임명한다. 경찰서에 지역경찰행정에 관한 주민의 의견을 반영하기 위해 자문회의를 둔다.

$$\triangledown$$

제3절

2000년 이후 자치경찰제의 구상과 논의들

1 노무현 당선자와 대통령직 인수위원회의 구상

16대 대통령 선거의 노무현 당선자는 지방자치 분야 대선공약으로 민생 치안 범죄에 대한 독자적 수사권 부여와 자치경찰제 도입 등을 제안하였다.

> **지방자치 분야 대선공약**
>
> 9. (우리 실정에 맞는 경찰 제도 확립) 경찰의 정치적 중립성을 강화하고, 자치경찰제 도입을 추진하는 등 경찰 제도를 획기적으로 개선하겠습니다.
>
> □ 주요내용
> - 경찰청장 인사청문회 도입 등 경찰의 정치적 중립을 강화하겠습니다.
> - 자치경찰제 도입을 추진하여 지역 주민 중심의 경찰 서비스를 제공하겠습니다.
> - 경찰에게 절도, 폭력, 교통사고 등 민생 치안 범죄에 대한 독자적인 수사권 부여를 추진하겠습니다.
> - 경찰 공무원 사기 진작을 위해 근무여건 및 처우를 개선하겠습니다.

제16대 대통령직 인수위원회는 지방분권화 전략으로 자치경찰제 도입 추진 의사를 발표한다. 인수위원회는 자치경찰제의 도입을 전제로 수사권 독립이 가능하며, 경찰의 거대한 구조와 권한을 그대로 놓아두고, 수사권 독립만을 논의할 수 없다는 것이다. 즉, 자치

경찰제 도입이 경찰력의 권한 분산에 맞추어졌다. [27)]

자치경찰제는 제도적으로 인사와 재정을 지방자치단체에 넘겨주고, 중앙경찰은 대공·정보·수사·시위진압 등 국가적 경찰사무에 한정하는 것이 궁극적 지향점이었다. 인수위원회는 자치경찰제 도입을 전제로 단순 절도, 폭력, 교통사고 등에 대해 자치경찰이 수사권을 가지고, 자치경찰제의 예산과 인사를 독립시키는 경찰법 개정 및 자치경찰법(가칭) 제정을 추진하였다. 특히 인사와 관련, 시도별로 경찰위원회를 설치하고, 경찰의 비대화로 무차별적 수사권 독립을 허용하는 것은 현실적으로 어렵다고 전제한다.

따라서 자치경찰제의 도입으로 중앙에 집중된 권한을 분산시키고, 각 지방의 일부 범죄수사권 인정과 방범, 순찰 위주의 업무를 수행하는 '시민의 경찰상'을 구현하고자 하였다.

노무현 대통령 당선자와 인수위가 수사권 독립 문제를 자치경찰제를 전제로 논의하자, 경찰은 자치경찰제 전면실시 방안을 다각 검토하고, 종전의 점진적 단계적 실시라는 입장에 다소 변화를 보였다. 또 경찰은 조직폭력, 마약, 사이버 범죄 등 일부 전국 단위 수사 기능을 제외한 모든 기능을 지방경찰에 이양하는 방안을 검토하였다. 자치경찰제를 실시할 경우, 인사권과 예산까지 지방자치단체와 지방경찰에 이양하는 계획을 고려한 것이다.

그러나 인사권과 관련, 지방자치단체장의 전횡을 방지하기 위해 시·도지사 2명, 시·도의회 2명, 국가경찰위원회 1명의 추천으로 구성하는 시·도경찰위원회 설치 방안도 검토하였다.

2 『참여 정부』의 자치경찰제 도입 방안

참여정부가 출범하면서, 노무현 당선자와 대통령직 인수위원회의 구상을 구체적으로 실현하기 위해 대통령 소속 「정부혁신지방분권위원회」가 설치되었다. 2004년 9월 16일 정부혁신지방분권위원회는 『제54회 국정과제회의』를 통하여 자치경찰추진팀의 방안을 기초로 한 이른바,『주민생활 중심의 자치경찰제 도입 방안』을 정부안으로 최종 확정하였다. 정부안은 다시 당정청 협의를 거치면서 「자치경찰법 제정안(2005. 11. 3)」으로 마련되어 정부가 직접 국회에 제출하였다.

이 방안의 주요 내용은 다음과 같다. [28)]

---

27) 조선일보(2003). "자치경찰제 도입의 논의 활발". 1월 17일자.

28) 정부혁신지방분권위원회(2004). 『자치경찰제 도입방안 자료집』. 정부혁신지방분권위원회.

1) 자치경찰 기구

먼저, 자치경찰은 시·군·자치구에 자치경찰 기구를 신설하고, 지역 교통, 생활안전, 지역 경비 등 주민생활 중심 치안행정을 담당한다. 자치경찰은 지방자치단체장이 인사권을 행사하고, 신분은 특정직 지방 공무원으로 한다. 국가경찰과 자치경찰을 이원적으로 운용하고, 지방자치단체와 국가경찰 간 업무 협조를 위해 시·도치안행정위원회와 시·군·자치구지역치안협의회를 설치한다. 예산은 제도가 정착할 때까지 지방교부세, 국고보조금, 범칙금 등을 확보, 국가에서 일정 부분 지원한다.

〈그림 2-4〉 참여정부의 자치경찰제안

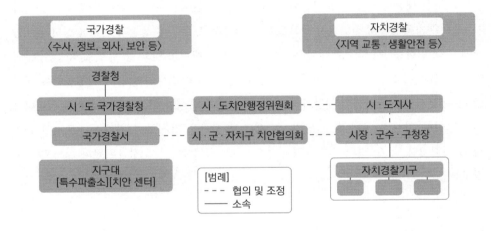

2) 자치경찰사무

자치경찰사무는 생활안전, 지역 교통, 지역 경비 등 주민생활과 밀접한 사무는 자치경찰이 우선 처리하고, 국가경찰은 보완적 역할을 한다. 국가경찰과 자치경찰 간 명확한 사무 처리 방안을 강구, 책임성을 확보한다. 수사, 정보, 외사, 보안 등 고도의 전문적 기술과 전국적 통일성을 필요로 사무는 국가경찰이 수행하고, 자치경찰은 기초자치단체에서 보유한 특별사법 경찰사무를 수행한다.

3) 자치경찰 권한

자치경찰 권한은 직무 범위와 관할구역 내에서 불심검문, 범죄예방과 제지, 장비사용 등 경찰관직무집행법에 의한 직무를 수행한다. 또 법 집행력 확보를 위해 지방자치단체가 가진 특별사법경찰관리 사무범위에 한해 사법경찰권을 부여한다.

4) 국가경찰과 자치경찰 간의 관계

국가경찰과 지방자치단체의 협력 강화를 위해 시·도치안행정위원회을 설치, 운영한다. 이것은 국가경찰과 광역 지방자치단체의 협력 강화와 행정의 연계성 확보를 위하여 치안행정협의회를 확대, 개편한다.

시·군·자치구 단위에 지역치안협의회를 설치, 운영한다. 즉, 국가경찰과 자치경찰의 연계성 강화를 위해 지역치안협의회를 신규 설치한다. 특히, 지방의회 의원과 시민단체 참여를 확대하고, 협의회의 결정사항에 법적 구속력을 부여하여 민주성과 실효성을 높인다.

자치경찰 상호간 협력 방안으로 경계지역, 관할구역 외 사안 처리를 위해 상호 정보와 자료 교환 등 공조 및 협력을 의무화한다. 시·도치안행정위원회는 기초단위 자치경찰 간 갈등의 중재와 조정에 관한 역할 방안을 마련한다.

5) 인사관리와 소요 경비

출범 초기, 자치경찰의 인사관리에서 소요 인력 50%는 국가경찰로부터 이관하고, 나머지 50%는 신규채용한다. 기초질서 단속 등 청원경찰, 공익근무요원을 자치경찰 부서로 재배치, 활용한다. 지방자치단체장의 자의적 운영 방지, 국가-자치경찰 간 연계성 및 협력 강화를 위하여 교육과 인사교류 활성화 방안을 마련한다. 자치경찰의 교육훈련은 경찰 업무의 특수성을 고려하여 국가경찰 교육훈련 기관 등에 위탁한다.

또한 국가-자치경찰 상호간 '인사교류 할당제', '상호 파견제'를 제도화하고, 적극적 인사교류를 의무화하며, 자치경찰 상호간 '주기적 인사교류제' 등 인사교류 의무화 제도를 도입한다.

자치경찰의 소요 경비는 지방자치단체 부담을 원칙으로 한다. 그러나 제도 정착 시까지 국가에서 지원한다. 사무배분에 따라 당연히 이관되는 예산 외 지방자치단체 부담분에 대해서도 일정한 부분을 지원한다. 소요 재원은 지방교부세, 국고보조금, 범칙금 등을 확보하고, 관련 부처와 협의를 거쳐 확정한다.

3 「대한민국시도지사협의회」의 자치경찰제 도입 방안

1) 기본 방향

대한민국 시·도지사협의회는 기초단위 중심 자치경찰제 도입을 골자로 하는 정부의 자치경찰제안에 대해서 반대하고, 독자적인 자치경찰제 안을 제안한다. 2005년 「정부의 자치경찰제안에 대해서(전국시도지사협의회, 2005)」라는 안내서를 발간하고, 정부안에 대해서 적극적인 반대 의견을 제시하였다.[29]

그 기본 방향을 살펴보면 다음과 같다.

(1) 광역단위의 자치경찰제 실시

치안행정 수요는 1개 기초단위로 고정된 관할구역 범위를 넘어 여러 기초단위에 걸쳐 발생하므로 각 기초단위 관할구역을 통합, 광역적 관할구역을 갖는 광역자치단체를 통해 그 수요에 대처해 나가야 한다. 기초단위 자치경찰제의 실시는 광역적 치안행정 수요에 효과적으로 대처할 수 없으며, 기초단위에서 광역적 성격의 업무 처리가 어렵다. 경찰 단위로서 기초단위는 규모, 관할구역이 작아 규모의 경제를 살리지 못하므로 비효율성 문제가 제기된다. 따라서 광역단위의 자치경찰 제도가 바람직하다.

다음과 같은 사무는 광역적 차원의 통합적 수행이 효율성이 높다. 즉, 각 기초단위의 관할구역을 초월하여 발생하는 사건, 사고의 처리, 국가경찰과 자치경찰 간의 연계와 조정, 각 기초자치단체 간의 조정, 광역적 처리가 효율성이 높은 교육훈련, 교통 관련 사무 중 광역적 업무인 신호처리사무는 광역적 차원에서 통합적으로 수행되어야 한다. 지역의 경계를 초월하는 광역수사 등의 업무는 기초단위 자치경찰의 담당보다는 광역단위의 자치경찰 권한으로 하고, 기초자치단체 협조를 받는 것이 바람직하다.

(2) 자치경찰의 책임자로서 시·도지사에게 권한·역할 부여

자치경찰은 주권자인 주민의 기대와 요구에 부응하는 경찰 책임이 부여되어야 한다.

---

29) 대한민국시도지사협의회 편(2005). 『정부의 자치경찰제안에 대해서』. 대한민국시도지사협의회.

자치경찰의 책임자로서 광역자치단체장에게 권한과 책임을 부여하고, 책임 치안 체제를 확립해야 한다.

〈그림 2-5〉 대한민국시도지사협의회의 자치경찰제안

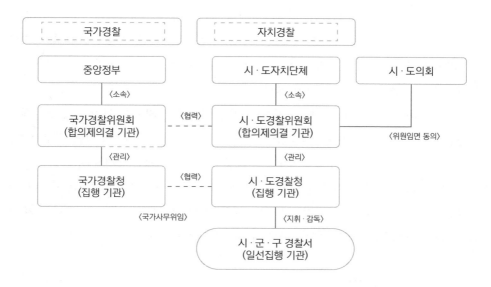

2) 주요 내용

(1) 조직·구성

국가경찰과 자치경찰의 일원화를 통해 기존 지방경찰청을 자치경찰청화한다. 국가경찰사무와 자치경찰사무를 구분, 국가경찰사무는 국가경찰이 직접 수행 또는 시·도경찰에 위임 수행하고, 광역자치단체의 자치경찰기구는 자치경찰사무에 대해 독립, 자기책임하에 자율적으로 고유한 경찰권을 행사한다. 시·도지사에게 지방경찰의 책임자로서 권한과 책임을 부여한다. 시·도지사 소속 외청형으로 시·도경찰청을 두며, 그 산하에 경찰서를 두는 형태로 기존 조직을 활용한다.

(2) 자치경찰의 운영

시·도지사 소속하에 합의제 의결 기관으로 시·도경찰위원회를 설치하여 시·도경찰청을 관리, 운영한다. 주민 의사의 반영과 책임 치안 체제 확립을 위해 정책결정 기능과 정책집행 기능을 나누어 운영한다. 정책결정 기관으로서 시·도경찰위원회는 합의제 형태로, 정책집행 기관으로서 시·도경찰청과 일선 경찰서의 장은 독임제의 형태로 한다.

(3) 신분 및 인사권

지방경찰에 대한 인사관리는 자치경찰제에 있어 핵심적인 사항이다. 자치경찰의 책임자인 시·도지사 의견을 경찰 인사에 반영한다. 시·도경찰위원은 지방자치단체와 주민의 의사가 충분히 대변되도록 일정한 요건을 구비한 사람 중에서 지방의회의 동의를 얻어, 자치경찰의 책임자인 시·도지사가 임명한다.

시·도경찰청장은 시·도경찰위원회의 제청으로 시·도지사가 임명하고, 임기제로 운영한다. 시·도경찰청장은 지방경찰에 종사한 경력과 자격이 구비된 사람으로 한다. 시·군·자치구 경찰서장은 시·도경찰청장의 제청으로 시·도지사가 임명한다.

시·도경찰 공무원의 신분은 지방 공무원으로 하고, 시·도지사가 인사권을 가지며, 국가사무를 담당하는 직위는 국가직으로 한다. 경찰 공무원의 인사는 시·도경찰위원회의 의결을 거쳐, 시·도경찰청장의 제청에 따라 시·도지사가 행사한다.

(4) 기능 및 사무배분

자치경찰의 기능은 방범·교통·경비 등 민생경찰 기능, 보건·위생·환경 등 행정경찰 기능, 그리고 지역 사건에 대한 일반수사까지 수행한다.

사무배분에 있어서 자치경찰은 종합적 경찰 기능을 수행하여야 한다. 국가의 치안 책임과 관련한 사무는 국가사무로 하고, 그 범위를 구체적으로 열거, 한정한다. 자치경찰사무를 나열하고, 자치경찰이 수행할 수 없는 사무를 국가가 수행하는 방식으로 한다. 당해 지방자치단체 내 사건에 대한 수사권은 지방자치단체에 부여한다.

(5) 재정부담

자치경찰의 고유 업무는 지방자치단체가, 기관위임사무는 국가가 전액 부담한다. 지방자치단체의 재원이 열악한 점을 감안, 경찰 예산의 일정 비율, 즉 80%의 금액을 국세와 지방세 간의 세원 재조정과 '지방경찰청 교부세' 또는 국고보조금 신설 등으로 자치경찰제 실시 소요 재원을 제도화한다.

(6) 자치경찰의 수사권

지역 치안 역량 강화를 위해 자치경찰의 독자적 경찰수사권 부여가 필요하다. 자치경찰제에 수사권이 부여되지 않을 경우, 검사가 사법경찰 관리를 지휘·감독하게 된다. 이것은 국가 기관인 검찰이 자치경찰 수사를 지휘·명령하게 되므로 자치경찰제 도입의 기본 취지에 어긋난다.

〈표 2–3〉 정부안과의 비교

구분	정부(안)	시·도지사협의회(안)
실시단위	기초(시·군·구)	광역(시·도)
조직	• 현행 경찰체제 골격 유지, 국가·자치경찰의 이원적 구조 • 시·군·구에 보조기관 형태의 「자치경찰과」 신설 • 광역 및 기초단위에 치안행정위원회·치안협의회 설치, 국가·지방경찰 상호간 업무 협조	• 시·도지사 소속하 시·도경찰청을 두고, 그 산하에 경찰서를 두는 형태 • 자치경찰은 합의제 의결 기관으로 시·도경찰위원회, 집행 기관으로 시·도지방경찰청 및 시·군·구 경찰서를 둠
인사권	• 경찰청장, 시·도경찰청장, 경찰 서장 임명권은 현행 유지 • 자치경찰은 시장·군수·구청장이 임명함	• 시·도경찰위원은 지방의회 동의를 얻어 시·도지사가 임명 • 시·도경찰청장은 시·도경찰위원회 제청으로 시·도지사가 임명 • 시·군·구경찰서장은 시·도경찰청장의 제청으로 시·도지사가 임명
신분	• 지방 공무원	• 지방 공무원
기능	• 국가경찰은 수사, 정보, 외사, 보안 등 • 자치경찰은 방범, 교통, 위생, 환경 등	• 국가경찰은 수사, 정보, 외사, 보안 등 • 자치경찰은 방범, 교통, 경비, 일반수사
광역 치안 수요	• 자치경찰과 국가경찰 상호간 업무 협의 및 조정	• 시·도경찰청에서 직접 집행
권한	• 특별사법 경찰사무 범위 내 사법경찰권 부여 ※ 보건, 위생, 환경, 경제 등 20개 항목	• 모든 자치경찰 업무 수행에 필요한 사법경찰권 부여

| 재정
부담 | • 제도 정착 시까지 국가에서 일정 부분 지
원(지방교부세, 국고보조금, 범칙금 등) | • 현 경찰 예산의 일정비율(80%) 수준으
로 국가에서 지원하도록 제도화 |

4 「이명박 정부」의 자치경찰제(안)

1) 추진과정

2008년 1월 25일 『대통령직 인수위원회』는 광역단위 기능 보강과 주민참여 확대방안을 포함한 자치경찰제 도입 방향을 설정한다. 그리고 2008년 2월 5일, 「자치경찰제의 도입」이 이명박 정부 '5대 국정지표, 193개 국정과제' 로 선정된다. 2008년 5월 27일 행안부·경찰청 등 관계 기관 조정회의를 통해, '자치경찰제 도입 방안' 이 확정되었다.

2008년 12월 2일, 중앙행정권한의 지방 일괄이양과 특별 지방행정 기관 정비 등 정부의 지방분권 정책을 총괄 조정, 심의하는 『(대통령소속)지방분권촉진위원회』가 공식 출범하였다. 위원회는 7대 분야와 20개 분권과제를 선정하고, 대통령 임기 내 가시적 성과를 거둔다는 목표로 추진하였다. 위원회는 자치경찰제 도입을 20개 분권과제 가운데 하나로 선정하여 검토하였다.[30]

지방행정 체제 개편과 연계 검토의 주장이 제기되어 그 논의가 중단되기도 했지만, 법제화를 위한 관계 기관, 정치권 등의 지속적 협의는 진행되었다. 그러나 결국 무산되고 말았다.[31]

2) 기본 방향

정부안은 현재 국가경찰의 기본 구조를 유지하면서 지방분권의 취지를 조화롭게 반영하는 자치경찰제를 도입하는 것이다. 국가경찰의 안정된 치안 능력과 남북분단, 대규모 집회시위와 같은 현실적인 상황을 고려, 기본적으로 국가경찰제는 유지한다.

광역 및 기초지방자치단체의 수행사무를 고려, 시·군·자치구 단위의 자치경찰제를 도입하고, 광역단위의 법 집행력을 강화하고 광역과 기초자치단체 간의 형평성 제고를 위

---

30) 「동아일보」(2008). "자치경찰제의 도입과 경찰입장". 5월 7일자.
31) 자치경찰제실무추진단 (2009). 『자치경찰제도입관련 워크샵(자료집)』 2009. 10. 29∼30.

해 시·도에 자치경찰의 권한 부여 방안을 제시한다. 다시 말해, 시·군·자치구 단위로 도입하고, 주민생활과 밀접한 사안은 기초자치단체에서 우선적으로 처리한다. 그리고 지방자치의 원칙 즉, '보충성의 원칙'에 근거하여 동시에 시도에도 권한을 부여하는 혼합형 자치경찰제 도입을 제안한다. 이와 같이 자치경찰을 통한 주민의 의견 및 지역 특성을 고려한 '주민생활 밀착형 치안 서비스'를 강화하고, 국가경찰과 자치경찰 간의 합리적인 역할 분담을 통해 국가 전체적인 치안 수준 향상과 주민의 치안 만족도를 높인다.

3) 주요 내용

정부안의 내용을 광역단위와 기초단위로 구분, 설명하면 다음과 같다.[32]

(1) 광역단위

광역시와 도는 자치경찰제의 실시 대상에서 제외하고, 그 대신 치안행정위원회만 설치한다. 이 위원회는 총 11명으로 구성하며, 시·도지사가 위촉하고, 그 가운데 2명은 행정부지사 또는 행정부시장, 지방경찰청 차장을 당연직으로 선임한다. 나머지 9명은 도와 광역시, 도의회와 광역시의회, 경찰청에서 각각 3명을 추천한다. 위원장은 당연직 위원 중 호선한다. 위원회의 주요 기능은 시와 군 자치경찰대 간 분쟁 조정, 시·도와 시·도국가경찰청 간 업무 협의와 조정이다.

치안행정위원회는 국가경찰과 자치경찰 간의 협약, 자치경찰 간의 분쟁 조정, 자치경찰 지원 및 평가 등에 관한 심의 및 의결 기구로 운영된다. 그리고, 시·도지사에게 통합 운용권을 부여하여, 광역단위 법 집행력을 보강하며, 일부 사무에 대해서 임시로 자치경찰을 통합 운용하는 권한을 부여한다. 통합 운용 대상은 행정상 강제 집행과 특별사법 경찰사무, 그리고 대규모 행사 등 교통 사무이며, 그 절차는 시장·군수·구청장과의 협의를 거쳐 치안행정위원회의 심의 및 의결을 얻는다.

그 외 시·도지사에 대한 효율적인 지원을 위한 보좌기구로 '자치경찰지원관'을 신설하고, '치안 협력관'은 국가경찰에서 파견, 배치한다.

---

32) 상게자료. 참조.

(2) 기초단위

시·군·자치구는 국가경찰인 지방경찰청, 경찰서와는 별도로 자치경찰위원회와 자치경찰대를 신설한다. 자치경찰위원회는 지역 주민 중 10인 이내의 위원으로 구성, 시장·군수·구청장이 위촉하는데, 3분의 1은 시·군의회, 3분의 1은 경찰서장, 3분의 1은 시장·군수가 추천하는 방식으로 구성한다. 자치경찰대는 시·군·자치구 직속기관으로 설치하고, 자치경찰대장은 시장·군수·구청장이 자치경찰위원회의 동의를 얻어 임명한다. 필요한 경우, 개방형 직위로 지정하여 개방형 직위 제도로 도입한다.

자치경찰의 주요 사무는 생활안전, 지역 교통, 지역 경비 업무, 지방자치단체 소관 특별사법 경찰 업무 즉, 보건·위생·주정차·환경 단속 등을 수행한다. 자치경찰대의 소요 재원은 주로 범칙금 등으로 마련하고, 국가는 필요한 부분에 대해 지원한다.

〈그림 2-6〉 정부의 자치경찰제(안) 조직도[33]

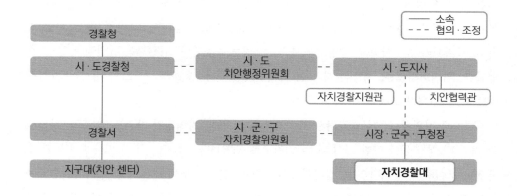

4) 논의의 중단

자치경찰제 정부안은 더 이상 진전이 되지 못하였다. 특히 지방행정 체제 개편과 연계하여 논의함에 따라 당정협의가 지연되었다. 또한 광역단위 즉, 시·도 단위 자치경찰제 도

---

33) 상게자료, 참조.

입과 자치경찰에 대한 일반적 경찰권 부여를 규정한「경찰법 전부개정안」[34]도 발의되어 정부안과 대조를 보였다. 결국 자치경찰제 정부안은 법제화를 위해 관계 기관과 정치권에서 지속적인 협의가 진행되었으나, 결론을 도출하지 못한 채 중단되고 말았다.

5 「박근혜 정부」의 자치경찰제 도입 방안

박근혜 정부는「(대통령 소속)지방자치발전위원회」를 설치하여 이전 정부의 자치경찰제 도입 방안을 그대로 진행하였다. 그러나 경찰을 비롯한 정부의 추진 의지가 확연히 약화되어 자치경찰제 도입 방안 논의는 명맥만 유지하는 수준에 머물렀다.

2014년 6월 지방자치발전위원회는 부처·지자체 협의안으로 지방자치발전 20개 과제별 추진 방안을 마련하고, 2014년 11월 24일 종합계획을 지방자치발전위원회에서 의결하고, 12월 2일 국무회의 심의·의결을 거쳐 확정하였다.

「지방자치발전 종합계획(지방자치발전위원회, 2014)」[35]은「지방분권 및 지방행정 체제 개편에 관한 특별법」및 '대통령 보고(지방자치발전위원회 제1차 회의)'에 근거하여 지방자치발전 실천과제의 구체적 추진 방안을 제시하는 것이 목적이었다.

「지방자치발전 종합계획」의 정책과제로 자치경찰의 도입이 제시되었다. 그러나 구체적인 도입 방안에 대한 제시는 없었고, 다만 방안을 마련하기 위한 논의를 계속하는 것에 그치고 말았다. 특히 정부와 경찰은 자치경찰제의 추진에 대한 의지가 매우 약화되어, 형식적으로 추진하는 수준에 머물고 말았다.[36]

---

34) 당시 한나라당 유기준 의원은 자치경찰제 도입을 위해 '경찰법 전부 개정법률안'을 발의하였다. 유기준 의원은 자치경찰제를 도입하기 위해 '경찰법', '경찰공무원법', '도로교통법' 등에 대한 개정안을 입안했고, 공동발의 서명을 받아 국회에 제출하였다.(조선일보 2009. 08. 05)

35) 지방자치발전위원회(2014). 「지방자치발전 종합계획」. (대통령소속) 지방자치발전위원회.

36) 최종술(2009). 전게논문.

제4절

제주특별자치도 자치경찰의 출범과 변화

1 제주자치경찰의 연혁

제주자치경찰은 제주특별자치도 기본구상에서 제주도에 자치경찰 제도를 도입할 것을 밝힘에 따라 입법이 추진되어 2006년 7월 1일 제주특별자치도 및 제주자치경찰이 출범하였다. 제주자치경찰은 출범하면서 국가경찰 38명을 특별임용하였고, 1차 신임 순경 45명을 임용하였다.

그 이후 2021년 5월 6일 일원화 자치경찰제의 전국적 실시에 따라 제주특별자치도 자치경찰위원회가 출범하여, 이전의 제주 자치경찰은 큰 변화를 맞게 되었다.

제주자치경찰단의 주요 연혁을 살펴보면 다음과 같다.[37]

2006. 07. 01 제주자치경찰 출범(국가경찰 특별임용 38명)

2007. 02. 21 1차 신임순경 45명 임용

2008. 03. 05 ITS센터 자치경찰단 이관

2008. 07. 01 행정시 주정차 단속사무 이관

2011. 01. 18 행정시 교통시설사무 이관

2012. 01. 09 통합 자치경찰단 출범(1단, 4과, 1지역대, 1센터, 11담당)

2012. 03. 08 자치경찰 기마대 신설

2012. 11. 24 자치경찰 청사(아라동) 이전

2016. 01. 25 자치경찰 단장 직급 개선(경무관)

2016. 02. 01 관광경찰과 신설

---

37) 제주자치경찰단 홈페이지(http://www.jeju.go.kr/jmp/intro/about.htm 검색일 2023.13. 30)

2019. 01. 31 국가경찰 파견(260명) 국가사무 시범운영

2019. 05. 01 자치경찰 개혁추진위원회 출범

2019. 08. 02 원활한 시범사무 운영을 위한 임시 조직 개편(1관 5과 1대 1센터)

2019. 10. 21 자치경찰단 통합유실물센터 개소

2018. 04. 30 ~ 2020.12. 31 이원화 자치경찰제 확대 시범운영(국가경찰 268명 파견)

2021. 05. 06 제주특별자치도 자치경찰위원회 출범

2022. 07. 26 '자치경찰권 강화' 국정과제 선정

2 자치경찰의 조직과 사무[38]

1) 자치경찰기구의 설치

자치경찰사무 처리를 위해 「국가경찰과 자치경찰의 조직 및 운영에 관한 법률」 제18조에 근거하여 제주특별자치도 자치경찰위원회 소속으로 자치경찰단을 신설하였다. 제주 자치경찰단 조직과 자치경찰 공무원 정원 등 관련 사항은 도 조례로 규정한다.

2) 자치경찰단장의 임명

자치경찰단장은 제주도지사가 임명하고, 도지사의 지휘·감독을 받는다. 제주자치경찰단장은 자치경무관으로 임명한다. 특하, 도지사가 필요하다고 인정하면 개방형 직위로 지정, 운영할 수 있다.

일정한 임용자격을 갖추고, 임용 시 자치경찰 공무원 인사위원회의 심의·의결을 마쳐야 한다. 특히, 개방형 직위로 지정·운영되는 자치경찰단장의 임용 절차·임용기간 등은 도 조례로 정한다.

3) 자치경찰사무

자치경찰은 다음의 사무를 처리한다.

---

38) 「제주특별자치도 설치 및 국제자유도시 조성을 위한 특별법」(약칭: 제주특별법)[시행 2024. 1. 19.] [법률 제19549호, 2023. 7. 18., 일부개정]

(1) 주민의 생활안전활동에 관한 사무

　　① 생활안전을 위한 순찰 및 시설 운영

　　② 주민참여 방범활동의 지원 및 지도

　　③ 안전사고와 재해·재난 등으로부터의 주민보호

　　④ 아동·청소년·노인·여성 등 사회적 보호가 필요한 사람의 보호와 가정·학교 폭
　　　력 등의 예방

　　⑤ 주민의 일상생활과 관련된 사회질서의 유지와 그 위반 행위의 지도·단속

(2) 지역 교통활동에 관한 사무

　　① 교통안전과 교통소통에 관한 사무

　　② 교통법규 위반 지도·단속

　　③ 주민참여 지역 교통활동의 지원·지도

(3) 공공시설과 지역 행사장 등의 지역 경비에 관한 사무

(4) 「사법경찰 관리의 직무를 수행할 자와 그 직무범위에 관한 법률」에서 자치경찰 공
　　무원의 직무로 규정하고 있는 사법경찰 관리의 직무

(5) 「즉결심판에 관한 절차법」 등에 따라 「도로교통법」 또는 「경범죄 처벌법」 위반에 따
　　른 통고처분 불이행자 등에 대한 즉결심판 청구사무

4) 국가경찰과의 협약 체결

　　자치경찰사무를 처리할 때 국가경찰과 자치경찰 간 사무분담과 사무수행 방법은 도
지사와 제주자치도 경찰청장이 협약으로 정하여 공표한다. 이 경우 도지사는 먼저 자치경
찰위원회의 의견을 들어야 한다.

　　협약당사자의 의견이 달라 협약 체결이 안된 경우, 협약 당사자의 신청으로 「국가경찰
과 자치경찰의 조직 및 운영에 관한 법률」 제7조에 근거하여 국가경찰위원회의 심의·의결

을 거쳐 행정안전부장관이 조정한다. 협약이 체결되지 않은 상태가 지속되어 공익을 현저히 저해, 조속한 조정이 필요한 경우, 협약 당사자가 신청하지 않아도 국가경찰위원회의 심의·의결을 거쳐 행정안전부장관이 조정 가능하다.

국가경찰과 자치경찰 간 사무분담 및 사무수행 방법에 관한 기준과 협약 공표에 필요사항은 도 조례로 정한다. 이 때 제주자치도경찰청장의 의견을 들어야 한다.

$$\triangledown$$

제5절

문재인 정부의 자치경찰제 도입 방안들

1 **(대통령 소속) 자치분권위원회의 자치경찰제 도입 방안**[39]

1) 논의 과정

대통령 소속 자치분권위원회(이하, 자치분권위)는 2018년 3월 9일부터 자치경찰제 TF 및 특별위원회(약칭 자치경찰특위)을 구성하고, 본격적 논의에 착수하였다. 경찰청, 대검찰청, 법무부, 지방 4대 협의체 등 관계 기관 의견을 수렴하여, 2018년 11월 13일 자치경찰위원회 특별위원회안을 발표하였다. 그 후 자치분권위는 광역단위 자치경찰제 도입 방안을 2018년 11월 30일 의결하였다.

자치분권위안은 자치경찰특별위원회가 서울시, 경찰개혁위원회에서 제안한 도입 방안과 국내외 사례 등을 종합, 검토하고, 일선 치안 현장 방문, 대토론회 개최, 관계 기관 의견수렴과 협의을 통해 도입 방안을 마련한 것이다.

---

[39] (대통령 소속) 자치분권위원회(2018). 『자치경찰위원회 특별위원회안 발표 및 정책토론회 자료집 (2018. 11. 13)』.

2) 도입 원칙

자치분권위 자치경찰특위는 자치경찰제 정책 방향을 먼저, 주민밀착 치안활동력 증진, 둘째, 경찰권의 민주적 설계와 정치적 중립성 확보로 설정하였다. 그리고 다음과 같은 고려사항을 제시하였다.

첫째, 치안력 약화와 치안 불균형 방지, 둘째, 재정투입 최소화, 셋째, 제도 도입에 따른 치안 혼란의 최소화이다.

이와 같은 도입 원칙에 따라 자치경찰제 주요 모형인 이원화 모형인 '경찰개혁위원회 권고안'과 일원화 모형인 '서울특별시안'과 함께 외국사례를 종합, 분석하였다. 경찰개혁위 안은 경찰권 분산이 미흡하고, 치안 현장 혼선 우려의 문제점, 서울시안은 정치적 중립 훼손과 국가 치안 역량 약화 우려의 문제점을 지적하였다.

이에 따라 자치경찰특위는 현장점검, 의견수렴 그리고 전문가 검토를 거쳐 최종안을 마련하였다. 주요 사항은 지역밀착 부서인 지구대, 파출소는 사무배분에 따라 자치경찰로 이관한다. 정치적 중립 장치로 합의제 행정 기관인 시·도경찰위원회를 설치한다. 긴급조치가 필요한 사건과 사고 현장의 현장보존, 범인검거 등 초동조치권을 자치경찰에게 부여한다. 급격한 제도의 변화에 따른 부작용 방지를 위하여 단계적으로 도입한다는 것이다.

3) 주요 내용

(1) 자치경찰의 조직 체계

광역단위 자치경찰제 모형으로, 시·도에 '자치경찰본부', 시·군·자치구에 '자치경찰대'를 신설한다. 주민밀착형 경찰활동을 위해 국가경찰 소속 '지구대·파출소'는 사무배분으로 자치경찰로 이관한다. 국가경찰은 자치경찰로 이관한 만큼 조직과 인력을 축소하며, 중대하고 긴급사건에 대응하기 위해 '지역순찰대'로 존치한다.

지역경찰과 교통 등 국가경찰 인원 117,617명의 36%인 4만3천명을 자치경찰로 이관한다. 아울러 자치경찰도 국가경찰 소속 112상황실에서 합동근무하고, '업무 떠넘기기'와 같은 현장 혼선을 방지하며, 정보공유 및 신고와 출동 관련 공동 대응 체계를 구축한다.

〈그림 2-7〉 자치경찰제 도입 이후 경찰조직 변화[40]

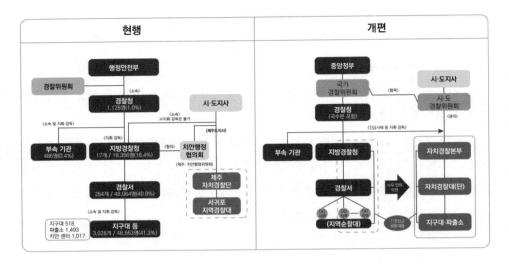

(2) 인사관리·신분

자치경찰관은 시도 소속 특정직 지방 공무원으로 한다. 다만 초기에는 국가직을 유지하고 단계적으로 지방직으로 전환한다.

자치경찰본부장은 시·도경찰위원회에서 2배수 추천하여, 시·도지사가 임명한다. 자치경찰대장은 시·도경찰위원회의 추천으로 시·도지사가 임명하고, 자치경찰대장 임명 시 시·군·자치구청장의 의견을 들어 기초자치단체와 상호 연계성을 증진한다.

국가경찰은 국가와 자치경찰, 시·도자치경찰 간 인사교류와 자치경찰의 교육·훈련을 지원한다.

(3) 사무배분

자치경찰은 '생활안전·여성청소년·교통·지역 경비' 등 주민과 밀착된 민생 치안활동과 이와 밀접한 성폭력·학교폭력·가정폭력·교통사고·음주 운전·공무수행 방해 수사를 담당한다.

국가경찰은 정보·보안·외사와 수사 그리고 전국적·통일적 처리를 필요로 하는 민생 치안사무를 담당한다.

---

40) 상게 자료집.

〈표 2-4〉 자치경찰 및 국가경찰 사무배분[41]

구분	자치경찰	국가경찰
주요 사무	• 생활안전, 여성·청소년, 교통, 지역 경비 등 주민밀착형 사무 및 지역경찰(지구대·파출소) • 민생 치안 밀접 수사(교통사고, 가정폭력 등)	• 정보·보안·외사·경비 및 112상황실 • 수사(광역범죄·국익범죄·일반형사 등) • 민생 치안 사무 중 전국적 규모나 통일적인 처리를 필요로 하는 사무(협약으로 규정) 및 지역순찰대 사무

긴급하게 조치할 현장성 있는 사건의 현장보존·범인검거의 초동조치는 국가·자치경찰의 공동 의무사항으로 규정하여 사건처리의 혼선을 방지하고 협력 체계를 강화한다.

〈표 2-5〉 단계별 사건처리 절차[42]

구분		자치경찰사무	국가경찰사무
사건 초기	현장성 無	• 자치경찰이 소관 사무 처리	• 국가경찰이 소관 사무 처리
	현장성 有	• 국가경찰은 중대·긴급 신고, 자치경찰은 일상·비긴급 신고 처리를 원칙함 사건현장 경찰관이 있는 경우 우선 초동조치 후 소관 경찰에 인계	
중간이후		• 자치경찰이 소관 사무 처리	• 국가경찰이 소관 사무 처리

(4) 정치적 중립성 확보 방안

정치적 중립 확보 장치로 '시·도경찰위원회'를 합의제 행정 기관으로 설치한다. 시·도지사의 경찰 직무에 관한 직접적 지휘·감독은 인정하지 않고, 시·도경찰위원회가 자치경찰을 관리하여 자치경찰의 신정치적 중립성 확보와 지방자치단체장의 권한남용 방지를 제도화한다. 시·도별로 '경찰위원회'를 설치하여 지역 치안 여건과 주민 요구를 반영하여 민주적 효율적인 경찰 운영을 한다.

시·도경찰위원은 상임위원 1명을 포함 총 5명으로 하고, 시·도지사가 임명한다. 시·도경찰위원 5명은 시·도지사 1명 지명, 시·도의회에서 여·야 각 1명씩 2명, 지방법원 1명, 국가경찰위원회 1명 추천으로 시·도지사가 임명한다. 시·도경찰위원회의 사무는 자치

---

41) 상게 자료집.
42) 상게 자료집.

경찰 본부가 담당한다.

(5) 재정지원 및 시설·장비운영

자치경찰제 시행의 필요 예산은 '국가부담'을 원칙으로 한다. 시범운영 예산은 먼저 국비로 지원하고 장기적 관점에서 '자치경찰 교부세'의 도입을 검토한다. 지방자치단체 부담 부분은 자치경찰사무의 경비와 소속 직원 인건비 그리고 조직 및 행정 관리 운영비이고, 국가 부담 부분은 시·도경찰 수행 국가경찰사무 경비와 전국적 장비, 통신 유지 비용이다.

자치경찰은 국가경찰로부터 이관되는 인력으로 운영되므로 국가경찰의 여분 시설과 장비는 자치경찰과 공동 사용을 원칙하여 신규 재정부담을 최소화한다. 치안 센터 전부, 일부 지구대와 파출소, 경찰서와 지방청 등 경찰시설은 자치경찰과 공유, 재정부담을 최소화한다.

(6) 단계적 도입 추진

급격한 제도 변화의 혼선과 부작용 방지를 위해 사무와 인력, 실시 지역을 단계적으로 확대, 추진한다. 2019년 서울·제주·세종 등 5개 지역은 자치경찰사무 50%를, 2021년에는 전국적으로 자치경찰사무는 70~80%로 시행하고, 이후 2022년에는 자치경찰사무 100%로 확대한다.

〈표 2-6〉 자치경찰제 단계별 도입 방안[43]

구분	1단계 (일부지역+일부사무)	2단계 (전국+일부사무)	3단계 (전국+전체사무)	최종단계
대상 지역	5개 지역(서울·세종·제주 외 2개 시·도)	전국	전국	전국
사무	자치경찰사무 약 50%(일부 수사권 포함)	자치경찰사무 약70~80%(일부 수사권 포함)	자치경찰사무 100%	평가 후 추가 확대
인력	7,000~8,000명	30,000~35,000명	43,000명	
시점	2019년	2021년	2022년	정착수준에 맞춰 평가 후 판단

---

43) 상게 자료집.

2 2019년 경찰법전부개정법률안[44]

1) 진행 과정

2019년 2월 14일, 정부와 더불어민주당, 그리고 청와대는 자치경찰제 도입 방안을 확정하기 위한 당정청 협의회를 개최하고, 자치경찰의 기능과 역할, 입법 방안과 도입 시기 등에 관한 구체적 도입 방안을 발표하였다.[45]

당·정·청 협의안은 조속한 시일 내 입법을 완료하여 2019년 안에 5개 시도에서 시범 실시하며, 2021년에는 전국으로 확대 시행하고, 안정적인 정착을 위하여 2022년까지 자치경찰사무를 단계적으로 확대한다는 것이다.

자치경찰제 관련 개정법률안은 '경찰법'의 제명을 변경, 전면 개정하고,[46] 입법이 완료되면 2019년 내에 5개 시·도 시범실시, 2021년 전면 실시하여 2022년까지 단계적으로 확대 실시한다.

당·정·청의 합의안은 국가-자치경찰이 이원적으로 활동함에 따라 치안 현장의 혼선과 치안 불균형 발생에 대한 우려를 해소하기 위해 단일법 아래 국가-자치경찰을 함께 규율하여 경찰이라는 일체감을 형성하고, 상호 협조·협력 체계가 원활히 이루어지도록 설계하였다.

이와 같은 과정을 거쳐 마련된 안은 2019년 3월 11일 홍익표 의원이 대표 발의한 「경찰법개정법률안(2019)」으로 국회에 제출되었다. 그러나 자치경찰제 도입에 회의적인 시각이 존재하고, 안에 대한 다양한 의견이 제기되는 가운데, 결국 20대 국회 임기 만료와 더불어 이 안은 폐기되었다.

2) 기본 취지

제주특별자치도에 한하여 자치경찰제가 시행되고 있지만, 시행 지역, 자치경찰 역할이 제한적이다. 진정한 지방자치를 위해 경찰 권한의 분권화와 지역 특성에 적합한 치안 서비스 제공이 필요하여, 자치경찰제 전면 시행이 요구된다.

이에 경찰 제도를 국가경찰과 자치경찰로 이원화하여 자치경찰제 도입의 법적 근거

---

44) 「경찰법전부개정법률안」(2019. 3. 11. 홍익표의원 대표발의).

45) 연합뉴스 2019. 2. 14.

46) 입법 형식은 기존 「경찰법」을 「국가경찰과 자치경찰의 조직 및 운영에 관한 법률」로 제명 변경하고 전면 개정한다는 것임.

를 마련한다. 조직과 소관 업무가 구분된 자치경찰제 시행으로 경찰 권한의 분권화를 추진한다. 한편, 지방행정과 치안행정의 연계성을 확보, 주민 수요에 맞는 다양한 치안 서비스를 제공하고, 국가 전체 치안 역량을 강화한다.

이와 같은 기본 취지를 정리하면 다음과 같다.

첫째, 조직과 소관 업무가 분명히 구분된 자치경찰제 시행으로 경찰 권한의 분권화를 추진한다.

둘째, 지방행정과 치안 행정의 연계성을 확보하여 주민 수요에 맞는 다양한 치안 서비스를 제공한다.

셋째, 국가 전체의 치안 역량을 강화한다.

3) 주요 내용

경찰법개정법률안(2019.03.11)의 자치경찰제 도입 방안을 살펴보면 다음과 같다.

(1) 시·도경찰위원회의 설치

지방행정과 치안행정 간 업무 협조 그리고 자치경찰 소관 사무의 심의 의결을 위해 특별시장, 광역시장, 특별자치시장, 도지사와 특별자치도지사 소속으로 합의제 행정 기관인 시·도경찰위원회를 설치한다.

시·도경찰위원회의 구성은 위원장 1인과 상임위원 1인을 포함한 5인의 위원으로 구성한다. 위원장은 상임위원이 아닌 위원 가운데 호선한다. 위원은 시·도지사가 임명하고, 그 가운데 2명은 시·도의회에서 추천한 사람을, 1명은 해당 시·도를 관할하는 지방법원에서 추천한 사람을, 1명은 국가경찰위원회에서 추천한 사람을 임명한다.

(2) 자치경찰의 조직기구

자치경찰에 관한 사무를 처리하기 위해 시·도경찰위원회의 관리하에 자치경찰본부를 설치한다. 시·군·자치구를 관할구역으로 하는 자치경찰대를 자치경찰본부장 소속으로 설치한다. 또한, 시·도의 광역적인 자치경찰사무를 직접 수행하기 위해 자치경찰본부장 소속의 직할 자치경찰대를 설치할 수 있다. 시·도는 시·도 조례로 자치경찰대 소속의 지구대 또는 파출소를 설치한다.

(3) 자치경찰본부장

자치경찰본부에는 자치경찰본부장을 두고, 관할구역의 자치경찰사무를 총괄하며 소속된 공무원을 지휘·감독한다. 자치경찰본부장은 자치치안정감, 자치치안감 혹은 자치경무관으로 임명한다. 시·도경찰위원회에서 공모를 통해 2배수로 추천한 후, 시·도지사가 임명한다.

(4) 자치경찰대장과 자치경찰 공무원

시·도자치경찰대와 시·군·구 자치경찰대에는 각각 자치경찰대장을 임명한다. 자치경찰대장은 자치경찰본부장의 지휘·감독하에 관할구역 자치경찰사무를 관장하며, 소속된 공무원을 지휘·감독한다. 자치경찰대장은 자치경무관, 자치총경 혹은 자치경정으로 한다.

시·도자치경찰대장과 시·군·자치구 자치경찰대장은 시·도경찰위원회의 추천을 통해 시·도지사가 임명한다. 다만, 시·군·자치구 자치경찰대장을 추천할 때, 자치경찰본부장과 시·군·구청장의 의견을 듣는다.

자치경찰공무원은 시·도지사가 임용하며, 이때 자치총경 이상 자치경찰 공무원은 자치경찰본부장의 추천으로 시·도경찰위원회가 임용 제청한다. 시·도지사는 필요에 따라 자치경찰 공무원에 대한 일부 임용권을 자치경찰본부장에게 위임할 수 있다.

자치경찰 공무원 계급은 자치치안정감, 자치치안감, 자치경무관, 자치총경, 자치경정, 자치경감, 자치경위, 자치경사, 자치경장, 자치순경으로 구분된다.

(5) 자치경찰의 사무

자치경찰의 사무는 관할 지역 주민의 생활안전활동과 관련된 사항, 지역 근린교통 활동에 관한 사항, 그리고 공공시설과 지역행사장의 지역 경비 관련 사항이다. 또한, 규정된 업무에 대해 자치경찰이 수사 업무를 수행한다. 다시 말해, 자치경찰 공무원의 직무로 규정되어 있는 사법경찰 관리의 업무, 자치경찰 공무원 범죄, 학교폭력 범죄, 가정폭력 범죄, 교통사고 조사, 성폭력 범죄, 아동·청소년 보호 관련 업무을 수행한다. 또한, 통고처분 불이행자의 즉결심판 청구 관련 업무도 처리한다.

시·도지사는 자치경찰의 업무 중 개별 사건의 자치경찰 수사에 대해 구체적 지휘·감독이나 관여를 할 수 없다. 또한, 자치경찰은 규정된 사안에 대해 수사를 수행하지만, 피해의 규모, 광역성, 연쇄성, 수법 등을 고려하여 국가경찰의 수사가 필요하다고 인정되면 국가경찰이 우선하여 수행한다.

(6) 자치경찰의 직무 수행

만약 신고사항의 처리방법을 협약으로 정하지 않은 경우, 최초로 신고를 접수한 당사자가 우선 처리한다. 다만, 국가경찰사무가 명백하거나, 체결 협약에 따라 국가경찰 혹은 자치경찰 가운데 어느 한 쪽에서 처리하는 것이 명확한 경우, 신고를 받은 쪽에서 신속히 출동하여 초기 조치를 취한 다음, 해당 사무의 처리 책임이 있는 측에 조치를 요청해야 한다. 조치를 요청받은 측은 신속히 출동하여 인계받아 처리한다.

국가경찰과 자치경찰은 신고 사항 처리 시 필요할 때, 상호 지원요청이 가능하며, 지원을 요청받으면 성실히 협조해야 한다. 112 신고 출동과 관련, 시·도지사는 112종합상황실에 자치경찰 공무원을 파견할 수 있다.

자치경찰 공무원이 직무 수행 중 국가경찰 소관 범죄를 발견한 경우, 범죄 내용과 증거물 등을 소속 자치경찰대장을 통해 즉시 경찰서장에게 통보하고 해당 사무를 인계해야 한다.

(7) 시정명령과 감사

① 시정명령

행정안전부장관이 자치경찰사무와 관련한 시정명령을 하려면 먼저, 국가경찰위원회의 의견을 들어야 한다. 또한, 행정안전부장관은 자치경찰사무와 관련된 시·도의회의 의결에 대한 재의를 요구하려면 먼저 국가경찰위원회의 견해를 들어야 한다.

경찰청장은 자치경찰사무와 관련, 행정안전부장관에게 시정명령 또는 재의 요청 권한이 있다.

② 자치경찰의 감사

자치경찰사무에 대한 감사의 경우, 행정안전부장관은 경찰청장을 참여토록 할 수 있다. 다만, 경찰청장은 국가경찰에서 관리하는 통계와 장비·시설 사용과 관련된 사항에 한해 자치경찰에 관한 사무 감사를 직접 요청할 수 있다.

4) 분석 평가

(1) 합의제 행정 기관의 실효성[47]

합의제 행정 기관 형태의 시·도경찰위원회가 자치경찰의 정치적 중립성 확보, 시·도지사의 영향력 방지, 지역 토호세력의 영향력 방지가 가능한가에 대한 논란이 있다. 합의제 행정 기관인 국가경찰위원회의 한계가 이미 노정된 상황에서 이와 유사한 기능을 수행할 자치경찰위원회의 설치로는 자치경찰의 중립성, 공정한 법 집행의 확보가 어려울 수 있다. 따라서 서울, 광주, 세종, 제주 등 감사위원회를 합의제 행정 기관으로 설치 운영하고 있는데, 시도지사로부터 독립적 직무 수행이 가능한가를 검토하고, 이를 자치경찰위원회에 활용할 필요가 있다.

또한 자치경찰위원회의 소관 사무는 실질적으로 자치경찰사무 수행에 직접적인 영향을 주는 사무가 아니다. 따라서 시·도자치경찰위원회의 소관 사무를 자치경찰의 활동에 실질적으로 영향을 주는 사무로 확대해야 한다.

그리고 시·도경찰위원회 위원 임명의 공정성과 중립성이 확보되지 않는다면, 시·도경찰위원회는 실질적인 기능을 수행하지 못한다. 따라서 자치경찰위원회의 소관 사무, 위원 구성 및 임명방식의 실효성 확보가 필요하다.

(2) 자치경찰본부장의 임명

자치경찰본부장은 시·도지사가 임명하고, 시·도경찰위원회에서 공모하여 2배수를 추천한다. 임명 절차에 관한 사항은 정하지 않고 대통령령 제정으로 넘겨두었다. 만약 자치경찰위원회의 중립성 확보가 어렵다면, 시·도지사가 실질적으로 임명하는 결과가 된다.

자치경찰본부장이 검증과정 없이 임명되는 부작용이 우려된다. 이 문제의 해결 방안은 중립성이 확보된 자치경찰위원회에서 자치경찰본부장을 직접 선출하는 방안 또는 주민에 의한 직접선거 방안을 고려할 수 있다.

(3) 자치경찰대장의 임명

자치경찰대장은 자치경찰본부장과 해당 시·군·구청장 의견을 듣고, 자치경찰위원회

---

47) 최종술(2019). "정부의 자치경찰제 도입방안의 개선방안과 과제". 『한국경찰학회보』 제21권 2호 통권75호. 한국경찰학회.

의 추천으로 시·도지사가 임명한다, 자치경찰이 해당 시·군·구 지역 주민을 위한 경찰활동을 수행하지만, 당해 시·군·구청장의 요구를 반영하기 어렵다. 시·군·구청장이 자치경찰대장 임명에 관한 실질적 권한이 없다. 따라서 시·군·구 자치경찰대장의 임명에 관한 시·군·구청장의 임명권을 실질적으로 부여하는 것이 필요하다.

또한 자치경찰대장의 계급은 시·군·자치구의 행정 공무원 직급 수준과 균형을 맞추어야 한다. 따라서 최소 총경 이상으로 상향하는 것이 필요하다.[48]

(4) 자치경찰 공무원의 신분

자치경찰 공무원은 시·도지시사가 임용한다. 자치총경 이상의 자치경찰관은 자치경찰본부장의 추천에 따라 시·도경찰위원회가 임용 제청한다. 자치경찰 공무원의 신분은 지방직 공무원이다.

그러나 방안은 지방자치단체의 신규 인력증원이 없이, 단계별로 국가경찰 공무원을 자치경찰 공무원으로 이관하여, 시행 초기는 국가직을 그대로 유지한다. 3단계까지 모두 4만 3천명의 국가경찰 공무원을 자치경찰로 이관하고, 이후 지방직으로 전환, 지방직화한다. 이에 따른 문제점은 다음과 같다.[49]

첫째, 자치경찰 공무원이지만, 사실상 국가경찰 공무원에 의해 자치경찰활동이 수행된다. 둘째, 자치경찰관의 신분이 국가직이므로 여전히 국가경찰의 관리하에 있다. 셋째, 이관되는 국가경찰 공무원 가운데 지방직의 전환을 원하지 않으면, 강제로 전환할 수 없다.

물론 시행 초기이지만, 국가직으로 입직한 국가 공무원을 지방직으로 강제 전환하는 것은 반발이 예상된다.

따라서 단계별 추진에 대해, 자치경찰 공무원의 신분 및 처우에 관한 명확한 규정을 제시하고, 이관되는 국가경찰 공무원들이 이해하도록 하고, 직접 선택 권한을 부여하여 갈등의 소지를 없애야 한다.

(5) 자치경찰의 사무 수행방법

국가경찰과 자치경찰 간 사무 처리의 수행 방법은 자치경찰본부장과 관할 시·도경찰

---

48) 상계논문. 참조.
49) 상계논문. 참조.

청장이 협약으로 규정한다. 즉, 자치경찰과 국가경찰 간 중복 업무 수행사항에 대해 국가경찰과 자치경찰 간 협약 체결을 통해 사무 수행과 처리 방식을 정한다.

그러나 협약의 법적 근거에 대한 논란이 있다. 협약 사항이 직접 시민이나 주민을 규제, 통제하는 것은 아니라도, 규제, 통제 방법에 대한 직무 수행 방식을 정하므로 법률적 근거가 필요하다. 즉, 협약의 법률적 근거가 없다. 따라서 그 방안으로 지방조례로 제정하면, 법적 정당성의 보완 방안이 될 수 있다.

한편, 자치경찰관은 직무 수행 중 자치경찰사무가 아닌 국가경찰 소관 범죄사항이 발생한 경우, 범죄내용과 증거물을 소속 자치경찰대장을 거쳐 경찰서장에게 즉시 통보, 그 사무를 인계한다. 만약 현장에서 발견한 사건이 복합적 내용으로 구성된 경우, 동일한 사건을 분리, 국가경찰과 자치경찰이 처리한다. 따라서 동일한 사건의 처리에 대해 어느 한 기관에서 일관성 있게 처리하도록 해야 한다.

(6) 수사사무

수사사무만을 열거해 놓고, 수사사무 수행 방법의 구체적 사항은 대통령령으로 정한다는 것이다. 결정 과정에서 국가경찰과 지방자치단체 간의 갈등이 예상된다. 따라서 수사사무 수행 방법의 원칙 및 기준은 국가경찰과 지자체 간 합의로 정해져야 한다.

자치경찰은 일부 성폭력, 가정폭력, 학교폭력 사건 수사가 가능하고, 특히 교통사고 조사의 경우, 상당 부분 자치경찰이 처리하게 된다. 종합하면, 경미한 범죄에 대한 수사권한만 부여된다. 수사사무를 수행하더라도 수사의 범위와 권한에 대한 제시는 없다. 따라서 수사사무에 관한 처리 권한이 제시되어야 한다.

또한 자치경찰은 규정된 것에 대한 수사사무를 수행한다. 그러나 피해 규모, 광역성, 연쇄성, 수법 등 국가경찰의 수사가 필요한 경우, 국가경찰이 우선 수행한다. 이와 같은 규정은 국가경찰의 자의적 해석에 따라 취사선택될 수 있어 구체적으로 규정해야 한다.

(7) 국가경찰과 자치경찰의 관계

행정안전부장관은 자치경찰사무에 대한 시정명령이나 시·도의회의 의결에 대한 재의를 요구할 수 있다. 이 경우, 행정안전부장관은 국가경찰위원회의 의견을 들어야 한다. 경찰청장은 자치경찰사무와 관련, 행정안전부장관에게 시정명령이나 재의를 요청할 수 있다.

이 규정은 자치경찰의 분권성과 독립성을 훼손한다. 행정안전부장관의 시정명령은 자치경찰의 자율적 치안활동을 제한하고, 재의 요구는 자치경찰의 의결권을 무력화한다.

또 행정안전부 장관은 경찰청장을 자치경찰사무에 대한 감사에 참여하게 하고, 국가경찰 관리의 통계와 장비·시설의 사용 관련 사항의 경우, 자치경찰사무 감사를 직접 요청할 수 있다. 이것은 자치경찰의 분권성과 독립성을 훼손하므로 지방의회 등 다른 형태로 감사가 필요하다.[50]

(8) 종합적 분석 평가

경찰법개정법률안을 종합적으로 분석, 평가해 보면, 첫째, 자치경찰제도가 민생 치안력 증진에 실질적으로 기여하는 것이 무엇인가가 불명확하고 오히려 경찰 제도의 복잡화로 인하여 치안 역량의 저하를 초래할 수 있다.

둘째, 지방직으로 전환되었던 소방 공무원의 경우, 인력·장비·처우의 하락, 지방 간 편차 등의 문제가 발생한 사례가 있다. 자치경찰도 동일한 문제 상황이 발생할 수 있다.

셋째, 시·도지사의 영향으로 치안행정의 정치화 우려가 있으며, 자치경찰과 지방 토호세력 간에 비리와 유착이 심화될 수 있다.

결국, 자치경찰제 도입에 회의적인 시각이 존재하고, 안에 대한 다양한 의견이 제기되는 가운데, 20대 국회 임기 만료와 더불어 이 안은 폐기되었다.

3 2021년 경찰법전부개정법률안[51]

1) 진행 과정

2019년 3월 11일 발의된 경찰법전부개정안은 더 이상 진전을 못한 채, 제20대 국회의 임기 만료와 함께 자동 폐기되었다.

그러나 다시 더불어민주당, 정부, 청와대는 2020년 7월 30일 권력기관 개혁협의회 개최결과를 발표하면서 광역 단위 자치경찰제를 도입하되 별도 자치경찰조직을 신설하는 '이원화' 대신 광역 단위와 기초 단위 조직을 '일원화'해 운영하겠다고 밝혔다.

---

50) 전게논문.
51) 「경찰법전부개정법률안」(2020. 08. 04. 김영배의원 대표발의).

이에 따라 제21대 국회가 개원되면서 8월 4일 김영배 의원 등 26인이 경찰법전부개정 법률안(2020.08)을 발의하였다.

2) 기본 취지

완전한 지방자치를 위한 경찰 권한의 분권화와 지역 특성에 적합한 치안 서비스의 제공을 위해 자치경찰제 전면 시행이 필요하다. 자치경찰제를 도입하면, 경찰행정의 분권과 민주화 요구를 반영하고 안전에 빈틈이 없도록 국가의 치안 총량과 현행 안정적 경찰활동 체계가 유지되어야 한다.

경찰사무를 국가경찰사무와 자치경찰사무로 나누고, 사무별 지휘·감독권자를 분산하는 자치경찰제 도입 방안이 필요하다. 시·도자치경찰위원회가 자치경찰사무를 지휘·감독하여 경찰권 비대화의 우려를 해소하고, 현행 조직 체계의 변화와 추가 소요 비용 최소화를 통해 국민부담을 최소화하고, 지방행정과 치안행정의 연계성을 확보, 주민 수요에 맞는 다양한 치안 서비스를 제공, 국가 전체의 치안 역량을 강화한다.

이와 같은 자치경찰제 도입의 기본 취지를 요약하면 다음과 같다.

첫째, 경찰행정에 분권과 민주화의 요구를 반영한다.

둘째, 국가의 치안 총량과 현재 안정적 경찰활동 체계를 유지한다.

셋째, 경찰권 비대화의 우려를 해소한다.

넷째, 현행 조직 체계의 변화를 최소화한다.

다섯째, 소요 비용 최소화로 국민 부담을 최소화한다.

여섯째, 지방행정과 치안행정의 연계성을 확보한다.

일곱째, 시민과 주민 수요에 맞는 다양한 치안 서비스를 제공한다.

여덟째, 국가 전체의 치안 역량을 강화한다.

3) 주요 내용

(1) 지방자치단체의 경찰 책무 부여

국가와 지방자치단체에 국민의 생명·신체 및 재산을 보호하고 공공의 안녕과 질서유지에 필요한 시책을 수립·시행할 책무를 부여한다. 경찰 책무에 대한 책임을 국가와 지방자치단체에게 함께 부여하였다.

(2) 경찰사무의 구분

경찰의 사무를 국가경찰사무와 자치경찰사무로 각각 구분하여 정한다. 자치경찰사무는 경찰의 임무 범위 내에서 관할지역 생활안전, 교통·경비·수사 등에 관한 사무로 한다. 경찰청장은 국가 비상사태, 대규모의 테러, 소요 사태가 발생했거나, 발생 우려가 있어 전국적 치안 유지를 위해 긴급한 조치가 필요할 충분한 사유가 있으면, 자치경찰사무를 수행하는 경찰 공무원을 직접 지휘·명령할 수 있다.

(3) 국가경찰위원회의 사무

국가경찰위원회 심의·의결 사항은 시·도자치경찰위원회 위원 추천, 자치경찰사무에 관한 주요 법령과 정책에 관한 사항, 비상사태 시 특별조치에 대한 사항을 추가한다.

(4) 국가수사본부의 신설

경찰청 국가수사본부를 설치하며, 국가수사본부장은 경찰의 수사에 관해 시·도경찰청장과 경찰서장, 그리고 수사 부서의 소속 공무원을 지휘·감독한다. 경찰청장은 경찰 수사사무에 대해 구체적으로 지휘·감독할 수 없다. 그러나 중대한 위험을 초래하는 긴급하고 중요한 사건의 수사의 경우, 통합적으로 현장 대응이 필요할 때, 국가수사본부장을 통해 구체적인 지휘·감독이 가능하다.

(5) 자치경찰의 조직
① 시·도자치경찰위원회
자치경찰사무의 관장을 위해 시·도지사 소속 시·도자치경찰위원회를 설치한다. 시·도자치경찰위원회는 합의제 행정 기관이며, 그 권한 업무를 독립적으로 수행한다.

시·도자치경찰위원회의 구성은 위원장 1명 포함, 7명의 위원으로 구성하고, 위원장과 1명의 위원은 상임위원이고, 5명의 위원은 비상임위원이다.

위원장은 위원 가운데 시·도지사가 임명, 상임위원은 시·도자치경찰위원회 의결을 통해 위원 가운데 위원장 제청으로 시·도지사가 임명한다. 위원장과 상임위원은 지방자치단체의 공무원으로 한다.

위원은 시·도의회 추천 2명, 국가경찰위원회 추천 2명, 시·도자치경찰위원회 위원추천위원회 추천 2명, 시·도지사가 지명하는 1명을 시·도지사가 임명한다.

위원회의 주요 사무는 자치경찰사무의 목표 수립과 평가, 자치경찰사무에 관한 인사, 예산, 장비 등에 관한 주요 정책, 그 운영지원, 그리고 자치경찰사무 규칙 제정·개정 혹은 폐지이다.

② 시·도경찰청장

경찰사무의 지역적 분담 수행을 위해 시·도지사 소속으로 시·도경찰청을 두고, 시·도경찰청장 소속으로 경찰서를 둔다.

시·도경찰청장은 경찰청장이 시·도자치경찰위원회 위원장과 협의하여, 추천한 자 가운데 행정안전부장관의 제청으로 국무총리를 거쳐 대통령이 임용한다.

시·도경찰청장은 국가경찰사무에 대해 경찰청장의, 자치경찰사무에 대해 시·도자치경찰위원회의 지휘·감독을 받아 관할구역 소관 사무를 관장하며, 소속 공무원과 소속 경찰기관의 장을 지휘·감독한다. 다만 수사사무에 대해 국가수사본부장의 지휘·감독을 받는다.

(6) 재정부담

국가는 지방자치단체가 이관받은 사무를 원활히 수행하도록 인력, 장비 등 소요 비용에 대한 재정적 지원을 하고, 필요 예산은 자치경찰위원회의 심의·의결을 거쳐 시·도지사가 수립한다.

〈그림 2-8〉 경찰법전부개정법률안(2020.08.04.)의 도입 방안[52]

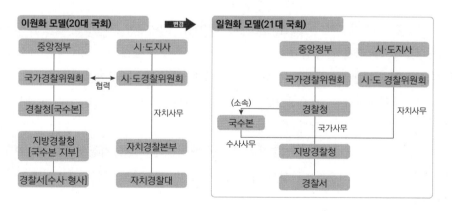

---

52) 머니투데이, "與, 자치경찰 4만명 국가직 공무원 신분 유지…경찰 '표정관리'", 2020년 8월 3일 자(https://news.mt.co.kr/mtview.php?no=2020080309227675214, 검색일 2020년 8월 30일).

4) 분석 평가

(1) 시·도경찰위원회의 중립성[53]

합의제 행정 기관 형태의 시·도자치경찰위원회가 자치경찰의 정치적 중립성 확보, 지방 정치세력의 영향력 등과 같은 부작용을 방지할 수 있는가. 자치경찰위원회의 위원장 및 위원 임명에 있어서 정치적 중립성과 투명성이 보장되지 않는 한, 자치경찰의 전문성, 중립성의 훼손 문제가 있다.

시·도경찰위원회 위원 임명의 공정성과 중립성이 확보되지 않는다면, 시·도경찰위원회는 형식적인 기구에 불과할 것이다. 따라서 위원회의 사무, 위원 구성 및 임명방식에 관한 실효성 확보가 필요하다.

(2) 방안 마련의 과정상 문제점

방안을 준비하는 과정에서 실질적 이해당사자인 시·도 의견수렴의 절차가 부재하였다. 특히 '자치경찰 4자 협의체(청와대·자치분권위·행안부·경찰청)' 간의 충분한 협의가 부족하였다. 아울러 최근 경찰관직장협의회 또한 중요한 이해당사자이지만 의견수렴의 절차가 없었다. 따라서 실질적인 이해 당사자 혹은 단체(기관)가 참여하는 의견수렴 절차가 없었던 것이다.

(3) 자치분권과 자치경찰 도입의 취지 무색

일부 경찰사무에 대한 지휘·감독권자를 변경하는 것이므로 자치경찰 도입 취지가 후퇴하였다. 과도한 경찰 권력 분산을 위한 광역단위 자치경찰제 도입의 당초 취지가 무색해져, 확대된 경찰 권한을 분산한다는 자치경찰제 도입의 기대 효과가 약화되었다.

특히, 자치경찰사무 처리 및 인사·조직 관련 대부분의 내용을 조례가 아닌 대통령령으로 규정하도록 남겨두어 논란의 여지가 있다.

또 시·도경찰위원회 심의·의결사항에 대한 행정안전부장관·경찰청장의 재의요구권을 인정하여 시·도자치경찰위원회에 대한 중앙정부의 이중 감독으로 자치분권 취지가 훼손된 점도 있다.

---

53) 최종술(2020). "자치경찰제의 자치경찰제 정부안의 중립성 확보 방안 – 조직구조와 임명방식을 중심으로–"『치안행정논집』제17권 1호. 한국치안행정학회. pp. 246~251.

한편, 지방분권의 일환으로 어렵게 출범한 제주자치경찰의 폐지와 국가직화로 국내 유일의 자치경찰 경험의 상실이 우려된다.

(4) 자치경찰사무의 모호성[54]

동일한 지방경찰청·경찰서에서 국가경찰과 자치경찰이 각자 맡은 업무를 수행하는 방식이다. 따라서 일선 경찰관들은 자치경찰 전환에 따라 동일한 공간에서 사무만 구분되어 자치경찰사무를 수행하게 되고, 지휘·감독은 지방자치단체 소속의 시·도자치경찰위원회로부터 받게 된다. 이러한 방식은 일선 경찰관들간의 괴리감을 조성하고, 업무 분장의 모호성에 대한 우려가 있다.

이로 인해 경찰 내부에서 자치경찰사무 담당에 대한 기피가 우려된다. 자치경찰사무가 생활안전, 교통, 지역 경비 등으로 국가경찰, 수사경찰사무에 비해 인사고과 등 우선 순위에서 밀린다면 자치경찰을 기피할 가능성은 더욱 높다.

6) 종합 분석

이 방안은 경찰사무를 국가경찰사무, 자치경찰사무, 수사경찰사무 등으로 삼분하여 분리 운영하는 소위 일원적 자치경찰제 모형이다. 단일조직이 삼분된 사무를 수행하는 방식이다. 이러한 모형이 자치경찰 도입의 기본 취지를 살리고 있는가에 대해서 여전히 의문의 여지가 있다. 즉, 이전 자치경찰제 시행안들보다 뒤로 물러난 방안으로 진정한 자치경찰제로 가기 전의 과도기적 자치경찰제이다.

각 지방자치단체장이 소속 자치경찰을 관리하는 원래의 자치경찰제 개념에서 후퇴하였다. 자치경찰사무에 대한 강력한 지휘권, 자치경찰에 대한 직접적인 인사권이 없는 자치경찰제이며, 특히 업무 분장이 제대로 되지 않는 경우, 상호 책임 회피로 주민에 대한 피해 발생이 우려된다.

---

54) 상게논문. 참조.

제4장

자치경찰제 도입 방안의 변화 과정

제1절   자치경찰제 도입 방안의 비교

▽

제1절

자치경찰제 도입 방안의 비교

지금까지 살펴본 「2019년 자치분권위원회 도입방안」, 「2019년 경찰법전부개정법률안」, 그리고 「2020년 경찰법전부개정법률안」의 기본 원칙, 조직구조, 인사관리, 사무배분, 예산을 중심으로 비교해 본다.

1 기본 원칙

「2019년 자치분권위원회 도입방안(약칭, 『2019 자치분권위안』)」은 정부안으로서 제안되었다. 그리고 당정청 협의를 거쳐 「2019년 경찰법전부개정법률안(약칭, 『2019 개정안』)」으로 국회에 제출된 법안이다. 그러나 이 법안은 임기만료와 폐기되었다. 이에 다시 「2020년 경찰법전부개정법률안(약칭, 『2020 개정안』)」으로 변화되어 국회에 제출되었다.

『2019 개정안』은 경찰 권한의 분산이 중요한 방향이었지만, 『2020 개정안』은 현재의 안정적 경찰활동 체제 유지와 추가 비용 최소화를 더 중시하는 방향으로 변화되었다. 이러한 변화의 원인 중 하나는 코로나 19로 인한 국가 재정부담의 증가 때문이었다.

〈표 2-7〉 기본 원칙(취지)의 변천

구분	2019년 자치분권위원회안	2019년 경찰법전부개정법률안	2020년 경찰법전부개정법률안
기본 원칙	1. 정책 방향 ① 주민밀착 치안 활동력 증진 ② 경찰권의 민주적 설계 ③ 정치적 중립성 확보 2. 고려 사항 ① 치안력 약화 및 치안 불균형 방지 ② 재정투입 최소화 ③ 제도 도입에 따른 치안 혼란 최소화	① 각각의 조직 및 소관 업무가 명확히 구분된 자치경찰제의 시행을 통해 경찰 권한의 분권화 ② 지방행정과 치안행정의 연계성 확보, 주민 수요에 적합한 다양한 치안 서비스 제공 ③ 국가 전체의 치안 역량 강화	① 경찰행정의 분권과 민주화의 요구 반영 ② 국가 전체의 치안 총량과 현재의 안정적 경찰활동 체계 유지 ③ 경찰권의 비대화 우려 해소 ④ 현행 조직 체계의 변화 최소화 ⑤ 추가 소요 비용 최소화를 통한 국민 부담 최소화 ⑥ 지방행정과 치안행정의 연계성 확보 ⑦ 주민 수요에 적합한 다양한 치안 서비스 제공 ⑧ 국가 전체의 치안 역량 강화 ※ 국가와 지방자치단체에게 국민의 생명·신체 및 재산을 보호하고 공공의 안녕과 질서유지에 필요한 시책을 수립·시행할 책무 부여

2 조직구조

조직구조에 있어서 『2019 자치분권위안』과 『2019 개정안』은 크게 변화 없이 진행되었지만, 『2020 개정안』의 경우 큰 변화가 일어났다. 조직구조를 이원화한 자치분권위안과 『2019 개정안』과는 달리 『2020 개정안』은 일원적인 조직구조로서 현행 체제를 그대로 유지한 채, 경찰의 사무만을 구분하는 방법으로 변화되었다.

〈표 2-8〉 조직구조의 변천

2019 자치분권위안	『2019 개정안』	2020 개정안
① 광역단위 자치경찰제 모형	① 시·도경찰위원회 관리하에 자치경찰본부	① 시·도지사 소속, 시·도경찰청을 두고, 시·도경찰청장 소속, 경찰서를 둠
② 시·도지사 소속 시·도자치경찰위원회 설치	② 자치경찰본부장 소속으로 시, 군 및 자치구를 관할 구역으로 하는 자치경찰대	※ 경찰청에 국가수사본부를 신설, 국가수사본부장은 경찰의 수사에 관해 각 시·도경찰청장과 경찰서장 및 수사부서 소속 공무원을 지휘·감독
③ 시·도 자치경찰위원회 관리하에 자치경찰본부 설치	③ 시·도의 광역적 자치경찰사무를 직접 집행하기 위해 자치경찰본부장 소속으로 직할 자치경찰대 설치 가능	
③ 자치경찰본부 직속으로 시·군·구에 '자치경찰대' 신설	④ 시·도 조례에 따라 자치경찰대 소속으로 지구대 또는 파출소 설치	

3 사무배분

사무배분의 변천과정을 보면, 자치분권위안, 『2019 개정안』, 『2020 개정안』의 내용은 크게 변화가 없었다. 다만, 시간이 지남에 따라 사무의 명확성이 더해져 가고 있다는 특징이 있다. 즉, 사무의 실체가 보다 분명히 표현되었다.

〈표 2-9〉 사무배분의 변천과정

2019 자치분권위안		『2019 개정안』		2020 개정안	
국가경찰	자치경찰	국가경찰	자치경찰	국가경찰	자치경찰
① 정보·보안·외사·경비 및 112 상황실 ② 수사(광역범죄·국익범죄·일반형사) ③ 민생 치안 사무 중 전국적 규모, 통일적 처리 필요사무(협약 규정) 및 지역순찰대	① 생활안전, 여성·청소년, 교통, 지역 경비 등 주민밀착형 사무 및 지역경찰(지구대·파출소) ② 민생 치안 밀접 수사(교통사고, 가정폭력 등)	① 국민의 생명·신체 및 재산의 보호 ② 범죄의 예방·진압 및 수사 ③ 범죄피해자 보호 ④ 경비·요인경호 및 대간첩·대테러 작전 수행 ⑤ 공공 안녕에 대한 위험의 예방과 대응 관련 정보의 수집·작성 및 배포 ⑥ 교통의 단속과 위해의 방지 ⑦ 외국 정부 기관 및 국제기구와의 국제협력 ⑧ 그 밖의 공공의 안녕과 질서유지	① 지역 내 주민의 생활안전활동에 관한 사항 ② 지역 내 근린교통활동에 관한 사항, 공공 시설과 지역행사장의 지역 경비에 관한 사무 ③ 수사사무 - 자치경찰 공무원의 직무로 규정하고 있는 사법경찰관리의 직무 - 자치경찰 공무원의 범죄 - 학교폭력 범죄, 가정폭력 범죄 - 교통사고에 대한 조사 - 성폭력 범죄, 아동·청소년 보호 관련 사무 등 - 통고처분 불이행자 등의 즉결심판 청구에 관한 사무	① 국민의 생명·신체 및 재산의 보호 ② 범죄의 예방·진압 및 수사(자치경찰사무 제외) ③ 범죄피해자 보호 ④ 경비·요인경호 및 대간첩·대테러 작전 수행 ⑤ 공공 안녕에 대한 위험의 예방과 대응 관련 정보의 수집·작성 및 배포 ⑥ 교통의 단속과 위해의 방지 ⑦ 외국 정부 기관 및 국제기구와의 국제협력 ⑧ 그 밖에 공공의 안녕과 질서유지	① 지역 내 주민의 생활안전활동에 관한 사무 ② 지역 내 교통활동에 관한 사무 ③ 공공 시설과 지역행사장 등의 지역 경비에 관한 사무 ④ 수사사무 - 학교폭력 범죄 - 가정폭력, 아동학대 범죄 - 교통사고 및 교통 관련 범죄 - 성폭력 범죄 - 경범죄 및 기초질서 관련 범죄 - 가출인·실종아동 등 관련 범죄

4 인사관리

먼저 시·도자치경찰위원장의 임명방식에서 자치분권위안은 시·도지사가, 『2019 개정안』은 시·도자치경찰위원회 위원 중에서 호선하고 긍극적으로 시·도지사가 임명, 『2020

개정안』은 시·도지사가 임명한다.

　시·도자치경찰위원회 위원의 인원과 임명 방법에서, 위원의 수는 자치분권위안과 『2019개정안』은 5명, 『2020 개정안』은 7명으로 위원의 수가 증가했다.

　위원의 임명방식에서 자치분권위안과 『2019 개정안』은 시·도지사가 1명 지명, 시·도의회에서 여·야 각 1명씩 2명, 법원 1명, 국가경찰위원회 1명 추천으로 시·도지사가 임명한다. 『2020 개정안』에서는 시·도의회 추천 2명, 국가경찰위원회 추천 2명, 시·도자치경찰위원회 위원추천위원회가 추천하는 2명, 시·도지사가 지명하는 1명을 시·도지사가 임명한다. 『2020 개정안』은 시·도자치경찰위원회 위원추천위원회가 2명을 추천하는 방안을 추가하였다.

〈표 2-10〉 시·도자치경찰위원장 및 위원 임명방안의 변천과정

2019 자치분권위안	『2019 개정안』	『2020 개정안』
① 시·도경찰위원 총 5명(상임위원 1명 포함), 시·도지사가 임명 ② 시·도경찰위원 5명은 시·도지사 1명 지명, 시·도의회 2명(여·야 각 1명)·법원 1명·국가경찰위 1명 추천, 시·도지사가 임명	③ 시·도경찰위원회의 구성은 위원장 1명과 상임위원 1명을 포함, 5명 위원 ② 위원장은 상임위원이 아닌 위원 중 호선 ③ 위원은 시·도지사가 임명, 그 중 2명은 시·도의회에서 추천한 자, 1명은 해당 시·도를 관할하는 지방법원에서 추천한 자, 1명은 국가경찰위원회에서 추천한 자를 임명	④ 시·도자치경찰위원회는 위원장 1명 포함 7명의 위원으로 구성, 위원장과 1명의 위원은 상임이고, 5명의 위원은 비상임 ② 시·도자치경찰위원회 위원장은 위원 중에서 시·도지사가 임명, 상임위원은 시·도자치경찰위원회 의결을 거쳐 위원 중에서 위원장의 제청으로 시·도지사가 임명 ③ 시·도자치경찰위원회 위원은 시·도의회 추천 2명, 국가경찰위원회 추천 2명, 시·도자치경찰위원회 위원추천위원회 추천 2명, 시·도지사가 지명하는 1명을 시·도지사가 임명

　자치경찰본부장의 임명방식에서 자치분권위안은 시·도경찰위원회에서 2배수 추천을 받아 시·도지사가 임명하고, 『2019 개정안』은 시·도경찰위원회에서 공모로 2배수 추천한 사람 가운데 시·도지사가 임명한다. 그러나 『2020 개정안』에서 자치경찰장은 시·도경찰청

장이 되고, 시·도경찰청장은 경찰청장이 자치경찰위원장과 협의하여 추천한 자 가운데 행정안전부장관의 제청으로 국무총리를 거쳐 대통령이 임용한다.

　　자치경찰대장의 임명 방안에서 자치분권위안은 자치경찰위원회의 추천을 받아 시·도지사가 임명하며, 자치경찰대장을 임명할 때, 시·군·구청장의 의견을 듣는다. 그리고 『2019 개정안』에서 자치경찰대장은 시·도경찰위원회의 추천으로 시·도지사가 임명하고, 자치경찰본부장과 당해 시·군·구청장의 의견을 듣는다. 그러나 『2020 개정안』의 경우 이에 대한 언급이 없다.

〈표 2-11〉 자치경찰장의 임명 방안(자치경찰본부장 또는 지방경찰청장, 자치경찰대장)

2019 자치분권위안	『2019 개정안』	『2020 개정안』
① 자치경찰본부장은 시·도경찰위원회의 2배수 추천으로 시·도지사가 임명 ② 자치경찰대장은 시·도경찰위원회의 추천으로 시·도지사가 임명, 자치경찰대장 임명 시에는 시·군·구청장의 의견을 청취함	① 자치경찰본부장은 시·도경찰위원회의 공모로 2배수 추천한 자 중 시·도지사가 임명 ② 시·도 자치경찰대장 및 시·군·구 자치경찰대장은 시·도경찰위원회의 추천으로 시·도지사가 임명. 다만, 시·군·구 자치경찰대장을 추천하는 경우 자치경찰본부장과 해당 시·군·구청장의 의견을 들음	① 시·도경찰청장은 경찰청장이 시·도자치경찰위원회 위원장과 협의, 추천한 자 중 행정안전부장관의 제청으로 국무총리를 거쳐 대통령이 임용

　　자치경찰관의 신분에서 자치분권위안은 시·도 소속 특정직 지방 공무원으로 하고, 초기에 이관되는 경찰 공무원의 경우, 국가직을 유지, 단계적으로 지방직으로 전환한다. 『2019 개정안』에서 자치경찰 공무원은 시·도지사가 임용하고, 자치총경 이상은 자치경찰본부장의 추천으로 시·도경찰위원회가 임용 제청한다. 다만 시·도지사는 자치경찰 공무원 임용권의 일부를 자치경찰본부장에게 위임할 수 있다. 『2020 개정안』에서 자치경찰은 국가경찰 공무원의 신분을 유지한다. 따라서 국가경찰 공무원이 자치경찰사무를 수행하는 방식으로 변화되어 자치경찰제의 기본 취지가 무색해졌다.

〈표 2-12〉 자치경찰의 신분

2019 자치분권위안	『2019 개정안』	『2020 개정안』
① 시·도 소속 특정직 지방 공무원으로 함 ② 초기는 국가직을 유지, 단계적으로 지방직 전환	① 자치경찰 공무원은 시·도지사가 임용 ② 자치총경 이상의 자치경찰 공무원은 자치경찰 본부장의 추천으로 시·도경찰위원회가 임용 제청 ③ 시·도지사는 자치경찰 공무원에 대한 임용권의 일부를 자치경찰본부장에게 위임할 수 있음	① 자치경찰은 국가경찰 공무원 신분 유지

5 예산

자치경찰의 예산에 대해 자치분권위안은 '국가부담'을 원칙으로 하고, 시범운영 예산은 국비로 우선 지원하고, 장기적으로 '자치경찰 교부세' 도입을 해야 한다. 『2019 개정안』은 국가는 지자체가 이관받은 사무를 원활히 수행하도록 인력, 장비 등 소요 비용에 관한 재정 지원을 하고, 자치경찰 설치와 운영의 필요 예산은 자치경찰위원회의 심의·의결을 통해 시·도지사가 수립하도록 한다.

『2020 개정안』은 국가는 지자체가 이관받은 사무를 원활히 수행하도록 인력, 장비 등 소요 비용에 대해 재정적 지원을 하고, 필요 예산은 자치경찰위원회의 심의·의결을 거쳐 시·도지사가 수립한다.

2019 자치분권위안은 구체적 방안으로 자치경찰 교부세 신설을 제시하였지만, 『2019 개정안』, 『2020 개정안』들은 국가부담의 원칙만을 제시하고 구체적인 대안은 없었다.

〈표 2-13〉 예산 확보 방안의 변천 과정

2019 자치분권위안	『2019 개정안』	『2020 개정안』
① 자치경찰제 시행 필요 예산은 '국가부담'이 원칙 ② 시범운영 예산은 우선 국비로 지원, 장기적으로 '자치경찰 교부세' 도입 검토	① 국가는 지방자치단체가 이관받은 사무를 원활히 수행하도록 인력, 장비 등 소요 비용에 대해 재정적 지원 ② 자치경찰의 설치·운영에 필요 예산은 시·도경찰위원회의 심의·의결을 거쳐 시·도지사가 수립	① 국가는 지방자치단체가 이관받은 사무를 원활히 수행하도록 인력, 장비 등 소요 비용에 재정적 지원함 ② 필요 예산은 시·도자치경찰위원회의 심의·의결을 거쳐 시·도지사가 수립

6 종합 분석

자치경찰제 발전 단계론의 관점에서 2019 자치분권위안, 『2019 개정안』, 그리고 『2020 개정안』은 이원화 자치경찰제에서 국가경찰 중심의 일원화 자치경찰제로 회귀한 도입 방안으로 평가된다. 물론 2019년의 국가적 상황인 코로나 19 대응에 따른 재정부담의 요인이 작용한 것이지만, 코로나 19 상황이 종료됨을 감안하면 일원화 자치경찰제에서 이원화 자치경찰제로 나아가야 한다.

한국의 자치경찰 제도

제1장

자치경찰 제도의 주요 내용

$\triangledown$

제1절

자치경찰 제도의 도입 배경

1 **추진 연혁**

자치경찰제는 미군정시기를 거쳐 1948년 「정부조직법」 제정 당시부터 경찰의 정치적 중립 확보 방안으로 논의되었다. 그러나 치안의 불안, 한국 전쟁의 발발 등의 이유로 도입되지 않았다. 1960년 국립경찰과 자치경찰로의 이원화 여부를 검토하였으나, 국회 해체로 인하여 폐기되었다.

1989년 야 3당에서 국가경찰을 기초로 하는 절충형 자치경찰제 법안이 제시되었으나, 당시 정치 사정으로 「경찰법」 제정안만 의결되었고 자치경찰제 법안은 폐기되었다.

1948년 「제헌 헌법」 공포 그리고 1949년 「지방자치법」 제정으로 지방자치 제도가 시행되었지만, 1961년 지방의회가 강제 해산되었다. 지방자치 제도가 폐지된 이후 1991년 지방자치 제도의 새로운 시행 이후 자치경찰제 도입에 대한 관심은 재차 고조되었다.

〈표 3-1〉 지방자치 제도의 연혁

연도	연혁
1991년	지방의회 선거
1995년	지방자치단체장 선거
2006년	제주특별자치도 출범
2007년 이후	교육감 직선제
2012년	세종특별자치시 출범

2004년 「지방분권특별법」(제10조)에서 자치경찰제의 도입을 국가 의무 사항을 규정하였다. 당시 「지방분권특별법」상 자치경찰 관련 규정을 보면 다음과 같다.

제10조(특별지방행정기관의 정비 등) ③ 국가는 지방행정과 치안행정의 연계성을 확보하고, 지역 특성에 적합한 치안 서비스를 제공하기 위하여 자치경찰 제도를 도입하여야 한다.

그리고 참여정부 당시 「제주특별법」[1]이 제정되어 2006년부터 제주도에 한하여 자치경찰을 설치 운영하였다. 이후에도 역대 정부에서 다양한 자치경찰 모형을 논의해 왔으나, 전국 도입은 무산되었다.

〈표 3-2〉 역대 정부 자치경찰 모형 논의

국민의 정부	참여정부	이명박·박근혜 정부
• 경찰위원회 중심의 광역단위 자치경찰제 도입 시안 마련 • 추진여건 불비로 인해 시행 유보	• 기초단위 자치경찰제 선택적 도입 방안 마련 • 자치경찰법안 국회 제출, 회기 종료로 폐기	• 기초단위 자치경찰제 선택적 도입 방안 유지 • 법제화 무산

문재인 정부 국정과제로 광역단위 자치경찰제 도입이 확정되어, 2019년 3월 11일 의원입법[2]으로 이원화 모델을 기초로 하는 「경찰법」 개정안이 발의되었다. 그러나 20대 국회 회기 종료로 인하여 2020년 5월 29일 폐기되었다. 2020년 7월 30일 정부는 관계 기관 협의 및 당·정·청 회의를 개최하여 예산·인력 사정 등을 감안하여 국가-자치경찰 일원화 모델로 변경하였다.

---

1) 「제주특별자치도 설치 및 국제자유도시 조성을 위한 특별법」 (약칭: 제주특별법)
2) 홍익표 국회의원 대표발의

〈표 3-3〉 이원화→일원화 모델 변경 이유

변경 이유	내용
업무 혼선, 재정부담 최소화	• 이원화 모델은 기구·관서 신설 등 초기 비용 과다함 • 지구대·파출소 중복운영 등에 다른 업무 혼선 우려 지속 제기 • 코로나 19로 인한 재정 악화 등 사정 변경 • 경찰관 4만3천명의 지방직 전환이 필요하지만 희망자 부족 시 충원 어려움 등 현실적 문제 존재 • 고위직 증원에 대한 부담
안정적 치안 유지	• 단일한 조직 체계 내에서 경찰관 개인의 법적 권한 변동 없이, 관서장의 지휘·감독을 받아 현행과 동일하게 업무 수행 • 국민도 지금과 같은 방식으로 범죄신고와 경찰 민원 처리가 가능함

당·정·청 협의를 통하여 도출된 일원화 모델을 내용으로 하는 「경찰법」, 「경찰공무원법」 전부개정안이 의원입법[3]으로 2020년 8월 4일 발의되었다. 국회 행정안전위원회 법안제2소위에 2020년 9월 18일 상정되었고, 공청회를 개최한 이후, 2020년 11월 20일 「경찰법」, 「경찰공무원법」 전부개정안이 추가 발의되었다.[4]

제주자치경찰 존치 등 주요 쟁점사항에 대한 병합 심사를 거쳐 「대안」이 2020년 12월 2일 의결되었고, 2020년 12월 9일 국회 본회의 의결을 거쳐 2021년 1월 1일 공포 및 시행되었다.

그리고 법률에서 위임한 내용을 규정하는 「자치경찰사무와 시·도자치경찰위원회 조직 및 운영에 관한 규정(대통령령)」이 제정되었고, 하위법령 정비도 2021년 1월 1일 완료하였다.

경기도의 경우, 두 개의 자치경찰위원회를 설치할 수 있도록 하는 내용의 「경찰법」 개정안이 발의, 2021년 3월 24일 본회의 의결을 거쳐 2021년 7월 1일 시행되었다.

마침내 2021년 4월 2일 강원도를 시작으로 2021년 7월 1일 경기남·북부자치경찰위원회까지 총 18개 자치경찰위원회가 출범 완료하였다.

---

3) 김영배 국회의원 대표발의

4) 서범수 국회의원 대표발의; 서범수 의원안의 주요 내용은 제주자치경찰 존치, 지방자치단체 사무전가 조항 삭제·수정 등이다.

2 도입 배경

1) 지방자치의 완성도 제고

(1) 치안의 지방자치

현행 헌법과 법령은 지방자치를 보장하고 있으며, 지방자치는 지방정부가 지역 주민의 필요와 특성에 맞는 행정을 수행할 수 있도록 하는 제도이다. 하지만 기존에는 치안 업무가 중앙정부 주도로 이루어져 지방자치의 범위에 포함되지 않았다.

자치경찰제는 치안 업무를 지방자치의 범위에 포함시키는 것을 목표로 한다. 이는 지방정부가 지역 주민의 안전과 관련된 치안 업무를 직접 담당하도록 하여, 지방자치의 완성도를 높이려는 것이다.

(2) 종합 행정력 강화

치안 업무를 지방자치에 포함시킴으로써, 지방정부의 종합 행정력이 강화된다. 이는 단순히 치안 업무의 이양을 넘어, 지방정부가 지역의 다양한 행정 업무를 보다 효과적으로 통합하고 조정할 수 있게 한다. 예컨대, 지역의 교통 문제, 공공 안전, 사회 복지 등 여러 분야에서 통합적인 접근이 가능해진다.

(3) 지방자치의 확대와 완성도 제고

치안 업무의 지방 이양은 지방자치의 확대를 의미한다. 지방정부가 주민의 요구와 지역 특성에 맞춘 정책을 수립하고 집행할 수 있는 권한과 책임을 더욱 많이 갖게 된다. 결과적으로, 지방자치의 완성도를 높이는 데 중요한 역할을 하게 된다.

2) 치안행정과 지방행정의 연계

기존에는 112 신고나 민원 접수가 이루어지면 각기 다른 기관이 자신들의 담당 영역에 따라 순차적으로 처리했다. 이러한 방식은 효율성이 떨어지고, 여러 기관 간의 협력이 부족해 문제가 신속히 해결되지 않는 경우가 많다.

자치경찰제는 이러한 문제를 해결하기 위해 112 신고 대응, 사후 지원 및 관리를 하나로 통합하는 시스템을 구축하려는 것이다. 이를 통해 다음과 같은 효과가 기대된다.

(1) 종합적인 업무 수행

112 신고에 대한 대응에서부터 사후 관리까지 하나의 체계로 통합하여, 더 효율적이고 신속한 문제 해결이 가능하다.

(2) 연계성 강화

기관 간의 협력과 연계가 강화되어, 중복된 업무나 비효율적인 절차가 줄어들고, 주민에게 더 나은 서비스를 제공할 수 있다.

(3) 예산 편성과 집행의 일원화

자치경찰사무와 관련된 예산의 편성과 집행을 시·도로 일원화함으로써, 예산 관리가 통합되고 보다 효율적으로 집행될 수 있다. 이는 다음과 같은 장점이 있다.

첫째, 신속한 정책 반영이다. 지역 주민들의 요구에 신속히 대응할 수 있게 되어, 예를 들면 교통안전 시설 설치와 같은 치안정책을 빠르게 실행할 수 있다.

둘째, 지역 특성 반영이다. 지역별로 필요한 치안정책을 보다 정확하게 반영하고, 그에 따른 예산 집행이 가능하다. 이는 주민의 안전과 복지를 향상시키는 데 기여한다.

3) 분권화된 경찰 체제 구현

경찰 체제의 분권화를 통해 경찰권의 비대화를 방지하고, 민주적 통제를 강화함으로써 보다 투명하고 공정한 경찰 운영을 실현하고자 하는 것이 자치경찰제 도입 배경 중 하나이다. 권력 기관 개혁의 일환으로 경찰권의 비대화 우려를 해소하기 위해 경찰사무의 지휘·감독권한을 경찰청과 국가수사본부, 자치경찰위원회로 분산, 경찰 체제의 분권화를 통해 민주적 통제를 강화한다는 것이다.

경찰권의 분권화는 권력의 집중을 막고, 민주적 통제를 강화하는 데 중요한 역할을 한다. 각 기관이 서로 견제하고 균형을 이루며, 이를 통해 투명하고 공정한 경찰 운영이 가능하다. 또한, 지역 사회의 목소리를 반영한 자치경찰위원회의 활동은 주민들의 참여를 높이고, 경찰활동에 대한 신뢰를 증진시키는 효과가 있다.

4) 민생중심의 치안정책

자치경찰제는 주민의 일상생활과 가장 밀접한 분야인 생활안전, 여성청소년 보호, 교통 관리를 중점적으로 담당한다. 이러한 분야는 주민들의 안전과 직결되기 때문에, 지역의 특성과 주민의 필요에 맞춘 정책이 필요하다.

따라서 생활안전, 여성청소년 보호, 교통 관리를 자치경찰사무로 분류함으로써, 이러한 업무를 지역 자치경찰이 직접 담당하게 된다. 중앙에서 일괄적으로 관리하던 방식을 지역별로 분산시켜, 보다 세부적이고 지역 특성에 맞는 치안정책을 실행할 수 있게 한다.

기존의 경찰청 주도하의 치안정책은 전국적으로 동일하게 적용되는 경우가 많아, 각 지역의 특성과 주민의 필요를 충분히 반영하지 못하는 한계가 있었다. 자치경찰 제도는 이러한 획일적인 정책 집행 방식에서 벗어나, 지역별로 맞춤형 치안정책을 수립하고 실행할 수 있는 기반을 제공한다.

자치경찰제는 시·도 및 시·도경찰청을 중심으로 운영되어 지역의 특성에 맞춘 치안정책을 수립하고 실행하는 데 중요한 역할을 한다. 지역경찰은 해당 지역의 문제와 특성을 가장 잘 이해하고 있기 때문에, 주민의 요구와 필요에 더욱 민감하게 대응할 수 있다.

결국 자치경찰 제도의 도입은 주민생활과 밀접한 분야의 치안 업무를 지역경찰이 직접 담당하여 지역 특성에 맞춘 맞춤형 치안정책을 수립하고 실행할 수 있도록 함으로써, 주민의 안전과 삶의 질을 높이기 위한 것이다.

제2절

자치경찰 제도의 주요 내용

1 도입 취지

「국가경찰과 자치경찰의 조직 및 운영에 관한 법률」(시행 2021.1.1., 이하 '경찰법'이라고 함)이 공포, 시행됨에 따라 2021년 7월 1일부터 전국적으로 자치경찰제가 전면 실시되었다. 또한 「자치경찰사무와 시도자치경찰위원회의 조직 및 운영 등에 관한 규정」(시행 2021. 1. 1., 이하, 자치경찰사무 규정이라고 함) 외 5개 관련 하위법령과 시도별로 근거 조례가 제정, 시행되었다.

도입 취지는 지역 주민의 요구에 부응하고, 지역 공동체의 특성에 적합한 맞춤형 치안 서비스 제공이다. 또한, 지역 주민의 참여와 협력을 통해 지역 치안 문제를 해결하고, 국가 전체의 치안 역량 강화이다. 자치경찰제를 통한 경찰자치의 실현으로 지방자치의 완성도를 높인다.

2 삼원적 지휘 체계와 일원적 집행 체제

삼원적 지휘 체계란 국가경찰사무에 대한 지휘·감독은 경찰청장이, 수사사무는 국가수사본부장이 수행하고, 자치경찰사무는 시·도의 자치경찰위원회가 지휘·감독권을 행사하여 지휘 체계를 삼원화한 것이다. 일원적 집행 기관으로 시·도경찰청, 경찰서, 그리고 순찰지구대·파출소로 이어지는 집행 체제를 구축한다.

시·도경찰청장은 시·도자치경찰위원회의 지휘·감독을 받아 관할구역 자치경찰사무를 관장하며, 소속 경찰 공무원과 일선 경찰서장을 지휘·감독한다.

시·도경찰청장과 시·도자치경찰위원회의 관계에서, 자치경찰위원회는 자치경찰사무에 대한 심의·의결로 시·도경찰청장을 지휘·감독한다. 자치경찰위원회가 심의·의결의 시간적 여유가 없거나 심의·의결이 곤란할 때, 자치경찰위원회의 지휘·감독 권한을 시·도경찰청장에게 위임한 것으로 본다(법 28조 3항). 범위 및 위임 절차는 위원회의 의결로 정한다(자치경찰사무규정 19조).

〈그림 3-1〉 자치경찰의 조직구조[5)]

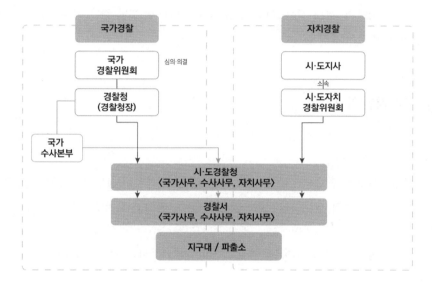

3 시·도자치경찰위원회의 설치

자치경찰위원회의 법적 지위는 시·도지사 소속 합의제 행정 기관으로서 독립된 사무를 수행한다. 합의제 행정 기관은 독립적 행정관청의 성격을 가지고, 대외적 의사표시가 가능하다. 구속력 있는 처분권이 부여되고, 상임위원의 설치가 가능하다. 또한 시·도지사로부터 독립적 직무 수행을 한다.

자치경찰위원은 7명이며, 위원장 1명, 상임위원 1명, 비상임위원 5명으로 구성한다.

---

5) 서울특별시 자치경찰위원회(2022). 전게서.

위원은 시장·도지사가 1명, 시·도의회가 2명, 국가경찰위원회에서 1명, 위원추천위원회가 2명, 시·도교육감이 1명을 추천한다. 위원장 임명권은 시장·도지사가 가지며, 사무국장을 겸직하는 상임위원은 자치경찰위원회의 의결로 시장이 임명한다. 그리고 자치경찰위원회의 사무 처리를 위해 위원회에 사무기구를 설치한다.

주요 기능은 자치경찰사무에 대한 심의·의결사항에 대해 시·도경찰청장에 대한 지휘·감독권을 가진다. 심의·의결 사항은 법 제24조에 의한 17개 사항이다. 즉, 자치경찰사무에 대한 목표 수립·평가, 주요 정책 및 운영지원, 공무원(경찰 등)의 임용·평가, 경찰서장 평가, 감사·부패방지·제도 개선, 시책 수립, 중요 사건·사고 및 현안 점검, 징계·감찰 요구, 고충심사 및 사기 진작 등이다.

4 자치경찰의 사무

자치경찰사무는 경찰의 임무 범위 내에서 관할 지역의 생활안전·지역 교통·지역 경비·수사사무를 수행한다.

자치경찰사무의 구체적 사항과 범위 기준[6]은 첫째, 경찰의 임무 범위 내 생활안전, 교통, 경비 관련 자치경찰사무 범위 준수. 둘째, 인구수, 범죄발생 빈도 등 치안 여건과 보유 인력·장비 등을 고려한 적정한 규모. 셋째, 자치경찰사무의 국가경찰사무와의 유기적 연계 및 균형. 넷째, 국민의 생명·신체 및 재산 보호, 공공의 안녕과 질서 유지에 효율적인 사무이다.

〈표 3-4〉 자치경찰 사무의 지휘·감독 체제

기관	경찰청장	시·도자치경찰위원회	국가수사본부장
구분	국가경찰	자치경찰	수사경찰
사무	정보, 보안, 외사, 경비 등	생활안전, 교통, 성폭력, 학교폭력 등 일부수사	범죄수사

자치경찰사무 중 수사사무의 구체적인 사항과 범위는 학교폭력 등 소년범죄, 가정폭

---

6) 「자치경찰 사무규정」 제2조 조례의 제정 기준

력과 아동 학대 범죄, 교통사고와 교통사고 관련 범죄, 공연음란, 성적목적이용 범죄(법 제4조 1항 라.)이며, 자치경찰의 수사사무에 대한 지휘·감독권은 국가수사본부장에게 있다.

5 인사관리와 예산

1) 인사관리

자치경찰사무를 수행하는 경찰관의 신분은 현행 국가경찰 공무원 신분으로, 국가경찰조직에서 자치경찰사무를 수행한다. 즉, 시·도경찰청과 일선 경찰서 등에서 자치경찰사무를 수행하는 경찰관은 국가경찰 공무원의 신분을 유지한 채 자치경찰사무를 수행한다.

시·도자치경찰위원회 위원장 및 상임위원은 정무직 지방 공무원이며, 사무기구의 장인 사무국장의 경우, 정무직으로 상임위원이 겸직한다. 자치경찰사무를 담당하는 시·도 공무원에 대한 인사관리는 시·도에서 현행대로 한다.

경찰청장은 자치경찰사무를 담당하는 경찰 공무원의 임용에 관한 일부 권한을 시장·도지사에게 위임한다. 시장·도지사는 위임받은 권한의 일부를 시·도자치경찰위원회에 다시 위임한다. 그리고 시·도자치경찰위원회는 시·도경찰청장에게 재위임할 수 있다(경찰공무원임용령 제4조).

경찰 공무원의 임용에 관한 권한 위임이 가능한 범위는 경정은 전보·파견 그리고 휴직·직위해제와 복직에 관한 권한(승진, 신규, 면직 제외)이고, 경감 이하 경찰관은 임용권 전체(신규채용, 면직 제외)를 부여한다(경찰공무원임용령 제4조).

2) 예산

자치경찰의 인력, 장비 등 소요되는 비용은 국비로 지원한다(법 제34조). 시장·도지사는 조례에서 정하는 예산의 범위 내에서 재정적 지원 등이 가능하다. 자치경찰사무 수행에 소요되는 예산은 경찰청장의 의견을 들어 시·도지사가 수립한다.

제3절

자치경찰 제도의 특징

1 경찰권 분산

경찰사무에서 자치경찰사무를 분리하고 지휘권 보장 등으로 경찰권을 분산시켰다. 기존 국가경찰의 조직 체계를 유지하고 있으나, 경찰사무를 국가경찰사무와 자치경찰사무로 배타적으로 나누고, 각각 경찰청장과 시·도자치경찰위원회가 해당 사무를 지휘·감독하는 체계로, 자치경찰사무에 대해서는 국가(경찰청장)에서 원칙적으로 관여할 수 없다.

시·도경찰위원회는 인사·예산 등 자치경찰사무에 대한 주요 정책을 결정하고, 감사 및 감사요구, 자치경찰사무 담당 공무원의 감찰 요구, 징계요구 등 독립적 권한 수행이 가능하다. 국가경찰사무와 자치경찰사무 중 수사사무에 대해서는 국가수사본부에서 지휘·감독하며, 비상사태 등 예외적인 경우 국가의 지원 등이 가능하다.

또한 법 제2조에서 지방자치단체에도 국민의 생명·신체·재산 보호 등에 대한 책무를 부여하고, 자치경찰사무에 대한 예산은 시·도지사가 위원회의 의결을 거쳐 수립하도록 하고 있다. 이것은 자치경찰사무 예산 편성에 대한 시도의 자율권, 자치분권성 등을 보장한 것이다. 아울러 경찰청장의 임용권 일부를 시·도지사에게 위임하여 자치경찰사무 수행에 지휘·감독권을 보장한 것이다.

결과적으로 조직은 분리하지 않았으나, 자치경찰사무에 대한 지휘·감독권 및 인사권을 시도에 부여함으로서 경찰권 분산과 자치분권성을 담보한 것이다.

2 지방자치단체 사무 전가 우려 해소

현장 경찰관들이 우려하는 노숙인 등 보호조치, 자치단체 공공청사 경비 등을 자치경찰사무에서 제외하였다. 즉, 노숙인 등 보호조치, 공공청사 경비 등과 관련된 일반적 사무는 「노숙인복지법」, 「지방자치법」 등에 따라 자치단체사무로 규정되었고, 경찰은 「경찰관직무집행법」 등에 따라 구체적 위험이 발생하였을 때 보호조치 등을 수행하도록 하였다. 이것은 국민안전 체계에 공백이 없도록 자치단체 사무 전가 우려를 해소한 것이다.

현재와 같이 긴급 중요사건에 대한 신속 대응 체계에 공백이 없도록 하면서 자치경찰사무에 대해서 지방행정과의 연계성을 강화하였다.

자치경찰사무와 자치단체사무 경계가 모호하여 자치단체의 사무까지 포함되는 것으로 오해될 소지가 있는 사무 규정을 정비한 것이다.

3 자치경찰위원회의 독립성

시·도지사로부터 정치적 중립성 확보를 위해 자치경찰위원회를 합의제 행정 기관으로 설치하여 독립적 직무 수행을 보장하고, 위원회 위원에 대한 추천 기관을 다원화하여 시·도지사의 영향력을 최소화하고, 사무 기구를 설치하여 실질적 집행력을 담보하였다.

자치경찰위원회가 시·도지사로부터 중립성과 독립성을 확보할 수 있도록 설계했다.

4 112 신고 및 업무 처리 절차

112 신고 접수 시 국가사무-수사사무-자치경찰사무의 구분 없이 이전과 동일하게 112 상황실 지령에 따라 출동, 처리하며, 경찰서 인계 이후에도 각 기능에서 기존과 동일하게 업무를 처리하는 체계를 유지하여 현장의 혼선·혼란 우려를 불식하였다.

또한 지휘·감독권자에게 보고가 필요한 업무 발생 시 경찰서는 이전과 동일하게 시·도경찰청에 보고하고, 보고를 받은 시·도경찰청이 사무의 성격에 따라 경찰청-국가수사본부-시·도자치경찰위원회에 보고 후 지휘·감독을 받게 된다.

112 신고 및 업무 처리 절차는 이전 체계와 동일하며, 이원화 모형과는 달리 현장경찰관 및 국민의 혼선·혼란 우려는 없다는 것이다.

제4절

자치경찰 제도의 분석과 평가

1 도입 취지의 무색

자치경찰제는 경찰 권한을 지방으로 분산시켜 수요자인 지역 주민에 적합한 치안 문제를 해결하고, 지역별 고유한 치안 문제를 해결하며, 국가 전체의 치안 역량 강화, 종합적 지방행정력 강화 그리고 지방자치의 완성도를 향상시킨다.

그러나 현행 제도는 이와 같은 자치경찰의 도입 취지를 실현하지 못하고 있다. 즉, 자치경찰사무의 책임 주체가 시·도지사와 시·도자치경찰위원회이지만 실질적 역할·권한의 한계가 있다. 또 조직은 그대로 두고 사무만 이원화하다 보니, 인사, 예산 등에서 혼란이 있다.[7]

2 광역단위 자치경찰의 근본적 한계

1) 주민밀착형 치안 서비스 제공의 한계

광역단위 자치경찰은 첫째, 지역적 특성을 반영하고 주민생활과 밀접한 자치경찰 서비스를 실현하기에 한계가 있다. 즉, 주민밀착형 치안 서비스, 지역특화 치안 서비스 제공의 실질적 한계가 있다. 왜냐하면, 학교폭력·가정폭력, 청소년·여성 관련 범죄, 아동·노인 학대 등 사회적 약자에 대한 범죄로부터의 보호, 주민의 생활안전, 지역 교통 관리, 방범 등 기초질서 유지에 대한 치안 서비스는 광역단위에서 수행, 제공이 곤란하다.

---

7) 최종술(2022). "이원화 경찰체제의 도입으로 자치경찰권을 강화해야 한다". 『공공정책』 206호. pp. 24–26.

2) 주민 맞춤형 치안 서비스 제공의 곤란

현행 자치경찰 제도는 실질적 주민생활 자치 단위인 기초단위 자치경찰 조직이 없다. 지역 사정에 맞는 치안 서비스를 발굴하거나 공동체적 특성을 가진 각 지역의 주민 요구를 반영하기 곤란하다. 관할구역이 광범위한 시·도자치경찰로는 공동체적 특성을 가진 시·군·자치구 지역 주민의 요구를 반영하기 어렵다. 즉, 지역 공동체적 특성을 가진 치안 서비스의 제공이 불가능하다.[8] 넓은 지역을 관할하는 시·도자치경찰의 획일적 치안 활동은 지역 주민의 의사를 반영하고, 기초단위 지역의 특성에 맞는 맞춤형 지역 치안 서비스 제공이 현실적으로 어렵다.

자치경찰 시행 초기부터 보완책으로 시·군·자치구와 지역경찰서 간 자치경찰사무 수행을 위한 협업 모델을 추진하고 있다. 그러나 이것은 시·군·자치구의 자발적인 참여 의지가 없으면 현실적으로 시행이 어렵다.[9]

3) 지역 치안 수요의 대응성 저하

시·도자치경찰위원회는 시·군·자치구별 지역 주민에 대한 대표성이 없어서 지역 주민의 요구를 자치경찰활동에 반영하지 못하고 있다. 지역 공동체에 대한 대표성이 부재하다.

국가경찰이 자치경찰활동을 수행하여, 주민 대응성이 낮고, 지역 치안 수요에 대한 효율적 대응이 어렵다. 생활안전, 지역 교통, 민생 치안 등 주민의 일상생활과 밀접한 지역 자치경찰사무를 국가경찰이 담당하기엔 인력의 부족뿐 아니라, 지역별 고유한 치안 수요에 대한 대응에도 근본적 한계가 있다. 특히, 순찰지구대·파출소처럼 주민들의 신고 사건을 직접 처리하는 지역경찰의 소속, 인력과 장비도 국가경찰이 여전히 가지기 때문이다.[10]

4) 독자적인 자치경찰조직의 부재

자치경찰의 지휘·감독기관은 있으나, 독자적인 집행조직이 없다. 실제로 자치경찰사무 수행은 '경찰청-시·도경찰청-경찰서'의 국가경찰조직이 집행 기관이다.

---

8) 최종술(2022). 전게논문. pp.24~26.

9) 김기갑(2020). "일원화 자치경찰제에 대한 현장 경찰관들의 인식 조사". 『한국경찰연구』. 19(4). pp. 3-20.

10) 탁현우(2022). 『자치경찰제 도입의 의의와 과제』. 한국행정연구원 보고서 통권 103호. 한국행정연구원.

자치경찰사무의 지휘·감독기관인 시·도자치경찰위원회의 지시사항을 시·도경찰청 장에게 지시하면, 시·도경찰청장은 지시사항을 수행한다. 따라서 자치경찰사무를 수행하는 경찰관은 모두 국가경찰 공무원이다.

이러한 조직구조는 실질적 자치경찰활동을 어렵게 만드는 결과를 초래한다. 별도의 인력과 조직을 갖춘 자치경찰이 아닌, 기존 국가경찰조직과 인력을 통해 자치경찰사무를 수행하기 때문이다.[11]

더구나 실제로 자치경찰사무의 대부분을 수행하는 순찰지구대·파출소는 자치경찰 부서가 아닌 국가경찰의 지휘·감독을 받는 구조이다.

3 인사권과 예산권의 한계

1) 형식적인 인사권

자치경찰사무를 수행하는 경찰 공무원에 대한 시·도지사의 인사권이 형식적인 수준에 있다. 자치경찰사무 담당 공무원에 대한 명확한 인사 기준과 통일된 지침 등 법적 근거가 없다. 따라서 시·도자치경찰위원회가 자치경찰 부서에 대한 평가, 자치경찰사무를 수행하는 경찰 공무원의 승진·전보 권한을 실질적으로 행사할 수 없다. 자치경찰사무 담당 경찰 공무원에 대한 인사권의 실질화가 필요하다.[12]

향후 자치경찰 인사권의 실질화를 위한 자치경찰 인사권 관련 법령 제·개정사항을 제시하면 다음과 같다.

(1) 시·도경찰공무원인사위원회 설치

자치경찰사무 담당 경찰 공무원의 인사에 대한 중요사안을 심의하기 위해 시·도에 '경찰공무원인사위원회'를 설치한다. 시·도경찰공무원인사위원회 설치 근거는 「경찰공무원법」 제5조를 통해 마련한다.

---

11) 최종술(2022). "자치와 경찰, 그리고 자치경찰". 「자치경찰 경책포럼」. 전국시도지사협의회외 2개 기관 공동주최(2022년 9월 1일).
12) 박재희(2021). "시도자치경찰위원회의 구성과 역할". 「꼭 알아야 할 지방자치 정책브리프」. No. 117. 한국지방행정연구원.

(2) 보통승진심사위원회 설치

경찰공무원법 제17조 보통승진심사위원회 설치 관서에 시·도자치경찰위원회가 포함되도록 설치 규정를 명시한다.

(3) 지구대·파출소 근무 경찰관 임용권

「경찰공무원 임용령」 제4조 1항 지구대·파출소 임용권과 관련, 지구대·파출소 근무 경찰관은 임용권 위임 대상에서 제외한 현행 규정을 재검토, 개정한다.

2) 지방자치단체의 예산 지원 한계

지방자치단체가 자치경찰 예산을 지원하는 법적 근거가 명확하지 않다. 특히, 인센티브(Incentive), 후생복지 지원 등을 시도 예산으로 지원하는 데 한계가 있다. 따라서 자치경찰 교부세 신설 등 자치경찰제 운영의 안정적 재원 확보가 수반되어야 한다. 아울러 자치경찰의 안정적 정착을 위해서 열악한 지방재정을 확보하기 위한 특별회계도 마련해야 한다.[13]

---

13) 최종술(2022). "한국적 자치경찰제의 나아갈 길". 『자치경찰제 개선 국회토론회(2022년 3월 30일)』. 전국시도지사협의회.

제2장

한국 자치경찰제의 변천과
새로운 모형 모색

△

제1절

한국 자치경찰제의 변천 과정

1 중앙집권적 국가경찰제

우리나라 경찰은 1945년 10월 21일 미군정청 경무국 창설 이후, 2021년 7월 1일 일원화 자치경찰제를 실시할 때까지 중앙집권적 국가경찰제를 유지해 왔다.

일반적으로 경찰 제도의 유형은 크게 경찰권의 주체에 따라 국가경찰제와 자치경찰제 그리고 혼합형 혹은 절충형 경찰제로 분류된다. 국가경찰 제도는 경찰권의 주체가 국가인 중앙정부가 가지는 경찰 체제를 말한다. 국가경찰 체제는 중앙정부의 국가경찰이 직속 기관인 지방경찰을 지휘·감독하는 경찰 체제이다. 이는 전국적인 통일성, 획일성, 신속성을 실현할 수 있는 장점이 있다. 남북분단의 현실적 상황에서 유사시 적극 대응 체제 유지 필요성으로 그동안 국가경찰 체제를 유지해 온 것이다.

그러나, 중앙집권적인 경찰 체제는 정치·경제·사회적 환경 변화와 지방자치 제도의 실시로 인해 국가의 전체적인 구조가 지방분권화됨에 따라 지방분권적 자치경찰 제도로의 변화가 불가피하게 요구되었다. 자치경찰제의 도입은 시대적 과제가 되었고, 그동안 지속적인 논의 과정을 거쳐 국가경찰 중심의 일원화 자치경찰제가 도입된 것이다.

2 국가경찰 중심의 일원화 자치경찰제

실질적인 경찰자치를 실현하기 위한 경찰 권한의 분권화와 지역 특성에 맞는 치안 서비스 구현의 필요성이 대두되었다. 더욱이 경찰의 수사권 부여와 자치경찰제의 도입을 통해 거대해진 경찰권의 효율적 분산이 요구되었다.

자치경찰제의 도입으로 경찰행정의 분권화와 민주성에 대한 요구를 반영하고, 국민의 생활 안전에 공백이 없도록 국가 전체의 치안 총량을 유지하면서, 안정적인 경찰활동 체계가 변함이 없도록 하는 것이 요구되었다.

〈그림 3-2〉 한국 경찰체제 모형의 변천과정[14]

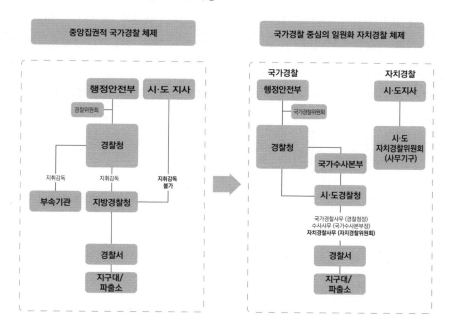

한편, 지방행정과 경찰행정의 연계성을 확보하고, 지역주민의 치안 수요에 부응하는 다양한 치안 서비스를 제공하고, 지역 실정에 적합한 주민밀착형 치안 서비스 실현이 요구되었다. 또한 현행 조직 체계 변화를 최소화하고, 추가적 소요비용의 최소화로 국민부담은 경감할 필요가 있었다.

이러한 상황에서 2021년 7월 1일 국가경찰 중심의 일원화 자치경찰제를 도입, 시행하였다. 경찰사무를 국가경찰사무와 자치경찰사무로 구분하고, 각 사무별 지휘·감독 기관을 분산하여 자치경찰사무는 시·도자치경찰위원회가 지휘·감독하도록 했다. 경찰권 비대화의 우려를 해소하고, 지방행정과 치안행정의 연계성을 확보, 지역 주민의 요구에 맞는 다양

---

14) 서울특별시 자치경찰위원회(2022). 전게서; 최종술(2022). 전게 발표자료.

한 양질의 치안 서비스를 제공하도록 하여, 국가 전체의 치안 역량을 효율적으로 강화하는 일원화 경찰체제를 도입, 실시하였다.

일원화 모델은 자치경찰 신설에 따른 비용 부담을 줄이고, 국가경찰·자치경찰 이원화에 따른 업무 혼선을 방지하고, 치안 역량을 현행대로 유지하여, 경찰 내부의 불만을 줄인 모델이다.

그러나 일원화 모형은 중앙집권적 국가경찰을 그대로 유지한 채, 자치경찰을 운영하는 모델로서 자치경찰제 본연의 취지와 부합되지 않는 측면이 있다. 즉, 완전한 자치경찰의 실현이라는 관점에서 여전히 부족함이 많다. 주민생활 중심의 경찰활동이 가능한지도 의문스럽다. 따라서 자치경찰제의 발전 단계론적 측면에서 보면 초기 단계의 과도기적 자치경찰제이다.

▽

제2절

새로운 자치경찰제의 모형 모색

그 동안 이원화 자치경찰제의 관점에서 제시된 자치경찰제 도입 방안은 제20대 국회에서 의원입법안으로 제출된 경찰법전부개정법률안(홍익표 의원대표발의, 2019. 3. 11), 그리고 세종형 자치경찰제 도입 방안,[15] 서울시 자치경찰제 도입 방안[16]이 있다. 이를 근거로 향후 한국 자치경찰제의 모형을 모색해 본다.

1️⃣ 국가경찰·자치경찰 이원화 자치경찰제

이 모형은 기존의 국가경찰 체제는 유지한 채, 광역단위 시도별로 자치경찰을 새로 신설하여, 국가경찰과 자치경찰이 혼재하는 이원적 운영방식을 말한다. 국가경찰조직은 그대로 존치하므로 여전히 경찰 권력이 국가에 집중된 모습을 보인다.[17]

---

15) 김흥주 외 1인(2019). 『세종형 자치경찰제 도입방안』. 대전·세종연구원.

16) 신경수(2021). "자치경찰제 도입을 위한 서울시의 바람직한 운영방안". 『서울도시연구』.

17) 조승재·승재현.(2020). 전게논문. pp. 229-248.

〈그림 3-3〉 국가경찰·자치경찰 이원화 자치경찰제[18]

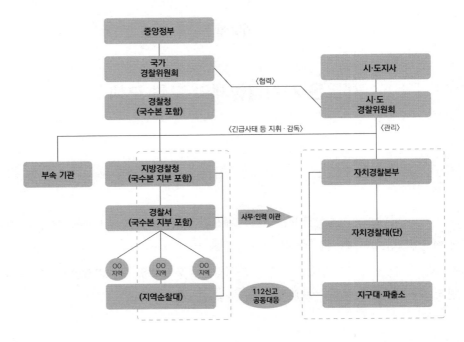

경찰을 국가경찰과 자치경찰로 구분하고, 국가경찰과 자치경찰의 계급도 구분한다. 경찰청장 소속으로 국가수사본부를 둔다. 경찰청장은 국가경찰의 수사사무에 대해 구체적 지휘·감독권이 없도록 한다. 다만, 중대한 위험을 초래하는 긴급하고 중요한 사건의 수사로서 통합적 현장 대응이 필요한 경우, 국가수사본부장을 통해 구체적으로 지휘·감독하도록 한다. 경찰청장·지방경찰청·경찰서장은 112치안종합상황실을 설치·운영하고, 112치안종합상황실에 자치경찰 공무원을 파견, 근무하도록 한다.

자치경찰사무의 관장을 위해 합의제 행정 기관으로 시·도자치경찰위원회를 설치하고, 독립적으로 그 권한에 속하는 업무를 수행하도록 한다. 시·도경찰위원회 위원은 위원장과 상임위원으로 구성하고, 각 기관으로부터 추천을 거쳐 임명한다. 위원장과 상임위원은 지방자치단체의 공무원으로 한다.

시·도경찰위원회는 자치경찰활동의 목표 수립 및 평가, 자치경찰본부장 후보자의 추천 등 관련 주요 사항의 결정, 해당 지방경찰청장 임명에 대한 의견 제시, 국가경찰위원회

---

18) 서울특별시 자치경찰위원회(2022). 전게서; 최종술(2022). 전게 발표자료.

198

제3편 | 한국의 자치경찰 제도

의 심의·조정 요청, 자치경찰규칙의 제정 등 소관 사무를 수행한다.

자치경찰사무 처리를 위해 시·도자치경찰위원회 관리하에 자치경찰본부를 두고, 자치경찰본부장 소속으로 시·군·자치구 자치경찰대를 둔다.

자치경찰본부에 두는 자치경찰본부장은 자치경찰사무를 총괄하고, 소속 공무원을 지휘·감독한다. 자치경찰대에 두는 자치경찰대장은 자치경찰본부장의 지휘·감독하에 자치경찰사무를 총괄하며, 소속 공무원을 지휘·감독한다. 그리고 그 소속으로 지구대, 파출소를 둔다.

자치경찰사무는 지역 주민의 생활안전, 지역 교통, 지역 경비 사무를 수행한다. 성폭력, 가정폭력, 학교폭력, 직무 수행 현장의 공무집행방해 등에 관한 일부 수사사무를 처리한다. 시·도자치경찰위원장과 당해 시·도경찰청장은 국가경찰과 자치경찰의 역할분담 및 사무수행 방법을 협약으로 정한다.

지방자치단체의 국가사무 이관에 따른 재정적 지원 의무를 부가하고, 자치경찰사무 담당 공무원의 신분·처우를 국가경찰 공무원과 동등한 수준으로 대우 받도록 한다.

〈표 3-5〉 일원화 모델과 국가경찰·자치경찰 이원화 모델의 비교[19]

구분	일원화 자치경찰제	국가경찰·자치경찰 이원화 자치경찰제
조직 분리 여부	국가경찰과 자치경찰 조직 미분리	국가경찰과 자치경찰 조직분리
경찰 공무원의 신분	국가 공무원	국가경찰관(국가 공무원), 자치경찰관(지방 공무원)
사무수행	경찰공무원은 모든 경찰사무수행 가능	국가경찰 공무원은 모든 경찰사무 수행, 자치경찰 공무원은 자치경찰사무만 수행
자치경찰 공무원 임용권	국가(경찰청장)가 보유 (일부 임용권 위임)	시·도지사가 보유

이원화 모델은 국가경찰과 완전히 분리되어 자치경찰이 운영되는 모형이다. 자치경찰조직은 지방자치단체 소속의 조직이 된다. 현재의 치안력이 크게 훼손되지 않은 상태에

---

19) 서울특별시 자치경찰위원회(2022). 전게서. 참조.

서 자치경찰이 신설됨으로서 국가경찰활동의 사각지대를 해소할 수 있다.[20]

　　그러나 이원화 모델은 국가경찰을 그대로 존치하면서 신규 인력과 일부 사무만을 자치경찰로 분리시키는 방식이다. 따라서 국가경찰 기능의 약화, 조직 위상의 격하 우려와 경찰 내부의 반발을 의식한 방어적 측면의 대안이라는 비판이 있다.[21] 또한 치안 현장에 국가경찰과 자치경찰이 중복성과 중첩된 이중 구조의 치안 시스템 설계로 인한 혼선이 경찰 업무의 비효율성과 시민 불편을 초래할 수 있다.[22]

2　자치경찰 중심의 일원화 자치경찰제

　　자치경찰 중심의 일원화 자치경찰제 모델의 내용은 제시보면 다음과 같다.[23]

　　첫째, 조직은 현행 국가경찰조직 가운데 경찰청만을 국가경찰로 남겨둔다. 시·도지사 소속하에 자치경찰위원회, 시·도지방경찰청, 경찰서를 두는 형태이다.

　　둘째, 시·도자치경찰위원회는 합의제 의결 기관으로 설치하고, 7인으로 구성하며, 시·도의회의 동의를 얻어 시·도지사가 임면한다. 시·도지방경찰청장에 대한 임명·해임 제청권, 자치경찰의 인사권 및 치안정책 수립 사항을 심의·의결한다.

　　셋째, 원칙적으로 현행 경찰사무를 모두 자치경찰사무화한다. 단, 정보·보안·외사 사무와 전국적 수사사무만 국가경찰이 담당하고, 나머지 일반수사를 포함한 모든 사무는 자치경찰이 수행한다.

　　넷째, 시·도지사에게 자치경찰에 대한 인사권을 부여한다. 지방경찰청장은 시·도자치경찰위원회의 3배수 추천으로 시·도지사가 임면한다. 경찰서장 또한 시·도자치경찰위원회의 3배수 추천을 받아 시·도지사가 임면하고, 필요한 경우 시장·군수·구청장과 협의한다. 자치경찰은 특정직 지방 공무원이 된다.

　　다섯째, 인력은 현재 시·도경찰청 인력을 자치경찰로 그대로 이관하고, 신규 채용을

---

20) 황문규(2020). "자치경찰제 설계 모델 검토: 자치경찰의 수사를 중심으로". 『형사정책』 32(1). pp. 7-33.

21) 이상훈(2019). "한국 자치경찰제 도입모형: 정부안(홍익표 의원 대표발의안) 검토를 중심으로". 『한국경찰학회보』 21(2). pp. 52-82.

22) 신경수(2021). 전게논문. pp. 39-71.

23) 상게논문. p. 53; 김흥주 외 1인.(2019). 『세종형 자치경찰제 도입방안』. 대전세종연구원. p. 53. 참조.

최소화한다. 단, 일괄적인 전환이 법적·제도적 한계가 있는 경우, 시·도지사가 지휘·감독권을 가지는 것을 전제로 1단계는 국가 공무원 유지, 2단계는 지방 공무원 검토로 진행한다.

여섯째, 재정은 국세와 지방세의 세원 조정과 연계하여 마련한다. 세원을 조정하기 전까지 현행 지방경찰청 예산을 자치경찰에 재배정하는 방안을 마련하고, 사무이관 시 국가경찰 건물, 장비 등을 시도로 이관한다.

일곱째, 국가경찰과의 상호관계이다. 「수사관할조정위원회(가칭)」를 설치하고, 국가경찰과 자치경찰의 수사 우선권 문제를 해결한다.

이 모델은 자치경찰이 모든 경찰사무를 원칙적으로 수행하고, 예외적으로 국가경찰이 수행한다. 자치경찰이 관할구역 안에서 일어나는 모든 범죄를 수사하도록 수사권을 부여하여 현장에서 즉각 대응하도록 한다.

〈그림 3-4〉 자치경찰 중심의 일원화 자치경찰제[24]

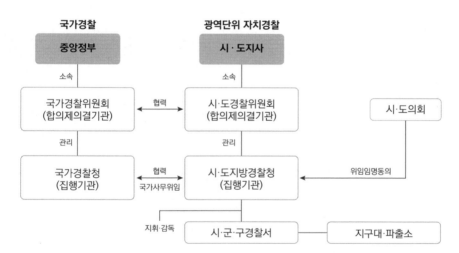

그러나, 지역특화 중심의 경찰권 행사가 이루어지면, 다른 지방 자치경찰과의 유기적인 업무 협력이 어려울 수 있다. 또한 지방자치단체의 영향력하에 자치경찰권이 예속될 경우, 행정 권력에 의한 자치경찰권의 중립성, 공정성의 훼손과 지방 유력세력과의 유착 등으로 인한 폐해도 우려된다. 지역 내의 인사관리로 경찰 공무원 사회의 무사안일주의가 팽배

---

24) 신경수(2021). 전게논문. pp. 39~71.

할 수 있다.

　아울러 지역별 상황에 따른 인적·물적 지원 규모의 차이에서 발생하는 치안 서비스의 격차는 주민 반발이나 위화감 조성의 폐단도 발생할 수 있다.[25] 특히, 급격한 경찰 체제 변화에 따른 주민 불안이 우려되고, 국가경찰조직이 와해할 것이라는 경찰 내부의 우려와 반발 가능성도 있으며, 자치경찰이 국가경찰사무에 대한 지휘·통제를 불응하는 경우, 실효적 대책이 마련되어야 한다.

　그러나 이 모델은 자치경찰제의 발전 단계론 측면에서 보면, 최대화 단계 모델이며, 지방분권을 지향하는 국가발전의 방향과도 부합한다.

---

25) 상게논문. p. 54.

제3장

이원화 자치경찰제 도입 방안

제1절

윤석열 정부의 이원화 자치경찰제 도입 논의

1 경찰 개혁의 방향

1991년부터 2000년 초반까지 한국 경찰의 개혁 방향은 경찰의 정치적 중립성·민주성·독립성 확보에 중점을 두고 있었다. 따라서 경찰 개혁의 과제는 경찰청의 분리·독립, 경찰위원회의 설치, 자치경찰제의 도입에 초점이 맞추어져 있었다. 2000년 후반부터 2021년 이전까지 경찰 개혁 과제의 검·경 수사권 조정과 경찰의 수사권 부여, 자치경찰제의 전면 시행이었다.

윤석열 정부 이후, 경찰 개혁의 방향은 경찰에 대한 민주적 통제, 국가경찰 권력에 대한 견제·통제 장치 마련에 중점을 두었다. 따라서 경찰 개혁의 과제는 경찰청에 대한 통제·견제 장치를 마련하는 것이었다.

이에 따라 2022년 8월 2일 행정안전부의 경찰국이 출범하였다. 「행정안전부와 그 소속기관 직제」의 행정안전부 경찰국 신설은 경찰행정 지원을 위한 기구 신설과 인력증원을 통해 경찰행정 지원 업무의 체계적·효율적 수행을 위한 것이다.

주요 내용은 행정안전부 장관이 경찰청과 국가경찰위원회에 대한 법률상 사무를 체계적으로 수행하기 위해 3개 과로 구성되는 경찰국을 신설하고, 이에 필요한 치안감 1명을 포함, 인력 13명을 증원한다. 그리고 치안감인 경찰국 국장은 행안부 장관의 경찰청장에 대한 지휘·감독 사항, 국가경찰위원회 위원·경찰청장·경찰 공무원의 임명 제청에 관한 사항, 국가경찰위원회 안건 부의와 국가경찰위원회에 대한 재의 요구사항, 자치경찰 제도 운영 지원, 그 밖에 경찰행정 지원에 관한 사항 등을 분장한다.

또한 「행정안전부장관의 소속 청장 지휘에 관한 규칙」의 경찰청장에 대한 '지휘규칙'

을 보면, 경찰청장은 중요 정책 사항에 대해 행정안전부 장관의 승인을 받고, 국무회의에 상정할 사항과 예산 관련 중요 자료 및 법령 해석 등을 행정안전부 장관에게 보고해야 한다.

2 자치경찰 관련 국정과제

(1) 주요 내용

2022년 7월 윤석열 정부는 120대 국정과제를 발표하였다.[26] 자치경찰 관련 국정과제는 다음과 같다.

첫째, 자치경찰권 강화이다. 국가경찰과 이원화된 자치경찰제를 통해 시도 소속의 자치경찰이 자치경찰사무를 집행하고, 시·도지사가 지휘권과 인사권을 행사한다. 이를 위해 범정부 추진 체계를 구성하여 이원화 자치경찰 모델을 마련하고, 제주·세종·강원[27]에서 시범실시한 후, 성과 분석과 제도 개선을 통해 전면 시행한다.

둘째, 기초지방자치단체 단위 자치경찰 시범 사업 실시를 검토한다.[28] 기초단위인 시·군·자치구의 자치경찰 기구를 설치하고, 협력적 사업을 추진한다.

한국의 경찰 제도는 중앙집권적 국가경찰제, 일원화 자치경찰제를 거쳐 이원화 자치경찰제로 발전되어 나가야 한다. 새로운 한국형 자치경찰제의 모형은 국가경찰과 자치경찰이 분리된 이원화 경찰 체제가 기본적 모형이 된다. 그리고 자치경찰제 발전 단계론에 따라 고도화되어 나가는 것이다.

(2) 기본적 설계 방향

이러한 맥락에서 새로운 한국 경찰의 자치경찰제 이원화 모형의 기본적 설계 방향은 다음과 같다.

첫째, 자치분권의 완성도를 높이는 차원에서 설계한다. 즉, 경찰자치를 실현하기 위한

---

26) 윤석열정부 120대 국정과제, 2022.07

27) 국무총리 직속 자문기구인 경찰제도발전위원회는 2023년 4월 11일 정부서울청사에서 제10차 회의를 열고 자치경찰 이원화 시범실시 지역으로 기존 세종, 강원, 제주에 이어 전북을 추가하는 안을 정부에 권고하기로 했다; 연합뉴스 2023년 4월 11일(https://www.yna.co.kr/view/AKR20230411147400530 검색일 2024. 01. 20).

28) 대통령직 인수위원회(2022). 『대통령직 인수위지역균형발전특위 자료집』, 2022. 4. 27. 참조.

자치경찰제의 재설계가 필요하다. 새로운 자치경찰제는 현행 지방자치 제도와 연동되어 자치분권이 강화되는 방향으로 나아가야 한다.

둘째, 자치경찰은 지방자치단체 속으로 들어가야 한다. 자치경찰활동은 비권력적 서비스 작용에 한정하고, 자치경찰의 권한 남용, 오용의 부작용이 없도록 자치경찰의 신중립성이 보장되고, 지방자치단체의 역량도 강화되어야 한다.

셋째, 지방자치단체가 자치경찰의 조직, 사무, 인력, 예산의 주체가 되어야 한다. 자치경찰사무를 지방사무로 이양하고, 이양된 사무를 수행하기 위한 조직, 인력, 예산도 함께 이양하며, 이를 수행하기 위한 자치경찰조직이 신설되어야 한다. 이를 위해 「지방자치법」에 자치경찰사무를 지방사무로 규정하여, 지방자치단체의 책임하에 자치경찰사무가 수행되어야 한다.

넷째, 자치경찰제가 실시되면, 지역 주민들에게 기존의 국가경찰활동과는 다른 차원의 자치경찰 서비스가 실현되고, 주민들이 실제로 일상생활에서 자치경찰 서비스를 체감하도록 해야 한다. 만약 기존의 국가경찰 체제에 의한 치안 서비스 제공과 별다른 차이가 없다면, 자치경찰은 주민들로부터 신뢰를 얻지 못하는 것은 당연하다.

$$\triangledown$$

제2절

이원화 자치경찰제의 기본 방향

1 지역 치안의 새로운 패러다임 반영

자치경찰 제도의 실시에 따라 지역 치안의 패러다임도 변화되어야 한다. 시장·도지사에게 지역 치안에 대한 책무가 부여되었고, 이제 지역 치안이 시민의 평가 대상이 되었다. 기존 국가경찰의 치안 책임을 시장, 도지사도 함께 지게 된 것이다. 따라서 이전의 지역 치안 패러다임에서 변화된 패러다임으로 지역 치안 대책을 마련하고, 새로운 자치경찰제 모형에 반영해야 한다.

2 주민밀착형 치안 서비스 실현

자치경찰은 권력적 법 집행 작용을 수행할 뿐만 아니라, 비권력적 지원·응원, 서비스제공의 예방적 경찰활동을 수행한다. 시민의 일상생활과 밀접한 관련이 있는 사무를 수행한다. 시민들의 일상생활에서 시민의 생명, 신체, 재산의 보호에 관한 자치경찰사무를 꾸준히 발굴하고, 제공해야 한다. 주민생활 밀착형 치안 서비스 발굴을 통해 맞춤형 치안 서비스를 자치경찰이 제공해야 한다.

3 지역별 특화 치안 서비스의 발굴과 실현

지방자치단체는 다양한 지역적 특성을 지니고 있다. 각 지역별로 다양한 치안 수요가혼재되어 있다. 예컨대, 산지, 해안가, 도심, 구시가지, 공단, 농업 지역, 항만, 공항 등 지역적 특성에 따른 다양한 치안 수요의 발굴이 필요하다. 따라서 각 지역별 특성을 고려, 지역적 특성에 맞는 특화된 치안 서비스를 제공해야 한다. 특정 분야에 대한 특화된 치안 서비스를 발굴하고, 자치경찰이 이를 실현해야 한다.

4 주민참여와 민·관 협치에 의한 치안 서비스

자치경찰활동은 지역사회경찰활동(Community police)의 이념을 실현하는 수단이 되어야 한다. 지역 치안에 대한 주민참여를 활성화하고, 소위 민·관협력적 치안 서비스를 발굴해서 제공해야 한다. 예를 들면, 마을 공동체 단위 조직과 협치에 의한 민·관 협력적 치안 서비스 수행, 주민참여형 범죄예방활동, 범죄예방을 위한 주민참여 지역 협의체 구성, 운영 등이다.

5 협업에 의한 치안 서비스의 실현

국가경찰, 해양경찰, 시·도교육청과의 협업에 의한 치안 서비스를 실현한다. 국가경찰과 자치경찰 간의 효율적 사무배분을 통한 역할분담이 이루어져야 한다. 그리고 해양과 항만을 가진 시도의 경우, 그 특성을 살려 자치경찰과 해양경찰 간 협업 체제로 치안 서비스를 제공, 질적 향상을 도모해야 한다.

또한 시·도교육청과의 협업 체제를 통한 청소년·학교경찰활동 분야의 치안 서비스가 향상되도록 해야 한다.

6 치안 과학 기술의 활용에 의한 치안 서비스 구현

소위 4차 산업혁명 시대를 맞이하여 빅 데이터 분석, 인공지능(AI), 사물 인터넷(IoT), 드론 등 첨단 기술을 도입, 시민안전 분야에 적용, 활용해야 한다. 자치경찰 업무 분야에 첨단 기술을 활용한 치안 서비스의 질적 향상을 실현해야 한다.

특히, 지역의 자생적 치안 문제 해결을 자치경찰활동으로 실현해야 한다. 이를 위해 시·도자치경찰 업무와 관련된 첨단 과학 기술을 도입, 이를 통해 해결 가능한 지역별 치안 현안 문제를 발굴하고, 치안 과학 기술 사업을 추진하여 해결해야 한다.

자치경찰 수요기반 지역 문제 해결 사업을 치안 과학 기술을 통해 실현해야 한다. 시·도자치경찰 역량을 고도화하고, 이와 연관된 지역별 치안 현안 문제를 발굴, 과학 기술을 통해 이를 해결한다. 지역 치안 현장 실정에 맞는 국민체감형 연구성과 창출을 위한 과학 치안 기술개발 사업을 구현해야 한다.

제3절

이원화 자치경찰제 방안의 주요 내용

1 자치경찰 인사권

자치경찰의 인사권 실질화를 통해 지휘·감독의 실효성을 확보한다. 시·도지사 및 자치경찰위원회에 위임된 임용권의 실질적 행사가 필요하다.

자치경찰 인사권의 실질화 방안은 다음과 같다.

첫째, 시·도경찰공무원인사위원회 설치한다. 자치경찰사무 담당 경찰 공무원의 인사에 대한 중요사안 심의를 위하여 시도에 '경찰공무원인사위원회'를 설치한다.

둘째, 시·도자치경찰위원회에 보통승진심사위원회 설치한다. 즉, 보통승진심사위원회 설치 관서에 시·도자치경찰위원회가 포함되도록 한다.

셋째, 자치경찰위원회가 지구대·파출소 근무 경찰관의 임용권을 가진다. 즉, 지구대·파출소 경찰관의 임용권과 관련하여 지구대·파출소 근무 경찰관을 임용권 위임 대상에서 제외한다.

2 자치경찰 조직권

순찰지구대·파출소를 자치경찰 부서로 환원한다. 핵심 치안 인력인 지구대·파출소에 대한 임용권을 자치경찰이 가진다. 현행 112치안종합상황실에서 경찰서 생활안전부서로 소속을 변경한다.

아울러 기초단위 시·군·자치구의 자치경찰 기구 설치와 협력적 사업의 추진이 가능하도록 한다. 즉, 자치경찰 사업의 원활한 수행을 위한 기초단위에 자치경찰조직을 설치한다.

3 자치경찰 행정권

「지방자치법」을 개정하여 자치경찰사무를 지방사무화한다. 자치경찰사무를 「지방자치법」상 자치사무에 명시하여 제도의 안정적 토대를 마련한다. 아울러 자치경찰 인사관리 업무도 지방사무가 되도록 「지방자치법」을 개정, 지방자치단체의 책임하에 자치경찰의 인사관리가 이루어지도록 한다.

4 자치경찰 재정권

자치경찰 예산의 안정적 확보를 위한 방안은 다양하다. 장기적으로 자치경찰 교부세 신설, 자치경찰 특별회계 신설이 필요하고, 국세 및 지방세 활용으로 재원을 확보한다. 또한 자치경찰 관련 과태료와 범칙금 수입을 자치경찰 재원으로 전환하여 지방자치단체로 이관하며, 기타 세수 확보의 마련이 필요하다.

5 종합적 논의

자치경찰이 독자적인 경찰활동을 수행하도록 자치경찰의 사무 집행권, 조직권, 예산권 등 자치경찰권을 실질적으로 강화해야 한다. 단기적으로 법률적·제도적 모순의 개선과 함께 초기 시행 과정의 오류를 수정·보완하기 위한 제도개선을 추진한다. 장기적으로 자치경찰 모형을 고도화하여, 이원화 단계를 거쳐 자치경찰 중심의 일원화 자치경찰제 모델로 나아갈 수 있는 토대를 확립해야 한다.

새로운 한국형 자치경찰제 모형의 기본 틀은 현행 제도의 근본적 모순을 해결하고, 자치경찰권 강화를 통해서 국가경찰-자치경찰 이원화 경찰 체제의 도입이 반드시 전제되어야 한다.

먼저, 국가경찰과 이원화된 자치경찰제를 실현하여 시도 소속의 자치경찰조직이 자치경찰사무를 집행하고, 시·도지사 및 시·도경찰위원회가 지휘권과 인사권을 행사하는 운영 체제를 구축해야 한다. 이를 위해 시·도지사 소속하에 시·도자치경찰위원회를 두고, 시·도자치경찰위원회의 관리·감독하에 자치경찰본부를 두며, 자치경찰본부의 지휘·감독하에 자치경찰대를 두는 기본적 조직구조를 정립해야 한다.

국가경찰과 자치경찰의 이원화를 통해, 국가경찰의 조직과 신분으로 자치경찰 업무를 수행하는 현행 일원화 모형의 한계를 해결하고, 지방자치단체 소속의 자치경찰로 전환한다. 또 이원화 자치경찰제를 원칙으로 자치경찰의 모집과 선발, 승진과 전보, 재정 문제 등을 해결한다. 그리고 국가경찰의 사무·인력·조직 이관 범위를 수용 가능성에 따라 단계별로 조정해서, 점진적으로 추진해 나가야 한다.

〈그림 3-5〉 새로운 한국형 자치경찰제 모형의 기초

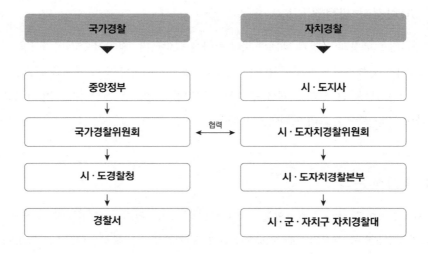

외국의 자치경찰 제도

제1장

미국의 자치경찰

제1절

경찰 체제의 특징

대부분 미국의 경찰서들은 30명 이하 경찰관들이 소규모로 근무한다. 자치경찰조직은 범죄진압과 경찰 서비스 기능을 수행하면서 지방 정치 기제(local political machine)에 의해 책임을 다한다. 반면, 연방경찰조직은 광범위한 권한을 갖지만, 정치적 책임은 적은 편이다. 연방경찰은 그 활동에 있어 지방경찰활동에 대한 간섭 권한이 없다. 그러나 최근 연방 범죄수사국(FBI)의 영향력 확대로 미국의 경찰 제도가 집권화되었다고 보기도 한다.

20세기 이후 미국 경찰활동의 극벽한 변화를 가져온 3가지 요인은 다음과 같다.

첫째, 경찰 전문직업화에 의한 조직의 변화이다. 미국 경찰은 전문직업으로 전환하려는 조직적 노력을 하였다. 경찰은 비정치성(nonpartisan)을 기초로, 전체 지역사회에 대해 봉사한다는 전문직업적 의무를 지닌 공공 서비스 제공자(public servants)이다.

둘째, 통신 기술의 도입이다. 1930년대 후반부터 널리 퍼지기 시작한 무전기 등은 경찰활동에 획기적인 변화를 가져왔다. 경찰서와 일선 순찰경찰 간의 계속적인 접촉이 가능하여 경찰 감독에 획기적 변화가 일어났다.

셋째, 공정한 형사사법을 위한 시민권 운동의 요구이다. 시민 사회단체의 성장과 더불어 시민권 운동이 활발해지고, 경찰활동에 대한 시민들의 감시가 활성화되어, 경찰의 사법 활동에 대한 시민의 요구가 더욱 활발해졌다.

미국 경찰 기관의 구성은 지방 수준, 주 수준, 연방 수준의 경찰 기관 그리고 특별구 경찰 기관과 원주민 경찰이 있다. 그리고 정부 기관의 경찰 기능을 보완하는 민간 경비 회사와 민간 경비원이 있다.

〈표 4-1〉 미국 경찰기관의 구성[1]

정부기관 (Government Agencies)	지방 (local)	시 경찰(municipal police)
		카운티 경찰(county police)
		카운티 셰리프(county sheriffs)
	주 (state)	주 경찰(State Police)
		주 수사국(bureaus of investigation)
	연방 (federal)	연방법집행기관(federal law enforcement agencies)
		군법집행기관(military law enforcement agencies)
	특별구경찰 (special district police)	공립학교(public schools)
		철도경찰(transit police
		대학경찰(college and university police)
	미국원주민경찰(Native-America tribal police)	
민간경비 (Private Security)	민간경비회사(Private Security Firms)	
	경비원(security personnel)	

---

1) Walker, Samuel. (1999). *The Police in America: An Introduction*. New York: McGraw-Hill. p.880에서 인용함.

제2절

경찰 체제의 구성

1 주(州) 단위 기관

주 단위 기관은 3가지로 분류된다. 주 경찰(state police), 고속도로 순찰대(highway patrols), 주 수사기구(state investigative agency)이다.

주 경찰은 관할구역 내에서 교통규제와 범죄수사에 대한 경찰권을 갖는다. 고속도로 순찰대는 주 관할구역 내 교통규제를 집행하고, 교통법규 위반자를 체포하는 권한을 가진다.[2]

하와이(Hawaii)를 제외한 49개의 주 법 집행 기관이 있다. 이들 기관은 대체로 주 경찰과 고속도로 순찰대로 나누어진다. 예컨대, 캘리포니아주는 캘리포니아 고속도로 순찰대와 캘리포니아 법 집행부를 두고 있다. 오하이오주는 오하이오 고속도로 순찰대(Ohio Highway Patrol)와 오하이오 범죄수사국(Ohio Bureau of Criminal Identification and Investigation)을 두고 있다. 주 법 집행 기관의 역할과 임무는 주 법률에 의해 규정된다.

주 법 집행 기관의 행정구조는 상당한 차이가 있다. 몇몇 주는 다양한 서비스를 담당하는 다수의 부서를 둔 산하 기관(umbrella agency)이 있다.

주 경찰과 고속도로 순찰대는 다양한 법 집행 서비스를 담당한다. 주 경찰은 지방경찰과 순찰활동 책임을 공유한다. 미국 전체 주의 반 정도는 주 경찰과 고속도로 순찰대가 주요 고속도로에서 교통법규를 집행하는 1차 책임을 진다. 수사에 관한 책임과 관련, 주 법률은 매우 다양하다. 어떤 주에서는 주 경찰이 일반적인 책임을 진다. 미국 전체 주의 반 정도가 지방경찰에 대해 탄도, 약물실험 등 과학수사 서비스(crime lab service)를 제공한다.

---

2) 박경래(2005). 『주요국의 자치경찰제도와 한국의 자치경찰법안 연구』. 한국형사정책연구원 연구총서 05-26. 참조.

미국 전체 주의 77.6% 정도는 주 경찰 기관이 직접 경찰 학교를 운영하지만, 몇몇 주는 모집한 경찰관을 지방경찰서에서 교육훈련을 시행한다.[3]

2 카운티 셰리프(County Sheriff)

미국 셰리프 협회(National Sheriffs' Association, NSA)의 발간 보고서에 따르면, 2021년 기준 3,085개의 셰리프 경찰서가 있다. 카운티의 셰리프 경찰서는 미국 법 집행 기관에서 독특한 법적 지위와 역할을 갖는다. 37개 주에서 셰리프는 주 헌법에 규정된 헌법 기관(Constitutional office)이다. 2개 주 즉, 로드아일랜드의 경우, 주지사가 임명하며, 하와이는 주 대법원의 대법관이 임명한다. 그러나 나머지 모든 주는 선거로 선출된다.

선출직 공무원인 셰리프는 시 경찰 책임자들과 달리 정파적인 정치적 책임을 직접 진다. 역사적으로 셰리프는 카운티에서 가장 영향력 있는 정치가인 셈이다.

셰리프는 형사사법상 법 집행, 재판, 교정 3가지의 독특한 역할을 수행한다. 모든 셰리프 기관은 긴급 전화를 받고, 순찰을 하며, 수사를 하는 기본적인 법 집행 기능을 가진다.

보통 셰리프 경찰서의 기능은 다음과 같다.

① 일상 순찰활동   ② 긴급 전화 운영   ③ 범죄수사   ④ 소송 서비스 제공

⑤ 법원 경비   ⑥ 교도소 운영   ⑦ 교통법 집행   ⑧ 사고 조사

셰리프는 영장집행처럼 절차상 업무와 법정 경비 업무를 한다. 도시 지역의 셰리프는 법 집행보다 법정에 대한 업무가 더 많다. 셰리프 경찰서의 79%는 법원 교도소를 운영한다. 그러나 대부분 도시에서 교도소는 독립된 교정 기관에서 별도로 운영된다.

일반적으로 셰리프는 그 책임성에 따라 4개의 셰리프 모델로 분류된다.[4]

첫째, 완전 서비스 모델(full service model)로서 법 집행, 재판, 교정 업무 모두를 수행한다. 둘째, 법 집행 모델(law enforcement model)로서 법 집행 업무만을 수행한다. 셋째, 시민재판 모델(civil judicial model)로서 법원 관련 업무만을 수행한다. 넷째, 교정-재판 모델(correctional-judicial model)로서 법 집행을 제외한 모든 업무를 수행한다.

셰리프의 분포는 소수의 큰 셰리프가 있지만, 대부분 작은 셰리프이다. 가장 큰 규모의

---

3) 상게보고서. 참조.
4) 상게보고서, pp. 88~101. 참조.

셰리프는 로스앤젤스 카운티 셰리프(Los Angeles County Sheriff's Department)이고 2024년 기준 인원은 18,000여명이다. 전체에서 31%의 셰리프는 10명 미만의 경찰관을 보유하고 있다.[5]

3 도시경찰(city police)

도시경찰은 미국에서 법 집행의 가장 중요한 요소이고, 도시의 자치경찰은 다른 경찰 기관보다도 더 복잡한 역할을 수행한다. 이들은 외적 환경에 커다란 영향을 받으며, 인구의 다양성 측면에서 가장 복잡한 환경에 직면하고 있다.

대규모 도시경찰서는 범죄진압의 중요한 책임을 진다. 뉴욕시 경찰국이 38,000여명, 시카고 경찰국이 12,000여명의 경찰 인력이 있다. 이들은 미국 내 폭력 범죄의 23%, 강도 범죄의 34%를 책임지고 있다. 이들은 질서유지 문제에 대한 책임을 지고, 다양한 긴급 서비스를 제공한다.[6]

전형적인 도시의 자치경찰 기관들은 규모가 매우 작다. 51% 정도가 10명 이하의 경찰관을 보유하고 있다. 작은 마을이나 시골의 경찰서는 거대 경찰 기관과 다른 맥락에서 운영된다. 도시보다 범죄가 심각하지 않아 경찰 서비스는 비형사적이고, 경미한 소란에 대응한다.

그러나 몇몇 도시 지역은 카운티 경찰서(county police department)에 의해 관할된다. 즉, 도시 지역을 카운티를 운영 단위로 하여 자치경찰이 담당하고 있다.

4 기타 경찰 기관

미국은 일정한 법 집행상 책임을 맡은 기관이 다양하여 복잡한 양상을 보인다. 이를 살펴보면 다음과 같다.

1) 컨스터블(Constable)

셰리프와 마찬가지로 컨스터블(Constable)의 뿌리도 식민지 시대로 거슬러 올라간다. 컨스터블은 셰리프와 유사한 기능을 수행하는 경찰이다. 그러나 도시화와 도시경찰서

---

5) 로스앤젤스 카운티 셰리프국 홈페이지(https://lasd.org, 검색일 2024. 01. 31); United States Bureau of Justice Statistics(1993), Law Enforcement Management and Administrative Statistics (LEMAS).

6) United States Bureau of Justice Statistics(2022), *Law Enforcement Management and Administrative Statistics (LEMAS)*.

의 성장은 컨스터블의 기능을 잠식해 갔다. 『정부 간 관계에 대한 자문위원회(the Advisory Commission on Intergovernmental Relations)』[7]는 컨스터블이 그다지 중요하지 않으며 폐지되어야 한다고 제안하기도 하였다.

2) 법의학경찰(Coroner)

법의학경찰(Coroner)은 범죄수사에 대한 책임이 있다. 따라서 부검 기관 혹은 의학 조사 기관은 법 집행 기관으로 간주된다. 미국 법무부는 1,683명의 부검의 또는 의학 조사관이 있음을 발표한 바 있다.[8]

3) 특별구경찰(Special District Police)

특별구경찰(Special District Police)은 특정 정부 기관을 위한 업무를 수행한다. 예컨대 로스앤젤스 교육구(the Los Angeles School District)는 자체적으로 경찰력을 보유하고 있다. 워싱턴 디씨(Washington, D.C.)의 지하철 체계에서 대도시 교통경찰대(Metropolitan Transit Police Force)는 관할구역인 3곳의 선거구를 관장하고 있다. 뉴욕시 교통경찰(New York City Transit Police)은 뉴욕 경찰국와 통합되었으며, 로스앤젤스 경찰은 시의 버스와 지하철에 대한 경찰활동 책임을 지고 있다.

4) 대학경찰(Campus Police)

단과대학과 종합대학은 특별구역경찰의 중요한 사례이다. 2,500명 이상의 학생을 가진 대학의 경비부서는 주의 인가를 받은 법 집행 기관이며, 이들은 미국 전체 대학의 3/4 정도 된다. 근무하는 대학경찰관들은 주의 인가를 받은 체포권을 가지며, 그 활동 내용은 연방수사국의 단일 범죄보고서(UCR: Uniform Crime Reports)에 포함된다. 대학경찰은 약 11,000명의 정규경찰을 고용하였고, 이 중 5,500명은 주립대학에서, 5,500명은 사립대학에서 근무한다.[9] 이외 다른 대학들은 민간 경비를 이용하거나 비정규직 경비 요원을 활용한다.

---

7) 주재복(2013). 미국의 정부간 관계와 지방정부의 협력적 거버넌스. 한국행정연구원 연구보고서. 참조.

8) *Ibid.*

9) National Association of College and University Police(NACCP)(2022). *Annual Report on Campus Law Enforcement.*

▽

제3절

경찰 체제의 시사점

    미국의 법 집행은 거대하고 매우 복잡한 체계이다. 18,000개의 연방, 주, 지방경찰 기관과 함께 백만 명 이상을 고용하고 있는 민간 경비 산업이 공존하고 있다. 그러면, 미국 경찰조직의 시사점은 분석·평가해 본다.

1 제한된 경찰권

    유럽의 대륙법계 국가들(Continental European countries)은 법 집행 기관에게 광범위한 권력을 주었지만, 미국 경찰은 제한된 경찰 권한(limited police authority)만을 가진다. 미국의 법적 전통(Anglo-American legal tradition)은 개인의 자유를 보호하는 데 최우선을 두고 있어서 정부의 권한을 제한하였다. 시민의 자유와 권리를 최대한 보장하는 범위 내에서 제한적으로 경찰권을 부여하고 있다.

2 지방정부에 의한 통제

    중앙집권적 국가 경찰력을 보유한 나라들과는 달리 미국의 자치경찰은 지방분권적 경찰권을 가지고 있으며, 지방정치에 의해 통제되는 전통이 있다. 경찰에 대한 통제와 관리의 우선적 책임은 시와 카운티 지방정부가 진다. 이러한 전통은 식민지 기간 동안 영국으로부터 내려 온 전통이기도 하다.

3 분절화

　　미국의 경찰활동은 매우 분절화되어 있다. 다양한 기관들을 조정, 규제하는 공식적인 중앙집권화된 시스템이 없다. 말 그대로 지방분권적 경찰 체제이다. 그 결과 분절화된 경찰 체제는 다양성을 낳았다. 경찰 서비스는 시, 카운티, 주, 연방이라는 4개의 다른 수준의 정부에 의해 공급된다. 각 수준의 정부는 각기 다른 역할과 책임을 맡고 있다.

4 다양성

　　미국경찰은 그 다양성으로 인해 경찰활동을 일반화하는 것이 어렵다. 모든 경찰 기관은 공통된 특징들도 있지만, 전형적인 경찰서로 일반화하기는 어렵다.

　　셰리프는 자치경찰활동(municipal policing)과는 명확히 구분되는 경찰활동을 수행하고 있어서 각 수준별 경찰 기관들과는 다른 형태를 보여준다. 즉, 셰리프와 자치경찰은 각기 다른 수준의 경찰 활동을 수행하며, 서로 보완적인 역할을 한다.

　　규모 면에서 미국 내 가장 큰 6개 경찰 기관은 뉴욕시, 시카고, 로스앤젤레스, 휴스턴, 필라델피아, 디트로이트시이다. 이들 경찰 기관은 25명 이하의 경찰관을 둔 6,309개 경찰 기관과 비교될 정도로 다양성을 가진다.

제2장

영국의 자치경찰

제1절

지방자치경찰 체제의 특징

영국은 1829년 최초의 근대적 경찰조직 『런던수도경찰청』이 창설된 이후, 국가경찰인 중앙경찰과 자치경찰인 지방경찰로 운용되었다. 그러나 2000년 「런던광역시설치법」에 따라 국가경찰조직인 런던수도경찰을 자치경찰로 전환, 현재의 광역단위 자치경찰 체제를 확립하였다.

현재 잉글랜드(England)와 웨일즈(Wales) 지역의 43개 지방경찰청(수도, 런던 2개 경찰청 포함),[10] 스코틀랜드(Scotland) 지역의 1개 지방경찰청, 그리고 북아일랜드(Northern Ireland) 지역의 1개 지방경찰청이 설치되어 총 45개 지방경찰청을 운영하고 있다.[11]

종래 지방경찰청의 관리는 '3원체제(三元體制)'로 운영되었다. 즉 『내무부장관』, 『지방경찰위원회』, 『지방경찰청장』, 3자(三者)가 권한과 책임을 분담하는 체제였다. 그러나 2012년 1월 1일 「경찰개혁 및 사회책임법」[12]이 시행되어 중앙집권적 삼원 체제가 폐지되었다.

동법에 따라 지역 실정에 맞는 현장 치안 강화를 위한 개혁안이 시행된 것이다. 그 내용은 지역치안위원장을 지역 주민이 직접 선출, 임명하고, 지역 치안 문제를 전담한다. 또

---

10) 런던 경찰, 즉 영국 런던에서 경찰 업무를 맡고 있는 당국은 런던의 행정 구역에 따라 각각 두 곳으로 나누어진다. 먼저, 광역경찰청은 그레이터런던(Great London) 전체를 관할구역으로 삼고 있다. 뉴 스코틀랜드 야드라고도 불리며, 일반적인 의미에서 '런던의 경찰 당국'은 이것을 가리키는 경우가 많다. 둘째, 시티오브런던(City of London) 경찰은 그레이터런던 내 별도의 전통 행정구역인 시티오브런던을 관할구역으로 삼고 있다; Naver 지식백과 사전 참조.

11) 김학경·이성기(2012). "영국 지방자치경찰의 새로운 패러다임". 『경찰학연구』(12-1); 박경래(2005). 전게보고서; 안성훈(2018). 전게보고서. 참조.

12) 「경찰개혁 및 사회책임법」(Police Reform and Social Responsibility Act 2011).

제4편 ┃ 외국의 자치경찰 제도

한 이를 견제하기 위한 지역치안평의회 제도의 실시이다. [13]

따라서 현재 영국경찰은 '4원경찰 체제(四元體制)'를 운영하고 있다. 즉, 『내무부장관』,
『지방경찰위원회』, 『지방경찰청장』, 『지역치안평의회』로 구성된 4원적 경찰 체제이다.

〈그림 4-1〉 영국의 4원적 경찰 체제[14]

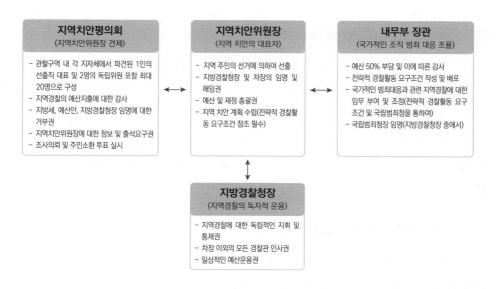

1 조직구조

영국경찰조직은 전국 45개 지방경찰청을 두고 있으며, 각 지방경찰청 산하에 경찰서
(Police Station)를 운용하고 있다. 또한 스코틀랜드 지방경찰청은 214개 경찰서, 런던 수도
경찰청은 180개 경찰서를 포함하여 약 1,300개의 경찰서(Police Station, Division 등)가 운용되
고 있다.

1) 지역치안위원장(Police and Crime Commissioner)

지역치안위원장은 지역주민이 직접 선출한 지역경찰의 총책임자이다. 2011년 『경찰

---

13) 김학경·이성기(2012), 전게논문; 박경래(2005), 전게보고서; 안성훈(2018). 전게보고서. 참조.
14) 김학경·이성기(2012). 상계논문. 참조; 치안정책연구소(2020). 전게서. pp. 104~134. 참조.

개혁 및 사회책임법』의 제정으로 신설된 제도이다. 지역치안위원장은 주민 직선으로 선출되며 임기는 4년이다.

지역치안위원장의 주요 권한은 첫째, 지방경찰청장(The Chief Constable) 임면권, 둘째, 지역경찰 최우선 목표 설정과 이에 따른 지역 치안 계획(Police and Crime Plans)의 수립, 셋째, 관할 지방경찰의 예산과 재정 총괄 등이다.

2) 지역치안평의회(Police and Crime Panel)

지역치안평의회는 지역치안위원장에 대한 감시와 감독 기능을 수행하는 기구이다. 구성은 각 지방자치단체에서 각 1명씩 파견된 선출직 대표단, 지방의회 의원과 2명의 독립위원을 포함하여 10~20명의 위원으로 구성된다.

주요 권한은 지역경찰의 예산지출 감사권 행사, 지역치안위원장의 지역 치안 계획 초안 검토 및 제안, 지역경찰 예산안 거부권, 지방경찰청장 임명 거부권(위원 2/3 찬성), 지역치안위원장의 정보 및 출석요구 권한이다.

3) 지방경찰청장(The Chief Constable)

지방경찰청장은 현직 경찰 또는 전직 경찰 중에서 지역치안위원장이 임명하고, 지역치안위원장의 임명 조건에 따라 임기가 정해진다.

지방경찰청장은 지역치안위원장이 수립한 지역 치안 계획을 참조하여 독립적으로 지방경찰청 및 산하 경찰서를 운용한다.

지방경찰청장의 주요 권한은 차장 이외의 모든 소속 경찰관에 대한 인사권, 일상적인 예산 운용권이다.

4) 내무부 장관

내무부 장관은 국가적인 조직범죄에 대한 대응과 조율의 역할을 수행한다. 주요 권한을 보면, 예산 30% 부담에 따른 감사권, 전략적 경찰활동 요구 조건의 작성과 배포, 국가적 범죄 대응과 관련 지역경찰에 대한 임무 부여와 조정, 지방경찰청장 중에서 국립범죄청장의 임명 권한이다.

2 자치경찰사무

지방경찰은 지역안전 및 범죄예방에 관한 관할구역 내 일반 수사권한을 포함한 모든 경찰사무를 처리한다. 지방경찰청장은 지방경찰을 지휘·감독하고, 지역치안위원장이 정한 지역 치안 계획을 참고하여 경찰사무를 수행한다.

지역치안위원장에 의해 임명된 지방경찰청장은 경찰 운용의 독립성을 보장받지만, 그 운용에 있어 지역 치안 계획을 참조하여야 한다.[15] 이전 내무부 장관이 하달하였던 중앙 집권적인 국가경찰활동 계획(National Policing Plan)은 폐지되었다.

3 인사관리

지역의 치안 책임자인 지역치안위원장은 지방경찰청장을 임면하지만, 지방경찰청장 임면에 지역치안평의회가 거부권을 행사할 수 있다. 지역치안위원장의 인사권 견제 방안을 마련해 두고 있다. 그리고 지방경찰청장이 차장을 임명할 때, 지역치안위원장과 상의하여야 한다.

런던광역시의 경우, 런던광역시장이 지역치안위원장의 역할을 수행하고, 런던광역시장에 의해 임명되는 수도경찰청장은 수도경찰에 대한 독립적 지휘권과 통제권을 가진다. 또한 런던의 금융 중심지역인 시티(City)를 담당하는 런던시티경찰청은 런던시티의회가 경찰위원회의 역할을 대신하고, 주민 의사가 시티의회를 통해 직접 반영되므로 지역치안위원장을 선출하지 않고, 구체제로 운영되고 있다.[16]

4 예산

지방경찰 운영예산은 정부 보조금(Grant)과 지역 주민들이 납부하는 지방세금으로 충당된다. 주 재원은 정부 보조금이고, 지역치안위원장이 추가로 지방세를 통해 재원을 충당한다.

---

15) 김학경·이성기(2012). "영국지방자치경찰의 새로운 패러다임 : 2011 경찰개혁 및 사회책임법과 국립범죄청을 중심으로". 『경찰학연구』 12(1). 경찰대학교. pp. 147~174.

16) 김학경·이성기(2012). 전게논문. p. 160. 참조.

2002년까지 독립된 재원인 경찰기금을 재원으로 운영되었다. 즉, 경찰기금은 해당 지자체의 부담금 25%, 중앙정부 보조금 50%, 기부금과 수입 25%로 편성되었다. 그러나 2003년부터 지방자치경찰 자금의 배분이 변경되어 해당 자치단체 부담금 25%, 중앙정부 보조금이 75%로 증가하였고, 각종 기부금과 수입은 거의 없다.

2015년과 2016년 기준으로 잉글랜드 지역경찰의 중앙정부 보조금 평균은 전체 경찰 예산의 68%이며, 지방세 부담금은 24%이다.[17]

---

17) 치안정책연구소(2020). 전게서. pp. 104~134. 참조.

제4편 | 외국의 자치경찰 제도

제2절

지방자치경찰 기관

1 수도경찰청(Metropolitan Police Service)

1829년 「수도경찰법(Metropolitan Police Act 1829)」에 따라 창설된 수도경찰청은 전통적으로 수도와 국제도시의 특성으로 인해 국가경찰로 운영되었다. 그러나 1999년 「런던광역시정부법(Greater London Authority Act 1999)」에 따라 2000년 광역단위의 자치경찰 체제로 전환되었다. 「런던광역시정부법」에 의하면, 소관 부서는 자치행정담당인 「주택·지역사회 및 지방정부부」이다.

수도경찰청은 런던광역시의 33개 자치구 중 런던시티 자치구 1개를 제외한 32개 자치구를 관할하며, 영국에서 규모가 가장 큰 경찰청이다. 조직은 경찰청장과 차장, 지역담당국(Frontline Policing), 특수업무국(Specialist Operations), 작전국(Met Operations), 전문대응국(Professionalism), 디지털기술국(Chief Digital Technology Officer) 등으로 구성되어 있다.[18]

2 런던시티경찰청(City of London Police)

런던광역시(Greater London) 내에 위치한 런던시티 자치구는 런던시티경찰청이 독자적으로 관할한다. 1832년 런던시티경찰청(London City Police)이 설치되었고, 1839년 「런던시티경찰법(City of London Police Act 1839)」 제정으로 독립적인 경찰조직으로서 법적 승인을 얻은 런던시티경찰청(City of London Police)이 되었다. 「런던시티경찰법(City of London Police

---

18) 이현주·염윤호(2020). "영국경찰의 주민자치성 검토: 잉글랜드 웨일즈 지방을 중심으로". 치안정책연구 34권 2호. 치안정책연구소. pp. 347~380.

Act 1839)」과 1964년「경찰법」에 따라, 런던시티경찰청 경찰위원회는 런던시티의회(Court of Common Council)가 담당한다.

런던시티경찰청은 1996년부터 설치된 지방경찰위원회(Police Authority, PA)가 유지되고 있고, 조직은 기본적으로 5개의 광역부서인 경제범죄부, 범죄부, 통합경찰활동부, 정보부, 비즈니스부로 구성되고, 책임자는 총경(Chief Superintendent)이다.[19]

경찰청은 커미셔너(Commissioner), 차장(Assistant Commissioner) 이하에 2명의 광역지휘관(Commander), 그 이하에 5명의 총경(Chief Superintendent)이 있다.

3 잉글랜드·웨일즈 지방경찰

1) 지방경찰청

런던의 2개 경찰청, 잉글랜드 37개 지방경찰청 그리고 웨일즈 4개 경찰청은 영국 내무부장관 관리하에 있다. 1개 청이 많게는 10개의 지방자치단체에 해당하는 지역을 관할한다.

2) 지역치안위원장(Police and Crime Commissioner, PCC)

2011년「경찰개혁과 사회책임법」이 제정되어, 과거 100년간 유지되던 경찰위원회(Police Authority)는 폐지되고, 지역치안위원장(PCC) 제도가 신설되었다. 지역치안위원장은 정당의 추천 또는 무소속으로 출마할 수 있고, 지방선거와 같이 4년마다 지역 시민들의 직접 선거를 통해 선발한다. 지역치안위원장의 임기는 4년이며, 1회에 한하여 재선이 허용된다.

지역치안위원장 제도는 잉글랜드와 웨일즈 전체 43개 가운데 40개 지방경찰청에서 시행되고 있다. 스코틀랜드 및 북아일랜드는 지역치안위원장이 없으며, 치안과 사법권한은 스코틀랜드 의회와 북아일랜드 의회에 각각 귀속된다.

3) 지역치안평의회(Polieand Crime Panel, PCP)

2011년「경찰개혁 및 사회책임법」에 따라 각 지방경찰청은 지역치안평의회(PCP)를 설립하고, 최소 10명의 지명된 지방의회 의원(최대 18인 이하)과 2명의 선임된 독립위원으로

---

19) 상게논문. pp. 347~380.

구성된다.

　　지역치안평의회는 지역치안위원장의 권한을 견제하고 치안 현안에 대한 자문을 한다. 평의회는 시민들과 지역의회 의원들로 구성되고 지역치안위원장에게 치안 문제들에 대해 질의하고 답변을 들을 수 있다. 지역치안위원장이 작성하는 지역 치안 계획(Police and Crime Plans)을 검토하며, 이를 위해서 감사관(Scrutiny Officer)을 고용할 수 있다.

4) 그레이터맨체스터 경찰청(Greater Manchester Police)

　　「그레이터맨체스터 자치단체 명령 No. 448(Greater Manchester Combined Authority Order 2016 No. 448)」에 따라 2014년 지역치안위원장 제도가 폐지되고 시장이 지역치안위원장의 역할을 담당한다.

4 　지방경찰 기관들

1) 북아일랜드 지방경찰

　　1949년 아일랜드 공화국의 독립에 따라, 국립 얼스터(Ulster) 경찰청을 설치하였으며, 북아일랜드 자치의회의 경찰위원회(Northern Ireland Policing Board)가 경찰을 관리하고 있다.

　　재산·생명의 보호, 범죄의 예방·진압과 같은 일반적인 경찰 업무와 무장반란과 폭동 진압 업무를 수행하는 헌병대 조직이 있다.

2) 스코틀랜드 지방경찰

　　「스코틀랜드 경찰법」의 제정으로 근대적 경찰 제도가 확립되었다. 스코틀랜드 자치의회의 경찰위원회(Scottish Police Authority, SPA)가 경찰활동 전략 계획 수립과 집행 감독 등의 권한을 행사하며, 스코틀랜드 자치의회와 지방지사에게 보고하고 총괄 책임을 진다.

제3절

시사점

영국경찰은 이전 3원 체제하의 중앙집권적 관료주의 철폐를 위해서 첫째, 지역 주민들에 대한 직접적 책임성 강화, 둘째, 지역 상황을 반영한 전문가적인 재량권 강화, 셋째, 새로운 범죄유형의 대응을 위한 다기관 협력 체제의 강화 및 현장 경찰관 증원을 통한 거리에서의 가시성과 가용성 강화, 넷째, 예산에 대한 합당한 가치의 경찰조직 운영 등 개혁을 추구하였다.[20]

이에 따라 지역 주민의 권한 강화, 경찰의 권한 강화, 중앙정부의 중점사항 변화, 공동체 사회의 권한 강화라는 정책 대안을 추진하였다.

정책 대안이 이후 법률로 만들어져, 2011년 9월 14일 의회를 통과하여, 2012년 1월 1일부터 시행된 것이 「경찰개혁 및 사회책임법」이다. 이에 따라 4원적 경찰 체제로 전환되었다.

---

[20] 『21세기 경찰활동: 경찰과 지역 주민의 연결(Policing in the 21st Century: Reconnecting police and the people)』(2010년 7월). 이 백서에서는 당시 영국경찰이 직면하고 있는 문제점을 위의 4가지로 요약하고 있다.

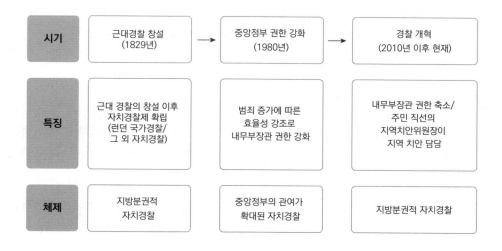

시기	근대경찰 창설 (1829년)	→	중앙정부 권한 강화 (1980년)	→	경찰 개혁 (2010년 이후 현재)
특징	근대 경찰의 창설 이후 자치경찰제 확립 (런던 국가경찰/ 그 외 자치경찰)		범죄 증가에 따른 효율성 강조로 내무부장관 권한 강화		내무부장관 권한 축소/ 주민 직선의 지역치안위원장이 지역 치안 담당
체제	지방분권적 자치경찰		중앙정부의 관여가 확대된 자치경찰		지방분권적 자치경찰

1 지역 주민에 대한 직접적 책임성의 강화

이전 '3원 체제'로 운영되던 영국 지방경찰청의 관리는 다음과 같은 문제점이 있었다.

첫째, 범죄예방활동 시 주민의 동의와 협력은 필수적이지만, 지역경찰과 지역 주민과의 유대관계는 강하지 않았다.

둘째, 지방경찰은 지역사회의 관심사나 지역 주민의 요구가 아닌 중앙정부가 제시한 성과지표와 목표를 달성하는 데 집중하였다. 따라서 지역사회의 고유한 특색을 반영한 치안정책을 추진하는 지방경찰청장(The Chief Constable)의 전문적 책임성이 약화되었다.

셋째, 지방경찰위원회는 지역 주민을 대표하고 지역경찰의 현장 대응능력 향상을 위해 노력하였지만, 대부분의 지역 주민은 지방경찰위원회의 존재 사실도 모르는 상황이었다.

넷째, 지역 주민들의 의견을 직접적으로 지역경찰 기관에게 전달할 메커니즘이 없었다.

이처럼 영국의 지방경찰은 지역 주민에 대해 책임지는 것이 아니라, 중앙정부에 대해 책임지는 경찰이라는 비판을 받았다.

중앙집권적인 3원적 경찰 체제를 폐지한 「경찰개혁 및 사회책임법」이 시행되어, 지역

---

21) 치안정책연구소(2020). 전게서. pp. 104~134. 참조; 이현주 · 염윤호(2020). 전게논문. pp. 347~380.

주민에 대한 지방경찰의 직접적 책임성 강화, 지역 실정에 맞는 현장 치안 강화를 위한 개혁으로 4원적 경찰 체제를 실시하였다. 지역 주민이 직접 선출한 지역치안위원장이 지역의 치안 문제를 전담하고, 이를 견제하기 위한 지역치안평의회 제도를 도입한 것이다.

2 전문가적 권한의 강화

종전의 3원적 경찰 체제는 지역 주민들과 경찰을 단절시키고, 지역사회의 실제 현실을 고려하지 않은 중앙정부의 지시를 지역경찰이 따르도록 강제하였다. 경찰이 지역 주민에게 경찰 서비스를 제공하기보다, 중앙정부의 지침만을 따르도록 하여 관료제적 병폐를 초래하였다. 지역사회와 주민의 의사를 존중하고, 이를 경찰활동에 반영해야 하는 지역경찰이 중앙정부가 제시한 성과목표와 직무방침을 시행하는 데 집중함으로써 지역 주민의 의견수렴과 자원봉사단체의 활동을 어렵게 했다.

4원 경찰 체제는 관료적 책임(Bureaucratic responsibility)을 강조한 경찰조직의 문제를 타파하고, 경찰의 권한을 강화하여 전문가적 재량권에 바탕을 두고 민주적 책임(Democratic responsibility)을 강조하는 경찰조직 체제이다.

3 가시성과 가용성의 향상

종전 영국경찰은 불과 11% 정도가 시민의 신고, 요청에 즉각적으로 대응할 수 있는 현장경찰관이라는 비판을 받았다.[22] 따라서 지역사회에 대한 치안 서비스와 안전의 제공을 위해 실제 현장에서 근무를 수행하는 경찰관의 수를 늘려야 했다. 또한 범죄대응능력을 향상시키기 위해서 지역 대응 기관과 다른 법 집행 기관과의 협력을 중요시하였다.

따라서 다기관 협력 체제와 함께 거리에서 경찰의 가시성과 가용성을 더욱 확대하였다. 영국경찰은 가시성과 가용성을 높이기 위한 새로운 제도로의 변화를 추구한 것이다.

---

22) 영국 왕립경찰감사관실(2010), 『경찰에 대한 가치평가』 보고서 2010년 7월.

4 예산 절감을 위한 효율성 제고

2000년 이후 경찰 예산은 24% 가량 증가하였고, 현재 경찰의 총예산은 130억 파운드 (약 23조원) 정도이다. 그러나 이전의 경찰 체제는 예산 사용에 있어서 투입에 대한 합당한 가치가 고려되지 않았다. 즉, 산출물보다는 투입물이나 경찰관 수에만 중점을 둔 것이다. 예를 들면, 6백만 파운드 가량(약 107억 원)의 예산이 범죄대응 등 경찰활동에 투입된 것이 아니라, 『경찰서약』이라는 경찰활동 홍보비용으로 투입된 것이다.[23]

영국 정부는 직면한 국가 재정적자 해소를 위해 최근 4년간 전 부처의 예산을 삭감하였는데, 이러한 긴축예산으로 지금의 치안 수준 이상의 유지를 위해서 경찰은 조직운영의 효율성 제고를 위한 정책을 추구하고 있다.

---

23) 이현주 · 염윤호(2020). 전게논문. pp. 347~380.

제3장

일본의 자치경찰

제1절

지방자치경찰 체제의 특징

1 개관

일본의 근대적 경찰 제도는 메이지(明治) 시대 중반에 도입되었다. 중앙경찰은 내무성, 지방은 경시청과 부현경찰부가 치안 유지를 맡았고, 경시총감과 부현지사는 국왕이 임명하여 내무대신의 지휘·감독하에 직무를 수행하였다.

1875년에는 일본 최초의 근대적 경찰 규정인 「행정경찰규칙」이 제정되었다. 처음에는 프랑스 제도를 모델로 도입하였으나 이후 독일의 제도에 많은 영향을 받았다. 2차 세계대전 이전까지 강력한 국가경찰 체제를 유지하였지만, 종전 후 미군정에 의하여 대대적인 경찰 개혁이 이루어지면서 1947년 「구(舊) 경찰법」의 제정으로 시·정·촌 단위의 기초자치경찰제가 도입되었다.

1954년 「경찰법」을 개정하여 「구 경찰법」의 문제점을 개선하기 위해 광역지방경찰제를 도입하였다. 또한 국가공안위원회의 소장사무에 관한 정령(시행령)과 정령에서 위임한 범위 내에서 제정된 규칙(부령)이 있다.

국가경찰조직은 내각부의 외국(外局)으로 국가공안위원회를 설치하고, 그 산하에 경찰청이 소속되어 있다. 경찰청의 부속 기관으로 황궁경찰본부 등이 설치 운영되고 있으며, 경찰청의 지방 기관으로서 관구경찰국이 운영되고 있다.

관구경찰국은 원래 전국에 걸쳐 7개가 있었으나, 2018년 4월 1일 경찰법 일부개정에 의해 주고쿠관구경찰국(中国管区警察局)과 시코쿠관구경찰국(四国管区警察局)이 통합되면서 현재는 6개가 존재한다.

국가공안위원회는 내각총리대신이 '소할((所轄))'하는데, '소할'이란 상하 관계에는 놓여있지만 지휘·명령권을 가지지 않는 느슨한 감독 체제이다. 국가공안위원회는 경찰청을 관리한다.

한편, 일본 경찰은 구(舊) 경찰법을 통해 경찰기구의 지방분권과 민주적 운영 관리, 정치적 중립성의 확보라는 관점에서 경찰 제도의 획기적 개혁이었지만, 경찰조직의 세분화와 재정부담의 문제, 경찰사무의 성격에 관한 문제가 발생하였다.

이러한 문제점을 해소하기 위해 경찰법의 전면 개정이 이루어졌고, 1954년 6월 7일에 법률이 마련되어 동년 7월 1일부터 개정된 「경찰법」이 시행되었다.[24]

현행 경찰법의 주요 목적은 첫째, 경찰의 민주적 관리와 능률적 운영의 달성, 둘째, 지방분권과 국가의 관여, 셋째, 정치적 중립성의 보장과 정부의 치안 책임 명확화, 넷째, 치안 문제의 합리적이고 조화로운 해결 도모이다.

개정 경찰법은 경찰조직을 민주적이고 능률적인 경찰조직으로 만든다는 대전제 하에, 구(舊) 경찰법의 장점을 유지하면서 문제점을 적극적으로 개선하였다. 주요 내용은 다음과 같다.

첫째, 광역지방자치단체인 도·도·부·현으로 경찰을 일원화하고, 둘째, 국가가 경시정(警視正) 이상의 인사권을 가지는 등 한정된 범위에서 인사권에 관여하고, 셋째, 공안위원회가 경찰을 관리하고 정치인의 개입(지휘·감독권, 임면권)을 불인정하며, 넷째, 최소한의 수단으로 내각의 치안 책임을 확보하고 내각과의 의사소통을 도모한다.

그 결과, 일본 경찰은 국가경찰과 자치경찰의 이원적 체제로 구성되었고, 국가경찰은 국가공안위원회가 관리하는 경찰청과 경찰청의 지방기관인 관구경찰국으로 구성되었다. 자치경찰은 광역단위 자치경찰로 도·도·부·현(都道府縣) 공안위원회가 관리하는 도·도·부·현 경찰본부와 그 산하에 있는 경찰서와 파출소, 주재소 등으로 구성되었다. 경찰사무의 집행은 원칙적으로 자치경찰이 담당하고, 국가경찰은 국가적 요청과 전국적 조정이 필요한 사안과 관련하여 필요 최소한으로 관여하고 있다.

---

24) 오승은(2017), "일본의 통합형 경찰제도에 관한 연구", 「한국지방자치학회보」 제29권 제3호(통권 제99호). 한국지방자치학회. pp. 275~298.

2 국가경찰조직

경찰의 정치적 중립성 확보와 민주적 운영의 보장을 위해 내각총리대신의 소할(所轄)하에 국가공안위원회가 설치되어 있다. 지방은 도·도·부·현 지사의 소할(所轄)하에 도·도·부·현 공안위원회가 설치되어 있다. 국가경찰인 국가공안위원회는 경찰청을 두고, 자치경찰인 도·도·부·현 공안위원회는 도(都) 경찰본부로서 경시청을, 도·부·현(道府縣) 경찰본부로서 도·부·현 경찰본부를 두고 있다.[25]

2017년 4월 기준으로 전국에 47개의 도·도·부·현 경찰본부와 1,159개의 경찰서가 설치되어 있다.[26]

〈그림 4-3〉 일본의 경찰조직[27]

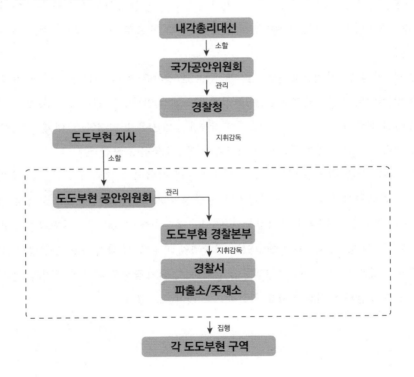

25) 日本 警察白書(2017), 日本 警察廳.
26) 안성훈(2018). 전게보고서.
27) 상게서. 참조; 치안정책연구소(2020). 전게서. pp. 104~134. 참조.

1) 국가경찰

국가경찰은 내각총리대신 소할(所轄)하에 국가공안위원회를 두고, 국가공안위원회 산하에 경찰청과 함께 고등법원 관할지역에 따라 6개 관구경찰국을 두고 있다.

(1) 국가공안위원회

국가공안위원회는 정책의 기획 입안 기능과 실시 기능을 수행하고, 내각부의 외국(外局)으로 설치되었다.

주요 담당 업무는 개인의 권리와 자유 보호, 공공 안전과 질서유지 업무이며, 「내각부 설치법」상 경찰행정에 관한 소관 사무의 전부, 즉 동법 제5조 제2항에서 정한 사무(동항 각 호에서 정한 사무에 대한 경찰청 관리)와 법률에 근거하여 공안위원회의 권한에 속한 사무를 소관 사무로 한다.[28] 또한 경찰청 관리 이외 업무는 경찰청의 보좌를 받아 행한다.

국가공안위원회의 소장사무는 산하에 설치된 경찰청의 자체 임무를 수행하기 위해 경찰법 제5조에 따라 경찰청을 '관리(管理)'하는 것이다. 관리란 국가공안위원회가 소장사무에 관하여 개괄적인 방침을 정하고, 그 방침에 따라 경찰사무가 운영되도록 산하 경찰청에 대한 통제를 말한다. 내부적으로 국가공안위원회 소속 경찰청장관에 대한 지휘·감독을 포함하지만, 구체적이며 세부적 사무 집행에 대한 지휘·감독을 의미하는 것은 아니다.

국가공안위원회는 위원장인 국무대신 그리고 5인의 위원으로 구성되고, 국가공안위원의 임기는 5년이다. 즉, 위원장(국무대신)과 5인의 위원으로 구성된 합의제 행정 기관으로 운영된다. 비록 내각총리대신의 직접 지휘·감독을 받지 않지만, 위원의 인사나 예산편성권에 대해 사실상 내각의 통제를 받는다.

국가공안위원은 재임할 수 있고, 위원의 궐위로 새로이 선출된 위원은 전임 위원의 잔임 기간 동안 재임한다(경찰법 제7조, 제8조). 위원은 임면 전 5년간 경찰이나 검찰직무를 수행한 직업 공무원의 경력이 없는 사람 중에서 내각총리대신이 양원의 동의를 얻어 임명한다.

(2) 경찰청

경찰청은 국가공안위원회에서 그 소관 사무의 범위 내에서 설치된 특별 기관이다.[29]

---

28) 「日本警察法」第五条(昭和二十二年法律第百九十六号)の全部を改正する.

29) 「内閣府設置法」(平成十一年法律第八十九号) 第五十六条.

설치는 경찰법 제15조에 근거하고 있다. 경찰청의 임무는 국가공안위원회의 관리하에 사무를 소관하고, 국가공안위원회의 권한에 속하는 사무에 대해 국가공안위원회를 보좌한다.[30] 따라서 경찰법 제5조 제4항 각호의 사무에 대해 경찰청이 자신의 책임으로 담당하며, 국가공안위원회는 경찰청을 관리하는 역할을 한다.

국가공안위원회가 관리 기관인 반면, 경찰청은 시행 기관에 해당한다. 경찰청의 장은 경찰청장관으로, 국가공안위원회가 내각총리대신의 승인을 얻어 임명한다. 경찰청장관과 차장 이하 내부부국인 장관관방 및 5개국, 부속 기관 3개가 있다.

경찰청장관은 경찰청의 소관 사무에 대해 도·도·부·현 경찰을 지휘·감독하고, 관구경찰국장은 그 소관 사무에 대해 경찰청장관의 명을 받아 부현(府縣) 경찰을 지휘·감독한다.

장관관방은 총무, 인사, 회계를 담당한다. 5개국은 생활안전국, 형사국, 교통국, 경비국, 정보통신국이다. 부속 기관은 경찰대학교, 과학경찰연구소, 황궁경찰본부가 있다.

〈그림 4-4〉 일본의 국가경찰 조직도[31]

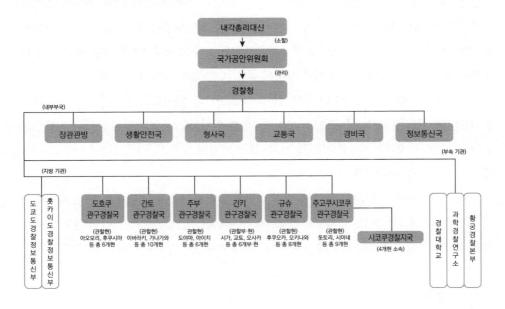

---

30) 「内閣府設置法」(平成十一年法律第八十九号) 第五十六条; 「日本警察法」第十五条. 第十七条.

31) 치안정책연구소(2020). 전게서. pp. 104~134. 참조; 안성훈(2018). 전게보고서. p, 32.

(3) 관구경찰국

관구경찰국은 경찰청의 지방 기관에 해당하며, 전국적인 경찰청사무를 지역마다 분담하고 있다. 관구경찰국장은 경찰청장관의 지시에 의하여 관구경찰국의 소장사무에 관련하여 부·현경찰을 지휘·감독한다. 도·도·부·현 중 부·현에만 관구경찰국이 존재하며, 도·도, 즉 도쿄도와 홋카이도의 경우, 관구경찰국이 존재하지 않는다.

도쿄도의 경우, 경시청의 특수성이 고려된다. 도쿄도의 경찰 본부에 해당하는 경시청은 1874년 가와지도시요시(川路利良)[32]의 제안에 따라 영국 런던광역경찰청을 모델로 창설되었는데, 1954년 창설된 경찰청보다도 훨씬 역사가 오래된 조직이다.

경시청의 책임자인 경시총감은 내각총리대신의 승인을 받아 도쿄도공안위원회가 임면한다. 지방경찰의 임면에 내각의 승인 절차를 두는 이유는 도쿄도가 국회 등 정부 시설, 대사관 등 외국공관, 각종 금융 기관 및 산업체의 본사 소재지로서 지자체 단위뿐만 아니라 국가 차원에서 대응하는 사안이 많다는 도쿄도의 특수성에 기인하고 있다. 따라서 경시청은 지방경찰조직의 속성과 국가경찰조직의 속성이 동시에 존재한다.

홋카이도의 경우, 도(道) 단독으로 다른 관구와 동등한 영역 및 규모를 가지고 있다. 홋카이도공안위원회(北海道公安委員会)는 관할을 5개의 방면으로 나누어, 그중 삿포로(札幌)의 1개 방면만을 직할하고, 4개 방면에 해당하는 하코다테(函館), 아사히카와(旭川), 기타미(北見), 구시로(釧路)에는 방면공안위원회(方面公安委員会)를 설치, 운영한다. 경찰조직 또한 삿포로방면은 도경찰본부가 직할하고, 그 외의 방면에는 각 방면공안위원회별로 대응하는 방면본부를 설치, 운영한다.

3 지방자치경찰의 조직

1) 지방경찰 제도의 변천

(1) 구 경찰법(1947년)의 제정: 기초 자치경찰 제도

제2차 세계대전 후 일본을 점령한 연합국은 경찰의 중앙집권 완화 및 지방분권화, 민주적 관리, 경찰 업무의 한계 정립, 정치적 중립을 기초로 하는 경찰 제도를 일본정부에 요

---

32) 西村光利(2014), 「日本の警察の歴史」東京大学出版会; 가와지도시요시(川路利良, 1834년 – 1900년)는 일본의 경찰 관료로 메이지 시대의 경찰 제도를 확립한 사람임.

구하고, 이에 따라 1947년 경찰법(구 경찰법)이 제정되었다.

연합군의 요구에 따라 일본정부는 치안경찰법, 치안유지법 등 비민주적인 법률을 폐지하고, 공안위원회 제도, 지자체경찰 및 제1차 수사 기관 제도를 도입하였다.

먼저, 내무성 경보국을 정점으로 고도로 중앙집권화되었던 국가경찰을 시·정·촌에 기초한 분권적 경찰로 변경하였다. 모든 시·정·촌(市·町·村)에 지자체경찰을 설립하는 것은 불가능하였으므로 국가경찰도 계속 유지시켰다.

원칙적으로 시 또는 인구 5,000명 이상의 정·촌에는 시·정·촌(市·町·村) 경찰을 두고, 인구 5,000명 미만의 촌락은 국가경찰이 담당하며, 각각 공안위원회가 관리를 맡는 구조를 확립하였다.

국가공안위원회는 내각총리대신이, 도·도·부·현 공안위원회는 지사가, 시·정·촌 공안위원회는 시·정·촌장이 맡으면서, 대신·지사·촌장은 경찰을 직접 지휘할 수는 없도록 하여 정치적으로 부당한 개입을 차단하였다.

경찰의 통제는 공안위원회 제도에 의해 시민이 뽑은 대표자가 맡도록 하였다. 1945년 이전의 일본 경찰은 시민의 통제 밖에 있었다. 즉, 경찰을 포함한 모든 공무원은 '국왕의 관리'로서 시민이 아니라 왕실 및 국가에 책임을 질 뿐이었다. 이러한 경찰과 시민의 관계 때문에 경찰의 폭주를 막지 못했다는 반성이 제기되었다. 그래서 경찰에 대한 시민의 통제를 위해 시민 중에서 공안위원을 선임하게 된 것이다.

(2) 구 경찰법의 일부개정: 자치경찰제의 축소

구 경찰법으로 민주적인 자치경찰이 창설되었지만, 자치경찰은 창설 이전부터 지적받았던 많은 문제점이 있었다.

첫째, 예산 문제이다. 인구 5,000명 이상의 도시마다 경찰조직을 만드는 것은 각 지역의 예산에 많은 부담을 가져왔다.

둘째, 인력 부족이다. 예산에 문제가 있는 지자체 경찰에 비해 국가경찰은 국가조직으로서 시설이나 근무여건이 훨씬 윤택했다.

셋째, 경찰의 지나친 세분화로 인한 폐해이다. 가령 범인이 A현 B시에서 범죄를 저지른 다음 C현 D시로 도망갔다고 해도, B시와 D시 사이에는 신고 및 연락 체계가 제대로 준비되어 있지 않았다.

넷째, 국가적 사태에 대한 취약성이다. 패전 후 일본에서는 식량난 등으로 인해 대규모 시위나 노동 운동이 일어났다. 도쿄, 오사카 등 대도시 외에는 이 사태에 대처할 수 있는 경찰력이 사실상 없었고, 대도시조차 결국에는 미군의 힘을 빌리는 실정이었다.

1951년 구 경찰법의 문제를 극복하기 위한 일부 개정이 이루어졌다. 시·정·촌에서 자체적으로 자치경찰의 폐지와 국가경찰로의 이관을 결정할 수 있게 하자, 원래 1605개였던 지자체경찰은 1953년까지 139개로 줄어들었다.

(3) 현행 경찰법의 제정 : 광역지방경찰제

1952년 샌프란시스코 강화조약에 의하여 주권을 회복한 일본정부는 구 경찰법의 문제를 근본적으로 해결하기 위해 경찰 제도 개혁을 단행하였다.

1954년, 구 경찰법을 전면 개정한 현행 경찰법을 제정하였다. 제정된 경찰법은 구법과 비교하여 3가지 차이점이 있다.

첫째, 세분화된 경찰조직을 도·도·부·현 (都道府県) 단위로 묶었고, 둘째, 여러 도·도·부·현 경찰 본부 간의 업무 조정을 위한 국가감독 기관으로서 경찰청을 설치하였으며, 셋째, 정치적 중립의 확보와 정치적 책임의 명확화를 위해 국가공안위원장은 국무대신으로 지명하고 경찰청장관과 경시총감은 내각총리대신의 승인을 받아 임면하도록 하였다.

〈그림 4-5〉 일본 경찰 제도의 변화과정[33]

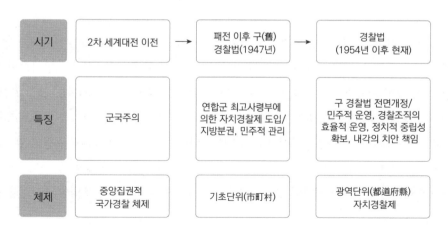

시기	2차 세계대전 이전	→	패전 이후 구(舊) 경찰법(1947년)	→	경찰법 (1954년 이후 현재)
특징	군국주의		연합군 최고사령부에 의한 자치경찰제 도입/ 지방분권, 민주적 관리		구 경찰법 전면개정/ 민주적 운영, 경찰조직의 효율적 운영, 정치적 중립성 확보, 내각의 치안 책임
체제	중앙집권적 국가경찰 체제		기초단위(市町村)		광역단위(都道府縣) 자치경찰제

---

33) 치안정책연구소(2020). 전게서. pp. 104~134; 안성훈(2018). 전게보고서.

2) 도·도·부·현 공안위원회

일본 지방자치법 제180조의 5에 의하면, 도·도·부·현 경찰의 관리 기관으로서 도·도·부·현 공안위원회를 도·도·부·현 지사의 관할하에 설치를 의무화하고 있다.

전국 47개 도·도·부·현 공안위원회가 도·도·부·현 경찰을 관리하고, 지방 경무관의 임면에 관한 동의권 및 지방 경무관 이외의 도·도·부·현 경찰 직원 임면에 관한 의견진술권, 도·도·부·현 경찰 직원에 대한 감찰지시권 및 징계, 파면권고권 등의 권한을 갖는다.

또한, 권한에 속하는 업무에 관하여 법령 또는 조례의 특별위임에 근거한 규칙제정권, 경찰조직의 세목에 관한 제정권, 경찰청 또는 다른 도·도·부·현 경찰에 대한 원조요구권을 행사할 수 있다. 도로교통의 금지 또는 제한, 풍속영업의 허가 및 정지·취소, 총포도검류허가 및 정지 등의 권한도 가지고 있다.

도·도·부·현 공안위원회는 도·도·부·현 경찰의 관리 기관으로서 지사의 소할하에 있지만, 지사의 지휘·감독을 받지 않고 독립적으로 권한을 행사한다. 이것은 도·도·부·현 경찰의 정치적 중립성을 보장하는 데 의미를 둔 것이다. 도·도·부·현 공안위원회는 도쿄도, 홋카이도 또는 정령지정도시를 포함하는 부현의 경우 5인, 지정부현 이외의 현과 방면 소속 공안위원회는 3인으로 구성된다.

도·도·부·현 지사는 도·도·부·현 경찰 운영에 대해 도·도·부·현 공안위원회에 대한 지휘·감독 권한을 갖고 있다. 그리고 위원 임면에 관한 권한을 가지며, 도·도·부·현 경찰에 관한 조례와 예산안 제출권, 예산의 지출명령권 등을 가짐으로써 간접적인 영향력을 행사할 수 있다.

위원의 임명 절차는 해당 지방의회 의원 피선거권을 갖는 사람으로서, 임명되기 전 5년간 경찰직이나 검찰직을 수행하지 않은 사람 중에서 도·도·부·현 지사가 지방의회의 동의를 얻어 임명한다. 지정도시를 포함하는 도·부·현 공안위원회에는 지정도시의 시장이 시의회 의장의 동의를 얻어 추천한 위원 2인을 반드시 임명해야 한다. 비상근 임기제로 운영된다. 위원장은 위원 중에서 호선하고, 임기는 1년이며 재임이 가능하다. 위원의 임기는 3년이고, 재임할 수 있으며, 보궐위원은 전임자의 잔임 기간 동안만 재임할 수 있다. 또 매년 1인 또는 2인을 새로 충원하여 공안위원회의 정치적 중립성 확보와 운영의 공정성을 유지한다.

도·도·부·현 공안위원회 위원의 경우, 주민에 의한 해직 청구의 대상이 된다. 공안위원회는 국무대신 또는 지사의 지휘·감독을 받지 않고 독립적으로 경찰을 관리하고, 그 밖의 권한을 행사한다. 경찰은 국무대신이나 지사의 지휘·감독을 받지 않고, 공안위원회의 관리에 복종함으로써 국민의 통제를 받으며, 공안위원회에 대한 보고 의무를 진다. 위원의 임명 시 3인 또는 2인 이상이 동일한 정당에 소속되지 못하도록 하고, 그와 같은 제한에 위반되는 경우, 위원을 파면할 수 있다.

또한 위원은 정당 또는 기타 정치단체의 임원이 되거나 적극적인 정치활동은 금지된다. 국가공안위원회 위원장인 국무대신은 의사결정 시 의결권이 없고 가부 동수인 경우에만 의결권을 부여하고 있다.

도·도·부·현 공안위원회의 집행사무는 공안위원회 관리하에 있는 도·도·부·현 경찰이 일원적으로 담당한다.

3) 도·도·부·현 경찰 본부

경시청은 도쿄도 특별구 구역에, 도·도·부·현 경찰 본부는 도·부·현청 소재지에 둔다. 도·도·부·현 공안위원회의 관리하에 도·도·부·현 경찰을 두고, 도·도·부·현 공안위원회는 도·도·부·현 지사의 소할하에 둔다. 도·도·부·현 경찰본부는 도·도·부·현 공안위원회의 관리하에 도(都) 경찰 및 도·부·현(道·府·縣) 경찰사무를 관장하고 도·도·부·현 공안위원회를 보좌한다.

경찰 본부의 장은 경시청의 경우, 경시총감이 되며, 도·부·현 경찰 본부의 경우, 경찰본부장이다. 경시총감과 도·부·현 경찰본부장은 도·도·부·현 공안위원회의 관리로 도·도·부·현 경찰사무를 통관하고, 소속 경찰 직원을 지휘·감독한다. 또 권한에 해당하는 사무에 대해 법령과 조례의 특별위임에 따라 도·도·부·현 공안위원회 규칙을 제정할 수 있다.

도·도·부·현 경찰의 집행사무 가운데 경찰청 소관 사무는 경찰청장관의 지휘·감독을 받으며, 경찰 본부의 간부 인사, 운영 측면에서 경찰청의 강한 영향력하에 있다. 또한 현(縣) 경찰본부장 취임자 중 대부분은 경찰청 출신이다.

도·도·부·현 경찰은 개인의 생명과 신체 및 재산의 보호, 범죄예방과 진압 및 수사, 피의자의 체포, 교통의 단속, 기타 공공 안전과 질서 유지 등 경찰법 제2조 제1항이 정한 사무를 수행하기 위해 해당 도·도·부·현에 설치된 조직이다.

도·도·부·현 경찰은 상호 독립된 기관으로 상하 관계가 아니며, 효율적 경찰 운영을 위해 각 도·도·부·현 경찰 간의 상호협력의 의무가 부과되어 있다. 그리고 각 도·도·부·현 공안위원회는 국가공안위원회 그리고 다른 도·도·부·현 공안위원회와 향상 긴밀한 연락을 취하도록 한다.

도·도·부·현 공안위원회 관리하에 경시청과 46개 도·부·현 경찰본부가 있다. 각 경찰서는 경시청장과 도·부·현 경찰본부장의 지휘, 감독을 받는다. 2019년 4월 기준 47개 경찰 본부에 1,160개 경찰서가 있다.

4 지방자치경찰의 운용

1) 사무

자치경찰은 해당 도·도·부·현 구역 내의 수사권을 포함한 모든 경찰사무를 수행한다. 경찰청과 도·도·부·현 경찰과의 관계는 역할 분담에 의해 전국적으로 통일적 조정 기능과 지방분권적 경찰 운영을 실현하는 것이다.

국가경찰은 경찰 제도에 관한 기획수립, 국가의 공공 안전을 위한 경찰 운영, 범죄감식, 통신, 교육훈련, 각종 인프라 정비, 국가 및 지방 경찰 기관 간 경찰행정의 중복 조정사무 등을 수행한다. 이외 국민에 대한 직접적인 사무는 도·도·부·현 경찰이 수행한다.

2) 인사관리

도쿄 경시청 경시총감은 국가공안위원회가 도(都) 공안위원회의 동의를 받고 내각총리대신의 승인을 얻어 임면한다. 도·부·현 경찰본부장은 국가공안위원회가 도·부·현 공안위원회의 동의를 얻어 임면한다. 자치경찰기관장의 임면권은 자치단체장에게 있지 않으며, 본부장의 신분은 국가 공무원으로서 경찰청으로부터 급여를 지급받는다. 인사와 예산에 관한 권한은 경찰청이 가진다.

지방 경무관 제도는 도·도·부·현 경찰관 중 경시정(警視正) 이상의 경찰 직원을 국가 공무원으로 하는 제도이다. 지방 경무관은 도·도·부·현 공안위원회의 동의를 받아 국가공안위원회가 임면한다. 지방 경무관은 일반직 국가 공무원이어서 정원을 지방자치단체의 조례로 정하는 것이 부적절하고, 국가 행정 기관의 직원도 아니므로 정원을 행정 기관 정원

령으로 정하는 것 또한 맞지 않아 경찰법 시행령으로 정한다. 계급별 정원은 경찰법 시행
규칙 제156조의 규정에 따라 그 범위를 국가공안위원회가 정한다.

경시 이상의 계급은 능력에 따라 등용된다. 지방 공무원으로서 채용된 자도 경시정에
승진하면 자동적으로 국가 공무원이 된다. 또한 순사와 순사부장의 사이에는 명예직으로
서 순사장이 있다. 순사를 일정 기간 경험하고 근무성적이 우수하다고 인정되는 경우에 임
명된다.

2019년 기준 전체 경찰 직원 중 도·도·부·현 경찰 소속 경찰관은 259,224명이다. 지
방경찰관의 경찰 1인당 담당 인구수는 507명으로 한국의 451명보다 다소 많다. 다만 지역
별로 보면 지방자치단체별 편차가 상당히 크다. 도쿄도를 담당하는 경시청의 1인당 담당
인구수는 313명에 불과한데, 반면 도쿄도 북쪽에 인접한 사이타마현(埼玉県) 경찰 본부의
경우, 1인당 담당 인구수가 638명에 달하여, 약 2배가 넘는 차이를 보인다.[34]

---

34) 치안정책연구소(2020). 전게서. pp. 104~134. 참조.

〈그림 4-5〉 일본 도·도·부·현 경찰조직[35]

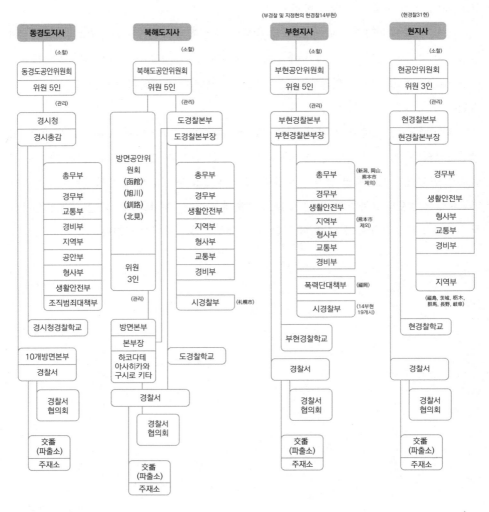

전국의 경찰서의 수

경찰서	1,173
交番	6,248
주재소	6,614
경찰서 협의회	1,170

35) 치안정책연구소(2020). 전게서. pp. 104~134. 참조; 일본경찰청 공식 홈페이지(https://www.npa.go.jp/ 검색일, 2024. 1. 11) 참조.

3) 예산

도·도·부·현은 해당 도·도·부·현 구역 내 수행하는 경찰행정에 필요한 소요 경비를 지급하는 것이 원칙이다. 그러나 국가 차원의 경찰활동과 광역적 경찰활동에 소요되는 경비는 도·도·부·현에서 부담치 않는다. 국가적 필요를 충족하고, 국가의 책임을 다하기 위해, 도·도·부·현 경찰의 활동이 지연되는 일이 없도록 국가가 전액 지급한다.

국고에서 지불된 경비는 도·도·부·현 경찰 예산에는 포함되지 않는다. 국가에서 조달해서 배포한 경비에 대해서 국가회계 담당관인 경찰본부장이 그 경비를 지출한다.

경찰 예산은 국가경찰의 운영 인건비, 장비와 통신 및 시설비, 기타 경비를 포함한 국비가 75.3%, 도·도·부·현에 지불하는 보조금 24.7%로 구성된다.[36]

이 외 도·도·부·현이 자체 지불하는 경비 중, 경찰 직원의 봉급, 기타 급여, 경찰관 피복비, 기타 경찰직 설치에 필요한 것 이외는 국고보조의 대상이 된다.

---

36) 치안정책연구소(2020). 전게서. pp. 104~134.

$\triangledown$

제2절

시사점

1 국민의 대표에 의한 통제

1) 경찰조직상 특징

일본 경찰법의 목적은 개인의 권리와 자유의 보호, 공공의 안전과 질서 유지를 위해 민주적 이념을 바탕으로 경찰의 관리와 운영을 보장하고, 능률적 임무 수행을 위한 경찰 조직을 규정하기 위한 것이다. 경찰의 권한이 남용되지 않고 국민에 의하여 경찰이 통제되는 것은 민주적 이념에 근거하기 때문이다.

경찰사무의 지방분권과 함께 국민의 대표인 공안위원회가 경찰을 관리하도록 규정하고 있다. 경찰조직은 현실적인 실효성, 즉 개인보호 및 치안 유지와 효율성, 즉 재정부담의 요청에 부응하기 위해 광역지방자치단체인 도·도·부·현이 경찰사무를 담당하도록 하면서도 국가경찰 기관이 상급 간부의 임면권을 가지고 일정한 범위에서 지휘·감독하고 있다.

2) 국민의 대표에 의한 통제

경찰은 강력한 권력 기능을 담당하는 만큼 민주적인 통제가 실질적으로 작동될 필요가 있다. 국민에 의해 선출된 정치인에게 경찰의 통제를 맡긴다면 오히려 정치적인 남용을 초래하는 문제가 발생할 수 있다. 따라서 일본의 자치경찰은 선거를 통하여 선출된 대표의 직접적인 지휘·감독을 받지 않고, 공안위원회라는 국민의 대표 기관을 통한 통제라는 간접적인 통제방식을 취하고 있다.

경찰활동은 국회가 정하는 법률 및 도·도·부·현 의회가 정하는 조례에 따라 행해진다. 경찰조직은 경찰법과 도·도·부·현의 조례로 정해진다. 경찰 예산은 국가의 경우, 내각이 책정하여 국회의 승인을 얻고, 도·도·부·현의 경우 지사가 책정하여 의회의 승인을 얻는다. 이러한 의미에서 경찰활동에 대한 법적 통제, 조직구성과 재정의 규율은 모두 국민의 대표인 의회가 결정권을 가지고 있다.

경찰 통제는 지방자치법상의 제도를 통해 통제가 가능하다. 도·도·부·현 경찰은 지방자치법에 따라 각 지역에서 경찰 책무를 맡는다. 경찰은 지역 주민의 대표로 구성되는 의회의 감독과 감사위원의 감사를 받고, 주민청구나 주민소송 등 지방자치 특유한 제도를 통하여 주민의 통제를 받는다. 특히 주민소송은 자치경찰에 대한 직접적인 통제로서 유력한 통제수단이 되고 있다. 따라서 지역 주민에 의한 자치경찰의 직·간접적인 통제가 이루어진다.

또 경찰서별 경찰서협의회를 설치하고 있다. 협의회는 경찰서의 사무 처리에 주민으로 한정하지 않고 지역 근무자 및 지역 거주 외국인 등 지역 인사의 의견을 반영하기 위한 것이다. 관할구역 내에서 경찰의 사무 처리에 관하여 경찰서장의 자문에 응하는 동시에 경찰서장에 대하여 의견을 진술할 수 있다. 경찰서장 측이 요구한 사항에 관하여 의견을 진술할 뿐만 아니라, 경찰서장 측이 요구하지 않은 사항에 대해서도 협의회의 의견을 진술할 수 있다. 경찰서협의회는 경찰서장이 업무 운영에 관한 설명 책임을 다하는 장으로 활용되고 있다. 협의회는 의사결정 기관이 아니므로 협의회의 의견은 경찰서장을 구속하지는 않는다.

2 공안위원회에 의한 자치경찰의 관리

1) 공안위원회의 관리 책임과 설명 책임

경찰의 정치적 중립성을 유지하고 경찰의 독선적 운영을 방지하는 관점에서 국가공안위원회는 경찰청을, 도·도·부·현 공안위원회는 경시청 및 도·부·현 경찰본부를 관리한다. 공안위원회의 관리 기능을 강화하고 명확히 하기 위한 주요 내용은 다음과 같다.

첫째, 경찰과의 긴장 관계를 확보하기 위하여 재임 횟수를 제한한다. 위원의 임기는 5년으로 1회에 한해 재임 가능하다

둘째, 공안위원회에 의한 감찰의 지시, 도·도·부·현 경찰 직원에게 징계사유에 해당하는 사실이 있는 경우, 공안위원회에 대한 보고 의무를 규정하고, 도·도·부·현 공안위원회가 시민의 고충을 청취하여 답신한다

셋째, 공안위원회는 임면권 등 관리를 위한 개별적 권한 행사를 포함하여 경찰 관리에 관하여 국민에게 책임을 진다.

넷째, 경찰청장 및 경시총감·경찰본부장은 공안위원회의 관리에 복종함으로써 국민의 통제를 받는다. 공안위원회는 경찰조직의 관리를 포함하여 권한 행사에 관하여 국민에게 설명할 책임을 진다. 회의록의 작성 및 공표는 공안위원회의 책임하에 이루어지는 중요한 사항이다.

2) 경찰본부장 등에 대한 임명권

경찰법 상 도·도·부·현 경찰의 장인 경시총감과 도·부·현 경찰본부장 그리고 경시정 이상의 경찰관은 국가공안위원회가 도·도·부·현 공안위원회의 동의를 받아 임면한다.

경찰청장관의 경우 국가공안위원회가 임면하며, 징계권도 마찬가지로 국가공안위원회가 가진다. 국가공안위원회는 도·도·부·현 경찰의 장 및 경시정 이상의 경찰관, 그리고 경찰청장관에 관하여 적임자를 선임할 의무가 있으며, 임명권자로서 필요한 감독을 한다.

도·도·부·현 공안위원회는 임면 등에 관하여 간접적인 권한만을 가진다. 도·도·부·현 경찰의 장 및 경시정 이상의 경찰관의 임면에 관하여 동의와 거부, 도·도·부·현 경찰의 비위에 관한 감찰지시권, 또한 징계, 파면을 권고할 수 있다.

이러한 의미에서 국가공안위원회처럼 직접적인 임면 책임을 지는 것은 아니지만, 도·도·부·현의 주민에 대하여 권고권 등의 불행사에 대한 책임을 진다. 그 외의 직원에 대해서는 경시총감 또는 도·부·현 경찰본부장의 요구에 대한 의견제시 및 징계, 파면을 권고할 수 있다.

3) 전체적인 운영 방침 제시

공안위원회는 개별 사건의 수사를 어떻게 진행할 것인가에 대하여 지휘·감독을 하지 않는다. 개별 사안의 대응은 경시총감 또는 경찰본부장이 도·도·부·현 경찰의 장으로서 책임을 진다. 다만, 공안위원회는 전체적인 운영 방침을 제시하고, 보고를 받으며 경찰 운영의 지침 수립을 기본 업무로 한다. 경찰사무를 직접적으로 담당하는 것은 도·도·부·현 경찰이고, 경찰사무 관리의 중심은 도·도·부·현 공안위원회에 있다.

국가공안위원회는 임면에 대해서 직접적이고 중요한 책임을 지지만, 경찰사무에 대해서는 국가의 관여 자체가 제한되기 때문에 국가공안위원회 규칙의 제정 등 한정된 범위 내에서 관여에 대한 책임을 진다.

공안위원회는 경찰의 운영 방침 외에 개별 사안에 대해서도 주민의 입장에서 부적절한 사태가 초래되었다고 판단되는 경우, 그 원인에 대한 질책과 재발 방지를 요구할 수 있다. 또한 위원회의 의사결정이라는 형식 이외에도 경찰본부장 등에 대해서 유의 사항을 전달하여 경찰조직의 운영 방향을 제시하는 경우도 있다.

4) 감찰의 지시

경찰법 상 공안위원회에 의한 관리 강화를 목적으로 감찰에 대한 지시를 규정하고 있다. 도·도·부·현 공안위원회는 도·도·부·현 경찰의 사무 혹은 직원 비위에 대한 감찰과 관련하여 필요성을 인정하는 경우, 관리권을 행사하여 구체적이거나 개별적인 사항에 대한 지시를 할 수 있다. 이에 따라 지시를 받은 도·도·부·현 경찰의 장은 법적 의무를 준수해야 한다.

국가공안위원회도 국가 기관으로서 갖는 감찰 권한 내에서 필요하다고 인정될 때, 관리권을 토대로 구체적이거나 개별적인 사항에 대한 지시를 할 수 있다.

5) 고충 신청의 처리

경찰법은 도·도·부·현 공안위원회가 고충 신청을 처리하는 것으로 규정하고 있다. 이는 시민을 대표하여 경찰을 관리하는 공안위원회의 전형적인 업무이다. 도·도·부·현 경찰 직원의 직무 수행에 불만을 가진 사람은 문서로 도·도·부·현 공안위원회에 고충을 신청할 수 있다.

도·도·부·현 공안위원회는 성실하게 고충을 처리하고 처리 결과를 신청자에게 문서로 통지해야 한다. 다만, 도·도·부·현 경찰사무의 적절한 수행을 방해하기 위해 신청한 경우에는 그러지 않는다. 고충 신청의 처리는 공안위원회가 도·도·부·현 경찰을 관리하는 권한의 일환으로 이루어진다.

도·도·부·현 경찰의 장은 공안위원회의 지시를 받으면 사실을 조사하고, 그 결과에 따라 조치를 취한 후 공안위원회에 보고해야 한다.

제4장

독일의 자치경찰

제1절

경찰조직 체계와 운영

1 개관

독일 연방(聯邦, Bund)은 16개의 분방(分邦, Bundesland)으로 구성되어 있다. 노르트라인베스트팔렌(Nordrhein-Westfalen) 주는 인구 기준으로, 바이에른(Bayern) 주는 면적 기준으로 가장 큰 분방이다. 바이에른 주 등 여러 분방은 독일 민족의 발생과 함께 오랜 정치적 통일의 역사를 가지고 있다. 함부르크(Hamburg)와 브레멘(Bremen)·브레머하펜(Bremerhaven)은 중세시대부터 경제적으로 발전하여 독자적인 길을 걸어왔기 때문에 독립적인 도시 분방(Stadtstaat)으로 형성되었다.[37]

연방 체제하에서 독일의 16개 분방은 위임되지 않은 본래적 국가 권력, 즉 주권을 보유하고 있다. 다만, 이 주권은 완전하지 않으며, 분방들은 독일 연방에서 임의로 탈퇴할 수 없다. 입법권은 연방과 분방이 나누어 소유하지만, 행정은 주로 분방이 책임진다. 각 분방은 독자적인 헌법과 헌법재판소를 보유하고 있지만, 사법적인 결정은 최종적으로 연방 최고법원에 강하게 의존하고 있다. 분방은 연방상원을 통해 연방의 의사형성에 영향을 미칠 수 있다.[38]

연방과 분방 간 권한 배분은 전통적인 독일 분권주의를 유지하며 연방헌법에 명시되어 있다. 입법권의 배분 유형은 첫째, 연방만이 수행할 수 있는 사항, 둘째, 연방과 분방이 공동으로 수행할 수 있는 사항, 셋째, 연방이 원칙적인 규정만을 제정하는 사항으로 규정되어 있다. 연방정부에서 전적으로 또는 우선적으로 책임지는 분야는 외교, 군사, 우편, 철도,

---

37) 치안정책연구소(2020). 전게서, p. 170.

38) 홍기수 외 번역(2010). 「독일법의 기초(Higendorf, Eric)」. 한국형사정책연구원.

통화, 관세, 통상, 사법, 그리고 전쟁 등이다.

독일 행정 체계는 연방행정(Bundesverwaltung), 분방행정(Länderverwaltung), 지방자치행정(Kommunalverwaltung)으로 구성되며, 조직 단계는 연방(Bund), 분방(Land), 관구(Regierungsbezirk), 도(Kreis) 또는 광역시(Kreisfreie Stadt), 시·군·읍·면·동 즉, 협의의 게마(Gemeinde) 5개 수준으로 나누어진다. [39]

관구(Bezirk/Regierungsbezirk)는 지방자치단체가 아닌 분방의 일선 행정구역으로, 광역자치단체처럼 관할지역에 있는 지방자치단체를 지원하는 역할을 한다. 분방은 3~7개의 구역으로 나누어지며, 각 구역의 중심 도시에 관구청(Regierungspräsidium)을 설치하고, 분방 정부에서 임명하는 관구장(Regierungspräsident)을 두고 있다. [40]

1949년 독일 연방공화국(BRD)이 수립된 후, 독일헌법(Grundgesetz)은 연방과 각 분방 간의 권한을 분배했다. 헌법 제70조 제1항에 따라 연방이 입법권을 가지지 않는 한, 분방이 입법권을 가진다고 명시하였다. 헌법상 연방과 관련된 특정 규정을 제외하고 경찰과 관련한 배타적 입법권은 일반적으로 분방에 주어졌다. 이러한 규정에 따라 분방들은 경찰에 관한 일반적인 법률을 제정하였고, 각 분방은 자체적인 경찰조직을 갖게 되었다. [41]

경찰(Polizei)이라는 개념은 독일 전역에서 통일적으로 사용되는 것은 아니다. 연방과 일부 분방은 경찰이라는 용어를 주로 집행경찰 업무를 수행하는 일반경찰(Polizeivollzugsdienst)의 조직 단위를 지칭하는 데에 사용한다. 그러나 바덴뷔어템베르크(Baden-Württemberg) 주의 경우, 경찰(Polizei) 개념은 집행경찰뿐만 아니라 행정청이 경찰 기능을 수행하는 경우까지 포괄적으로 사용된다.

경찰관청(Polizeibehörde)은 실질적 경찰의 범위에 따라 국가 및 지방 행정단위에서 상당한 범위로서 주어진 위험방지 임무를 담당한다. 즉, 기관의 명칭이 중요한 것이 아니라 실제로 수행하는 임무의 법적 근거가 경찰관청이냐의 기준이 된다.

2017년 기준 독일은 약 25만 명(250,768명)의 경찰관이 근무하며, 16개 분방에 21만 5,970명, 연방에 3만 4,798명이 근무한다. 4만 6,642명의 일반직을 포함한 전체 경찰관서 공무원 숫자는 30만여 명(297,410명)이며, 총인구 8천 3백여만 명 대비 1인당 담당 인구는

---

39) 최승원 외(2018). "연방제 국가 지방자치단체 감사제도 현황 및 운영실태 연구". 한국지방자치법학회. p.10.

40) 경찰대학 치안정책연구소(2020). 전게보고서. p. 171.

41) 신현기·홍의표(2013). "독일 자치경찰제도에 관한 연구". 『자치경찰연구』 제6권 제1호. p. 13.

약 282명이다. 2018년 기준 독일 연방경찰의 연간 예산은 3,434백만 유로(Mio. €) 한화로 4조 7천여억 원이다.[42]

2 경찰조직 체계와 운영

연방 내무부장관 산하에 연방경찰청(Bundespolizeipräsidien), 연방헌법수호청(Das Bundesamt für Verfassungsschutz), 연방수사청(Bundeskriminalamt) 등이 설치되어 있다.

1) 연방경찰청

연방경찰청(Bundespolizeipräsidien)은 1951년 국경수비대로 창설되었다가, 2005년 6월 30일 현 명칭으로 개칭되었으며, 연방경찰청의 하부조직은 9개의 연방경찰지부(Bundespolizeidirektion)를 두고 지부별로 7~12개씩 총 77개의 경찰서와 경찰서 산하에 전국 67개의 연방파출소(Bundespolizeiinspektionen)가 있다.

기동경찰본부(Direktion der Bundesbereitschaftspolizei)는 전국 10개의 연방경찰 기동대(Bundespolizeiabteilungen)를 설치하고 있다.[43]

연방경찰의 업무는 연방경찰법(BPolG) 제2조가 규정하고 있는데, 경찰 업무 전반이 아니라 14개 인접 국가와의 국경 수비를 주 업무로 하며, 테러경비, 분방경찰 지원, 형사범의 수사 등을 부수적으로 수행한다. 연방경찰도 분방경찰과 같이 연방경찰법 제14조에서 개괄적 수권조항을 가지고 활동한다.[44]

2) 연방헌법수호청

연방헌법수호청(Das Bundesamt für Verfassungsschutz)은 국가방첩, 반국가단체, 스파이 등의 감시를 담당하고 동시에 정보를 수집한다. 정보원의 배치 등 비밀정보 수집활동도 가능하지만, 구속, 압수수색, 소환, 강제 수단의 행사는 불가능하다. 실질적인 경찰 업무를 수

---

42) 치안정책연구소(2020). 전게보고서. p. 176.

43) 치안정책연구소(2020). 전게보고서. p. 174; 연방헌법수호청법(BVerfSchG) 제2조 제1항 3문에 따라 독일의 경찰법 학계에서는 연방헌법수호청을 연방정보국과 같은 맥락에서 경찰기관으로 보지 않는다고 한다.

44) 신현기 외(2021). 『비교경찰제도론』. 법문사.

행하고 있음에도 어떠한 직접적 물리력 행사권도 부여하지 않는다.[45]

극단주의자들에 대한 정보를 수집하고 평가하여, 결사 금지 및 형법적 조사 절차를 담당하는 경찰이나 형사소추 기관에 이를 이첩한다. 각 분방에는 내무부 산하에 분방헌법수호청이 설치되어 연방과 분방 간 협력 체제를 유지한다.

3) 연방수사청

연방수사청(Bundeskriminalamt)은 전국 및 국제적 범죄, 위조화폐, 정치범죄, 교육 등을 담당하고 있으며, 각 16개 분방들 간 업무 협조를 위해 분방 수사국을 설치, 운영하고 있다. 연방수사청의 권한은 테러방지법(Terrorismusbekämpfungsgesetz), 정보공유법(Gemeinsame-Dateien-Gesetz), 대테러정보법(Antiterrordateigesetz)에 의하여 확대되었다.

국제적 테러 위험을 방지하는 권한을 갖고 있는데, 분방의 경계를 넘어서는 위험에 있어서 분방경찰관청이 인지하지 못하였거나, 또는 분방 최고관청의 지원요청이 있는 경우에 행사할 수 있다.

일반적인 위험방지 권한은 기술적 수단, 정보 기술 시스템에 의한 주거내·외의 비밀침해, 전화감청 등 자료조사에 관한 많은 특별한 권한도 갖는다. 연방수사청법 제1조 제3항은 위험방지가 분방의 권한임을 명백히 밝히고 있으면서도, 국제 테러리즘으로 인한 위험방지와 관련하여 연방수사청에 광범위한 예방적 경찰 권한을 부여하고 있다.

---

45) 신현기·홍의표(2013). 전게서. p. 13~17.

제2절

지방자치경찰 체제의 개관

1 분방 차원

분방 차원의 분권을 자치로 간주하느냐는 관점에 따라 다르지만, 실질적인 관점에서 자치의 한 유형이다.[46) 독일은 연방경찰과 분방경찰이 서로 독립적인 지위를 유지하며, 양측 간의 상호 독립적인 관계가 인정된다. 연방경찰은 국경경비 등 특수한 임무만을 담당하여, 관할이 중복되지 않는다.

프로이센 이후 독일의 지방자치와 경찰 분권의 역사는 밀접한 연관성이 있다. 1919년 독일은 1차 세계대전 중 자치경찰을 폐지하고 중앙집권적 경찰을 설립했지만, 1920년 연합국의 요구에 따라 각 분방에서 다양한 경찰 제도가 운영되기 시작했다. 1933년 나치정권에서는 중앙집권적 경찰 제도가 다시 도입되었지만, 2차 세계대전 후 점령국의 영향으로 인해 경찰행정 권한은 연방이 아닌 각 분방의 권한으로 이관되었다.[47) 점령국의 영향하에 경찰의 탈경찰화(Entpolizeilichung)가 이루어지고, 경찰행정 권한은 연방이 아닌 각 지방에 속하도록 조정된 것이다.

---

46) 최승원 외(2018). 전게서. p. 11; 독일의 주는 국가로서 엄밀한 의미의 지방자치단체는 아니지만, 연방과의 관계에서는 지방분권의 의미를 갖는다고 함.

47) 박경래(2005). 전게논문. pp. 162~163.

2 **지방자치단체 차원**

2차 세계대전 이후 독일은 1945년부터 점령국의 영향으로 5,000명 이상의 지방자치단체에서 독자적인 집행경찰을 조직한다. 그러나 1955년 바덴뷔어템베르크 경찰법은 75,000명 이상의 도시에서는 자체 집행경찰을 구성할 수 있도록 규정하였다. 1960년대와 70년대에 지방자치단체가 경제적인 어려움을 겪어 이러한 독립적인 집행경찰이 분방경찰로 다시 통합되었다.[48]

바이에른 주의 경우, 1975년에는 5,000명 이상의 지역에 150여 개의 자치경찰조직이 도입되었다. 그러나 1975년에 뮌헨시 경찰이 바이에른 분방경찰로 합병되면서 자치경찰은 폐지되었다. 헤센 주는 1953년 경찰 개혁으로 지방자치단체의 경찰에 대한 영향력을 제거하고, 분방경찰이 하부 경찰조직을 직접 감독하도록 조치했다.

1990년대 이후, 대도심의 무질서로 인해 기초자치단체 차원에서 질서 공무원조직이 다시 등장하였다. 바덴뷔어템베르크주는 경찰법 개정을 통해 지방자치단체 차원의 집행 공무원을 도입하였다. 예를 들면, 칼스루에(Karlsruhe)시는 2010년에 질서 공무원을 도입하여 2011년부터 활동을 시작했으며, 헤센주는 2005년에 분방경찰법을 개정하여 보조경찰에게 '질서경찰(Ordnungspolizei, Orpo)'이라는 명칭을 부여하고, 실무상으로는 '도시경찰(Stadtpolizei)'이라 별칭하고 있다.[49]

기초자치단체 단위의 경찰관청을 운영하는 경우도 있다. 그러나 경찰관청은 분방경찰의 지휘·감독을 받으며, 경찰권의 주체는 분방이다. 따라서, 분방경찰을 제외한 자치경찰은 존재하지 않는다.

도시경찰은 지방자치단체 예산으로 운영되며, 분방경찰과 협력 관계에 있다. 도시경찰은 주로 생활안전과 치안 질서 유지에 중점을 두고 있으며, 분방경찰은 범죄대응과 위험방지에 중점을 두고 있다.

---

48) 신현기·홍의표(2013), 전게서, p. 21.

49) 원소연 외(2011), 『광역자치경찰과 기초자치경찰제에 대한 입법평가』, 한국법제연구원 보고서, pp. 89~90.

▽

제3절

지방자치경찰 체제의 특징

1 지방자치경찰의 사무분권성

1) 분방 차원

1949년 독일연방공화국(BRD)이 수립되면서 독일헌법(Grundgesetz)은 연방과 각 분방 간의 권한을 분배하였다. 연방의 입법권이 명시적으로 규정된 사항을 제외하고 각 분방이 입법권을 가진다. 헌법상 경찰과 관련한 배타적 입법권은 각 분방에 부여되었다.

각 분방의 경찰법제는 단일법제와 세분법제로 구분된다. 세분법제는 경찰조직법, 경찰 직무법, 질서관청법 등으로 구분되며, 직접강제 관련 규율법이 별도로 제정되기도 한다.[50]

2) 지방자치단체 차원

지방자치단체의 질서관청은 통상 지역경찰관청으로 불리며, 분방의 지시에 따라 의 무적으로 수행하는 과업, 즉 분방 위임사무를 담당한다. 분방 법률에 근거하여 지방자치단 체는 내근인 질서 공무원 외에 외근인 집행 공무원을 둘 것인가는 재량으로 결정한다. 지 방자치단체에는 광역시 및 시·군 등이 포함되나, 바덴뷔어템베르크 주는 경찰법 제80조에 서 지방자치단체에 이러한 집행 공무원의 설치 권한을 부여하면서도, 광역자치단체인 도 는 제외하고 있다. 한편 이러한 설치 결정은 시장이 아닌 지방의회가 조직 권한을 갖고 조 례로 의결하는데, 이는 예산법적 검토가 필요하기 때문이다.[51]

---

50) 신현기(2021). 상게서. 참조.
51) 신현기·홍의표(2013). 전게서. p. 13

2 지방자치경찰의 조직

1) 분방 차원

분방 차원에서 내무부가 최상급 경찰관청이며, 내무부는 경찰국(Landespolizeipräsidium)을 두고, 통상 민간인으로 경찰국장을 임명한다. 분방 경찰국은 분방 행정부로부터 독립성이 부여되지 않고 내무부 직속의 국으로 편성된다. 16개 분방의 내무부장관(Innenminister) 또는 내무위원(Innensenator)은 경찰에 대해 정치적으로 책임을 진다. 규모가 큰 분방에 설치된 각 관구(Regierungsbezirk)의 지방행정청에는 제6국으로 지방경찰국(Polizeipräsidium or Regierungspräsidium)을 두지만, 지방경찰국은 직접 집행 기관의 역할을 수행하지 않고, 하급 경찰관서에 대한 인사·예산·지원·감독·통제 업무를 수행한다.

지방자치단체에 해당하는 도(Landkreis, Kreis)와 광역시(KreisfreieStadt) 및 시·군(Gemeinde)에는 경찰서(Polizeidirektion, Polizeistation), 지구대(Polizeireviere, Polizeiinspektionen), 파출소(Polizeiposten) 등이 설치된다. [52]

2) 지방자치단체 차원

경찰을 일반경찰(집행경찰)이라고 하며, 예방경찰 업무를 수행하는 지방자치단체를 질서관청이라고 한다. 헤센주를 제외하고, 질서관청에 속하는 질서 공무원을 경찰이라고 칭하지 않지만, 공공의 안녕과 질서유지를 목적으로 예방적 경찰권을 행사하는 실질적 의미의 경찰에 포함된다.

질서관청에는 내근자와 외근자가 있고, 지자체의 집행 공무원인 외근자들이 통상 보조경찰관(Hilfspolizeibeamte)이다. 내근자와 달리 직접강제권을 갖고, 경찰 제복을 입으며 수갑, 경찰봉, 가스스프레이 등을 휴대하며, 법률이 허용하면 부분적으로 총기사용도 가능하다. 제복과 차량은 통상 질서청(Ordnungsamt), 질서 공무원(Ordnungsdienst, Ordnungsund Servicedienst)이라고 표식되지만, 도시경찰(Stadtpolize), 교외경찰(Kiezpolizei) 또는 자치경찰(Kommunalpolizei)이라고 표시하기도 한다. 이들 지자체 집행 공무원들은 공공 안전을 유지하고 주민의 체감안전도를 제고하는 목적을 가지고 도보 또는 차량 순찰을 수행한다. [53]

---

52) 임승빈 외(2014). 『자치경찰제 도입 방안 연구』. 전국시도지사협의회 보고서. p. 160.
53) 이성용 외(2015). 『비교경찰제도론』. 박영사.

1) 분방 차원

독일 분방경찰의 주된 사무는 예방경찰(Schutzpolizei), 수사경찰(Kriminalpolizei), 기동경찰(Bereitschaftspolizei), 수상경찰(Wasserschutzpolizei) 4가지로 분류된다.

예방경찰은 정복을 착용하고 순찰 및 교통, 경제사범 단속 등을 담당한다. 수사경찰은 사복을 착용하고 범죄수사와 예방 업무를 행한다. 기동경찰은 폭동 및 시위에 대처한다. 수상경찰은 수상로와 내수면 및 항구 등에서 업무를 수행한다.

특히, 범죄수사와 관련하여 예방경찰은 교통사고 도주, 절도, 상해나 모욕 등의 경죄를 담당하고, 수사경찰은 마약사범 등의 중죄를 담당한다.[54]

독일 각 분방경찰과 지방자치단체 간의 경찰사무의 분담은 각 분방별로 분리형(Trennungssystem)과 통합형(Einheitssystem)으로 나누어진다.

먼저, 통합형은 일반 예방경찰이 통상의 범죄대응 이외에 주민등록, 여권발급 등 일반 행정적 위험방지사무까지 수행한다. 분리형인 12개 분방의 경우, 이러한 예방경찰사무를 지방자치단체에서 위임사무 또는 지시에 따른 필요사무(Pflichtaufgaben)로 수행하며, 일반 예방경찰사무는 급박한 위험방지, 수사, 집행 원조 및 기타 법률이 정하는 직무로 한정된다.

분리형 모델은 다시 2가지 유형이 있다. 일반경찰과 행정경찰을 동일한 법률에 따르도록 하는 경우와 경찰법을 일반경찰에만 적용하고 행정경찰에는 경찰법의 특별법을 제정하여 적용하는 유형으로 구분된다.[55]

2) 지방자치단체 차원

지자체는 도, 광역시, 시·군으로 구분된다. 분방경찰 중 분리형을 택하는 경우, 경찰에게 권한이 명시적으로 부여되지 않는 한, 분방 내무부장관, 관구청장, 게멘덴[56]은 질서관청으로서 모든 위험방지 권한을 갖는다. 일반행정청인 행정경찰이 공공 안녕과 질서유지에 있어서 원칙적인 권한을 갖는다. 이것은 경찰조직의 직무범위 축소를 의미하며, 2차 대전 이후 연합국 점령지역에서 행해진 탈경찰화의 결과이다.

---

54) 신현기·홍의표(2013). 전게서. p. 11.

55) 원소연 외(2011). 전게보고서. p. 90.

56) 광의로 자치단체라는 의미에서 게멘덴(Gemünden)이다.

통합형 모델에서도 행정경찰과 일반경찰의 기능이 구분된다. 전자는 분리형 모델에서의 질서관청 역할을, 후자는 일반경찰의 역할을 수행한다. 소위 경찰 집행 업무를 수행하는 일반경찰에게 위임되지 않은 모든 위험방지사무는 행정경찰이 수행한다. 일반경찰의 권한 행사는 비상시나 급박한 경우 긴급한 개입권을 가지지만, 질서관청이 스스로 개입할 수 있을 때까지로 제한된다.

질서관청인 지자체도 긴급한 경우 긴급 관할로서 일반경찰을 위한 집행원조나 직접강제를 실행할 수 있다. 일반경찰은 질서위반 행위에 대하여 질서행정청의 범칙금 부과를 위한 조사자로서 역할을 수행하지만, 교통 관련 질서위반 행위에 있어서 스스로 범칙금을 부과하는 행정청이 된다.[57]

4 자치경찰의 인사관리와 지휘·감독 체계

1) 자치경찰 책임자에 대한 임명

분방 경찰은 분방 내무부장관이 관리하고, 경찰국장이 지휘한다. 경찰국장은 내무부장관의 추천으로 분방 지사가 임명한다. 전통에 따라 민간인 중에서 임명되는데, 변호사 출신들이 주로 임명된다.

2) 지휘·감독 및 조정

(1) 대(對) 분방차원

일반적으로 연방 내무부장관은 원칙적으로 분방경찰에 대한 지휘·통솔을 할 수 없고, 재정적 부담도 전가할 수 없다.[58]

분방경찰은 각 분방 내무부 소속으로 독자적인 조직과 기능을 갖는다. 그러나 헌법에 따라 자연재해나 대형사고, 자유민주질서를 위협하는 긴급사태가 발생하면, 분방은 다른 분방경찰과 연방경찰의 지원을 요청할 수 있다. 긴급사태가 한 분방의 관할지역을 넘어선 경우, 연방은 연방경찰의 투입은 물론 다른 분방들의 경력 준비를 지시할 수 있다. 또한, 분

---

57) 임승빈 외(2014). 전게보고서. p. 165.

58) 상게보고서. 참조; 검찰조직도 종전(戰前) 국가검찰 체제에서 연방검찰과 각 분방 법무부장관 소속 분방검찰로 이원화하여 국가검찰이 지방경찰을 지휘하는 문제점을 해소함.

방이 긴급사태에 자체 대응 준비가 되지 않은 경우, 연방은 분방경찰과 다른 분방경찰을 지휘할 수 있다.

(2) 지방자치단체 차원

도(Landkreis, Kreis)와 광역시(Kreisfreie Stadt) 및 시·군(Gemeinde)에 경찰서(Polizeidirektion, Polizeistation), 지구대(Polizeireviere, Polizeiinspektionen), 파출소(Polizeiposten)가 설치되었지만, 시·도의회나 시·군의회가 경찰서 등에 대해 감독·감사를 하지 않고, 경찰서장 등의 출석, 답변의 의무도 없다.

바덴뷔어템베르크 및 바이에른주는 분방 내무부 직속의 지방경찰청에 경찰서 없이 바로 지구대, 파출소를 두고 있다. 지방자치단체와 경찰관청의 관할구역이 일치하지 않는다.

5 지방자치경찰의 예산

1) 분방경찰 차원

경찰 업무가 분방사무인 경우, 일반적으로 분방정부에서 분방경찰의 비용을 부담하는 것이 원칙이다. 대다수의 분방경찰법에서 경찰관청의 비용을 분방이 지원되도록 규정하고 있다. 바이에른과 노르트라인베스트팔렌 주는 명시적으로 이러한 규정을 포함하지 않지만, 경찰이 분방의 업무를 수행하는 것으로 해석되어 일관성을 유지하고 있다.

2) 지방자치단체 질서경찰 차원

경찰 비용은 크게 위험 방지를 위한 지출과 위험방지청 및 경찰관청의 활동에 소요된 비용으로 나눈다. 위험 방지를 위한 지출은 자연재해, 대형 사고, 테러 등 다양한 위험으로부터 국민의 생명과 재산을 보호하기 위한 비용이다. 이러한 비용은 분방비용법에 따라 분방이 부담한다.

위험방지청 및 경찰관청의 활동에 소요된 비용은 범죄예방, 수사, 교통 단속 등 경찰의 기본적인 업무 수행에 필요한 비용이다. 이러한 비용은 분방과 지방자치단체가 공동으로 부담한다.

헤센주의 경우, 헤센주경찰법에 따라 위험방지청의 활동에 소요된 비용은 분방이 부담하고, 경찰관청의 활동에 소요된 비용은 분방과 지방자치단체가 공동으로 부담한다. 바이에른주의 경우도 분방 헌법에서 분방에서 지방자치단체에 위임된 사무의 비용은 분방이 부담하도록 규정하고 있다.

따라서, 경찰관청의 활동에 소요된 비용은 분방이 부담하는 것이 원칙이다. 다만, 자치의회의 의결을 통해 임의로 설치되는 도시경찰의 지출예산은 해당 지방자치단체에서 부담한다. 이러한 규정은 지방자치단체의 재량에 따라 정해지며, 도시경찰에 관련된 지출은 해당 지방에서 책임지게 된다.

6 채용과 교육 체계

1) 분방별 경찰법 적용

독일 경찰은 연방경찰과 분방경찰로 나누어져, 각 분방마다 독자적인 경찰법이 적용된다. 따라서, 연방경찰에서 분방경찰로의 소속 전환이 드물며, 16개 분방 간의 경찰관 인적 교류는 금지되어 있다. 인적 교류를 원한다면 퇴직 후 다시 경찰시험에 응시해야 한다.

2) 직급별 교육 체계

경찰관의 입직 경로는 순경급, 경위급 및 경정급으로 나누어져 있으며, 모두 순찰에서 근무한 후에 전문 부서로 배치된다. 경찰의 채용, 근무 체제, 승진, 보수, 인사이동, 정원 관리 등은 16개 분방에서 동일한 원칙이 적용된다.

3) 채용

순경급 채용은 대부분 실업고등학교 이상의 학력이 필요하며, 나이 및 신장 등의 제한이 있다. 대부분의 분방은 약 30개월 정도의 교육이 제공되며, 교육 후 순경으로 임용된다.

경위급 간부의 충원은 내부 승진 경찰관과 외부 신임 선발자로 이루어진다. 경찰대학 졸업자들은 경위급으로 임용되며, 신임 선발 시 인문계 고등학교나 전문대 졸업의 학력이 필요하고, 31세 이하인 경우가 일반적이다. 교육 과정은 일반적으로 3년이며, 독립된 경찰대학이나 분방행정대학 내 경찰학부가 운영된다.

경정에 특별 채용되거나 경감 및 경정으로 승진하기 위해서 2년간 독일 경찰대학원에서 교육을 이수하고 공공행정-경찰관리 석사 학위를 취득해야 한다. 이 중 1년의 교육은 분방경찰대학에서 실시된다.

제4절

시사점

1 일반행정의 자치분권성

독일은 오랜 기간에 걸쳐 수많은 영주국가로 나뉘어져 있던 역사적 전통을 반영하고 있다. 각 지방은 독립된 국가처럼 독자적인 특성을 가지며, 연방과 지방은 모두 자치분권 체제를 형성하는 형태이다.

독일 헌법은 연방과 지방 간의 권한을 상세히 규정하고 있으며, 16개의 지방 아래에는 295개의 광역자치단체인 도와 광역시가 있고, 최하위에는 11,198개의 기초자치단체인 시가 있다. 독일 헌법은 지방자치 제도를 법적으로 보장하고, 각 지방의 대표는 주민들의 직접 선거로 선출된다. 이를 통해 독일은 한층 높은 자치분권을 가진 형태를 갖추고 있다.

규모가 큰 4개 지방은 광역자치단체보다 큰 구역에서 관구(Wetzlar)를 운영하기도 하지만, 이는 지방의 행정구역으로 자치행정과는 무관하다. 독일은 연방과 지방 간의 권한을 균형 있게 조절하여 자치분권을 강화하고, 효과적인 지방자치 제도를 운영하고 있다.

2 자치경찰의 사무분권성

독일의 자치경찰은 2차 대전 이후 서독 지역과 1990년 독일 통일 이후 독일 전역에 적용된 연방제에 따라 연방경찰로부터 분리되었다. 각 분방은 독자적인 경찰법을 제정하고 경찰과 관련한 배타적 입법권을 갖는다.

각 분방의 경찰조직은 특정한 구조를 갖추고 있으며, 내무부 경찰국-지방경찰청-지구대·파출소의 구조를 가진 바덴뷔어템베르크 주와 바이에른 주, 내무부경찰국-시도경찰관청(경찰서 혹은 대)의 구조를 가진 노르트라인베스트팔렌 주, 내무부 경찰국-경찰서-파출소의 구조를 가진 베를린 주 등이 있다.

분방경찰은 연방과 중복되지 않는 독자적인 경찰 업무를 수행하며, 예방경찰, 수사경찰, 기동경찰, 수상경찰 기능으로 분류된다.

자치경찰은 2차 대전 이후 5,000명 이상의 시를 대상으로 유지되다가 1977년에 분방경찰로 통합되었다. 그러나 1990년대 이후 대도시를 중심으로 집행 업무를 담당하는 지방자치단체 질서 공무원들이 '도시경찰'의 이름으로 등장하였다. 니더작센 주의 '우리 동네를 걷다'(Walk around your Hood)는 주민이 느끼는 공간과 관련된 범죄 및 불안 분석, 참여자 선정을 통해 체감안전도를 높이는 서비스로 성공적인 평가를 받고 있다.

3 국가 및 자치경찰의 협력

독일의 경찰 체계는 연방과 분방 간 교육 및 협력 체계가 활성화되어 있다. 특히, 연방과 16개 분방이 협약하여 노르트라인베스트팔렌 주의 분방법으로 설치한 독일 경찰대학원은 연방 기관의 성격을 가지며, 사법고시 출신 경정채용자나 경감, 경정 승진자에 대한 석·박사 학위과정을 운영하고 있다.

또한, 독일의 경찰 긴급 신고 체계는 110번으로 통일되어 있으며, 1973년부터 전국적으로 시행되고 있다. 이 체계에서는 기술적인 부분은 연방에서 담당하지만, 경찰 긴급 센터의 설치 및 유지에 대한 책임은 각 분방에 있다. 경찰 긴급 센터는 긴급사태에 대한 판단, 조정, 지원을 담당하며 연방 및 분방경찰, 사설 구조견까지 연결된다.

분방 간 공동협력을 위해 분방 내무부장관 또는 내무부위원간의 정기협의회는 분방경찰의 공통성 유지에 기여하고 있으며, 경찰과 관련된 의제를 토론한다. 결정은 법적 구속력이 없지만, 정치적 구속력이 있으며 각 분방이나 연방에서 후속 조치를 취한다.

또한, 각 분방경찰 간, 연방경찰과 분방경찰 사이에는 각종 행정협약이 체결되어 상호협력하고 있으며, 공동 연구소도 설치되어 있다.

▶▶▶ 참고문헌

국내 문헌

경찰개혁위원회 실무팀(1999). 『자치경찰제의 이해 -자치경찰제의 이념, 조직, 운영, 수사권 -』. 경찰청 경찰개혁위원회.

경찰청 경찰개혁위원회(1999). 『경찰개혁추진사항 보고』. 경찰청 경찰개혁위원회.

경찰개혁위원회(2018). 『국민을 위한 경찰개혁(자료집)』 경찰개혁위원회.국회의원 공동주최.

경찰개혁위원회·치안연구소(1999). 『경찰개혁위원회자료집(1998.9~1999.1)』 제1권.

경찰청 경찰개혁위원회(1999). 『경찰법개정법률 시안(1999. 5. 4)』. 경찰개혁위원회.

경찰대학 치안정책연구소(2020). 『외국의 자치경찰제도 연구』. 치안정책연구소 보고서.

국회 내무위소속 민주당국회의원 보좌진·내무전문위원(1994). 『경찰행정의 주요 문제점과 개 선방안』. 동방기획.

김기갑(2020). "일원화 자치경찰제에 대한 현장 경찰관들의 인식 조사". 『한국경찰연구』. 19(4). 한국경찰연구학회.

김성호·안영훈·이효(1998). 『 자치경찰제의 준거틀과 모형설계』. 한국지방행정연구원.

김원중(2009). "제주특별자치도 자치경찰제도의 특성 검토". 『지방자치법연구』 제6권 제2호 (통권 제12호). 한국지방자치법학회.

김학경·이성기(2012). "영국 지방자치경찰의 새로운 패러다임: 2011 경찰개혁 및 사회책임법 과 국립범죄청을 중심으로". 『경찰학연구』 제12권 제1호. 경찰대학.

김홍주 외 1인(2019). 『세종형 자치경찰제 도입방안』. 대전세종연구원.

남궁현(2020). "미국 지역경찰의 공권력 남용 논란에 대한 연구". 『형사정책연구』 제31권 제3 호(통권 제123호, 가을).

내무부(1972). 『 70년대의 한국경찰의 방향』. 내무부.

「동아일보」(2008). "자치경찰제의 도입과 경찰입장". 5월7일자.

민주당국회의원 보좌진·내무위 전문위원 등(1994). 『경찰행정의 주요 문제점과 개선방안』. 동방기획.

노호래(2006). "순찰지구대의 인력재배치 방향". 『한국공안행정학회보』제23호. 한국공안행정학회.

(대통령 소속) 자치분권위원회(2018). 자치경찰위원회 특별위원회안 발표 및 정책토론회 자료집(2018. 11. 13).

대한민국 정책브리핑. (2021). 시·도 자치경찰 조례 제·개정 완료.

머니투데이, "與, 자치경찰 4만명 국가직 공무원 신분 유지…경찰 '표정관리'", 2020년 8월 3일자

새정치국민회의 정책기획단(1998). 『자료집(지방자치 개혁 방안)』. 새정치국민회의.

박경래(2005). 『주요국의 자치경찰제도와 한국의 자치경찰법안 연구』. 연구총서 05-26. 한국형사정책연구원.

박재희(2021). "시도자치경찰위원회의 구성과 역할" 꼭 알아야 할 지방자치 정책브리프 No. 117. 한국지방행정연구원.

박종승(2020). "전라북도형 자치경찰 도입방안에 관한 연구: 이원화 모델을 중심으로". 『한국경찰학회보』. 22(4)

손능수·정우열(2009). "한국 지역경찰 체제의 발전과정에 관한 연구". 『한국행정사학지』 통권제25호. 한국행정사학회.

서울특별시 자치경찰위원회(2021). 『안전도시 서울을 위한 자치경찰제도 이해』. 서울특별시 자치경찰위원회.

서울특별시 자치경찰위원회(2022). 『시민을 편안하게 서울을 안전하게』. 서울시 자치경찰 1주년 백서. 서울특별시 자치경찰위원회.

석청호(2003). "한국지역경찰 운영실태에 관한 연구". 『한국경찰학회보』제6호. 한국경찰학회.

신경수(2021). "자치경찰제 도입을 위한 서울시의 바람직한 운영방안". 『서울도시연구』 22(1). 서울연구원.

신현기·홍의표(2013). "독일 자치경찰제도에 관한 연구". 『자치경찰연구』제6권 제1호. 한국자치경찰학회.

신현기 외(2021). 『비교경찰제도론』. 법문사.

안성훈(2018). 『주요 국가 자치경찰제 운영현황 비교분석 - 견제·통제 방안을 중심으로』. 연구총서 18-AB-05, 한국형사정책연구원.

양문승(1996). "지방자치경찰제 실시에 대비한 지방경찰의 역할 모델-일본의 지역경찰을 중심
　　　으로-".『논문집』제32집. 원광대학교

양문승(2003). "효율적인 범죄예방을 위한 경찰활동과 시민 참여".『한국경찰학회보』5권. 한
　　　국경찰학회.

양영철(2006). "자치경찰제법안의 주요 쟁점에 대한 소고".『지방자치』통권210호. 미래한국재단

양영철(2005). "참여정부의 자치경찰 창설과 운영방안".『한국사회와 행정연구』제15권 제4호
　　　(2005. 2). 서울행정학회

양영철(2009). "제주특별자치도 자치경찰제 운영성과와 과제". 제주자치경찰평가 제주토론회
　　　(2009. 04. 21). 제주도 의회.

오승은(2017). "일본의 통합형 경찰제도에 관한 연구",『한국지방자치학회보』제29권 제3호(통
　　　권 제99호). 한국지방자치학회.

옥필훈(2009).『제주자치경찰의 실태와 발전방안에 관한 연구』. 원광대학교 대학원 박사학위
　　　논문.

원소연 외(2011).『광역자치경찰과 기초자치경찰제에 대한 입법평가』. 한국법제연구원 보고서,

이강종(2003).『자치경찰제도의 도입과 효율적인 운용방안에 관한 연구』. 동국대학교 행정대
　　　학원 석사학위논문.

이경은(1998). "국가경찰과 자치경찰의 사무분장과 자치경찰의 바람직한 기능에 관한 연구".
　　　자치경찰제도 공청회. 경찰개혁위원회·한국경찰학회·치안연구소.

이기호·박기석(2001). "지방자치경찰제도의 도입에 관한 연구".『경찰대학논문집』제21집.

이상훈(2019). "한국 자치경찰제 도입모형: 정부안(홍익표 의원 대표발의안) 검토를 중심으로".
　　　『한국경찰학회보』21(2). 한국경찰학회.

이성용 외(2015).『비교경찰제도론』. 박영사.

이재원(2022). "일본 경찰의 변화와 과제".『한국경찰학회보』제36권 2호. 한국경찰학회.

이창훈(2016). "경찰관의 범죄피해 두려움 공감도와 경찰활동 선호유형이 지역사회중심경찰
　　　활동에 미치는 영향".『한국공안행정학회보』제25권 제2호 통권 제63호. 한국공안행정
　　　학회.

이창훈(2020). "미국 지역경찰의 공권력 남용 논란에 관한 연구".『형사정책연구』통권 제123
　　　호. 한국형사정책연구원.

이황우(1989). "지방자치와 경찰의 정치적 중립화 방안.『공안행정논총』. 동국대학교.

이황우(1995). "지방화시대에 따른 자치경찰제 도입 모형에 관한 연구".『한국공안행정학회보』제4권. 한국공안행정학회.

이황우(1997). "지방화시대에 따른 자치경찰제 도입모형에 관한 연구".『한국공안행정학회보』제4호. 한국공안행정학회.

이현우(2009).『광역단위자치경찰제 도입』. 국회공청회 준비자료. 경기도자치행정과.

이현우 외(2009).『자치경찰제도 도입에 관한 연구』. 경기개발연구원.

이현주·염윤호(2020). "영국경찰의 주민자치성 검토: 잉글랜드 웨일즈 지방을 중심으로".『치안정책연구』34권 2호. 치안정책연구소.

임승빈(2014).『자치경찰제 도입 방안 연구』. 전국시도지사협의회 [편].

임준태(2002). "파출소제도 개선과 순찰근무 효과성 강화방안 연구 : 독일과 스위스의 파출소제도에 대한 실증연구를 중심으로",『치안정책연구』제16호. 치안정책연구소.

자치경찰제실무추진단 (2009).『자치경찰제도입관련 워크샵』2009년 10월 29일~30일.

전국시·도지사협의회 편(2004).『정부의 자치경찰제안에 대하여』. 전국시.도지사협의회.

전국시.도지사협의회(2005).『합리적인 자치경찰제 도입방안』. 전국시.도지사협의회.

정부혁신지방분권위원회(2004).『자치경찰제 도입방안 자료집』. 정부혁신지방분권위원회.

정균환(1996).『(지방자치의 완성을 향한) 자치경찰』. 신유영사.

정균환(1998).『경찰개혁 하; 자치경찰』. 좋은세상.

조선일보(1999). "지방자치경찰 검경 갈등 조짐 총선이후 실시 전망". 5월 9일.

조선일보(2003). "자치경찰제 도입의 논의 활발". 1월 17일.

지방자치발전위원회(2014).『지방자치발전 종합계획』. (대통령소속) 지방자치발전위원회

지방분권촉진위원회(대통령소속).『지방분권촉진위원회 위원 워크숍(자료집)』. 2009년 3월 27일~28일.

지방분권촉진위원회.『지방분권종합실행계획안』2009년 2월 6일.

정우열(2005). "국가경찰로서의 순찰지구대의 운영평가와 정책과제".『한국정책과학회보』제9권 제2호. 한국정책과학학회.

제주특별자치도 자치경찰단(2009). "제주자치경찰 운영상황 및 발전방안".『자치경찰제실무추진단 자치경찰제 도입관련 워크숍 자료집(2009. 10. 30)』

제주특별자치도지원위원회사무처(2009). 『제주특별자치도 2008년도 성과평가 결과보고서』.

제주특별자치도지원위원회사무처(2008). 『제주특별자치도 2007년도 성과평가 결과보고서』

조승재·승재현(2020). "자치경찰제 논의의 검토와 향후 과제". 『한국치안행정논집』 17(2). 한국치안행정학회.

치안정책연구소(2020). 『외국 자치경찰제도 연구』. 경찰대학 치안정책연구소.

최관(2012). "영국자치경찰과 제주자치경찰의 비교분석을 통한 한국자치경찰제도 발전 방안". 『지방행정연구』 제26권 제1호. 한국지방행정연구원.

최승원 외(2018). "연방제 국가 지방자치단체 감사제도 현황 및 운영실태 연구". 『한국지방자치법학회보』. 한국지방자치법학회.

최응렬(2004). "순찰지구대 어떻게 운영되고 있나?". 『지방자치』 통권195호. 현대사회연구소.

최응렬·정승민(2004). "순찰지구대제도의 문제점과 개선방안". 『형사정책연구』 제15권 제3호. 한국형사정책연구원.

최종술(1999). "바람직한 자치경찰제 모형에 관한 연구". 『한국행정학보』. 제33권 2호. 한국행정학회.

최종술(1999). "자치경찰제도에 대한 경찰관의 수용태도에 관한 연구". 『한국경찰학회보』 제1호. 한국경찰학회.

최종술(2001). "자치경찰제에 대한 논의의 중단과 원인에 관한 연구". 『한국공안행정학회보』 제12호. 한국공안행정학회.

최종술(2002). "자치경찰제 도입의 갈등요인에 관한 연구". 『정부학연구』. 제8권 2호. 고려대학교 정부학연구소,

최종술(2004). "광역적 순찰지구대 체제에 관한 연구". 『한국공안행정학회보』 제18권. 한국공안행정학회.

최종술(2009). "역대정부의 자치경찰제 도입방안 연구". 『지방정부연구』 제13권 제4호. 한국지방정부학회.

최종술(2010). "통합 창원시의 자치경찰제 도입방안 연구". 『한국자치행정학회보』 제24권 제2호. 한국자치행정학회.

최종술(2017). "제주자치경찰 운영성과의 평가와 발전방안에 관한 연구". 『사회과학연구』 제16권 제2호. 동국대학교 부설 사회과학연구원.

최종술(2017). "자치경찰제 도입의 조건과 과제". 『정책&지식 포럼』. 정책지식연구센터. 서울
　　　대학교 행정대학원.

최종술(2017). "지방자치와 자치경찰". 행정안전부 지방자치인재개발원 세미나(2017. 9. 26). 지
　　　방자치인재개발원.

최종술(2019). "정부의 자치경찰제 도입방안의 개선방안과 과제". 『한국경찰학회보』. 제21권 2
　　　호 통권75호. 한국경찰학회.

최종술(2019). "한국의 자치경찰제 도입갈등의 프레임 분석". 『한국자치행정학보』 제33권 제1
　　　호. 한국자치행정학회.

최종술(2020). "자치경찰제의 자치경찰제 정부안의 중립성 확보 방안 - 조직구조와 임명방식
　　　을 중심으로-". 『치안행정논집』 제17권 1호. 한국치안행정학회.

최종술(2020). "자치경찰제의 발전 단계론". 『지방자치 이슈와 포럼』. 한국지방행정연구원.

최종술(2022). "자치와 경찰, 그리고 자치경찰- 새로운 한국형 자치경찰제 모델 모색-". 제주포
　　　럼 주제발표. 전국시·도지사협의회.

최종술(2022). "한국적 자치경찰제의 나아갈 길". 자치경찰제 개선 국회토론회(2022년 3월 30
　　　일). 전국시·도지사협의회.

최종술(2022). "이원화 경찰체제의 도입으로 자치경찰권을 강화해야 한다". 『공공정책』 206호.
　　　한국주민자치학회.

최종술(2023). "한국경찰의 이원화 자치경찰제 도입방안 연구". 『한국자치행정학보』 제37권 제
　　　4호. 한국자치행정학회.

탁현우(2022). 『자치경찰제 도입의 의의와 과제』. 한국행정연구원 보고서 통권 103호. 한국행
　　　정연구원.

한국개발연구원(1992). 『2000년대 한국행정 발전방안』. 한국개발연구원.

한국생산성본부(1991). 『치안실태조사와 대책』. 한국생산성본부.

한국행정연구원 (2005). 『지방이양혁신포럼, 분야별 지방이양 매뉴얼(2005. 12)』.

행정안전부 자치경찰제실무추진단(2008). 『자치경찰제 추진중간보고서(2008. 01)』.

행정안전부 자치경찰제실무추진단(2009). 『자치경찰제 도입추진상황(2009. 08)』.

홍기수 외 번역(2010). 『독일법의 기초(Higendorf, Eric)』. 한국형사정책연구원.

황문규(2020). "자치경찰제 설계 모델 검토: 자치경찰의 수사를 중심으로". 『형사정책』 32(1).

한국형사정책학회.

법령(안)

현행 법령

국가경찰과 자치경찰의 조직 및 운영에 관한 법률 (약칭: 경찰법)

[시행 2021. 7. 1.] [법률 제17990호, 2021. 3. 30., 일부개정]

자치경찰사무와 시·도자치경찰위원회의 조직 및 운영 등에 관한 규정

[시행 2021. 7. 1.] [대통령령 제31733호, 2021. 6. 8., 일부개정]

시·도자치경찰위원회에 두는 경찰공무원의 정원에 관한 규정

[시행 2021. 7. 1.] [대통령령 제31731호, 2021. 6. 8., 일부개정

시·도자치경찰위원회에 두는 경찰공무원의 정원에 관한 규정 시행규칙

[시행 2021. 7. 1.] [행정안전부령 제260호, 2021. 6. 10., 일부개정]

경찰공무원법 [시행 2021. 1. 1.] [법률 제17687호, 2020. 12. 22., 전부개정]

지방자치단체의 행정기구와 정원기준 등에 관한 규정

[시행 2021. 1. 5.] [대통령령 제31380호, 2021. 1. 5., 타법개정]

경찰공무원 임용령 [시행 2022. 1. 1.] [대통령령 제31126호, 2020. 10. 27., 일부개정]

경찰공무원 승진임용 규정[시행 2021. 8. 31.] [대통령령 제31956호, 2021. 8. 31., 일부개정]

제주특별자치도 설치 및 국제자유도시 조성을 위한 특별법 (약칭: 제주특별법)

[시행 2024. 1. 19.] [법률 제19549호, 2023. 7. 18., 일부개정

법령(안)

「경찰법개정법률안(1999년 5월 4일)」

「경찰법전부개정법률안」(2019. 3. 11, 홍익표의원 대표발의)

「경찰법전부개정법률안」(2020. 08. 04. 김영배의원 대표발의)

국민회의 정책기획단(1998). 「경찰법개정법률안 (시안)」

「자치경찰법(안)」(2005. 11. 3 국회 제출 법안)

인터넷사이트

사이버경찰청 홈페이지(http://www.police.go.kr/, 검색일 2024. 01. 15)

일본경찰청 공식홈페이지(https://www.npa.go.jp/, 검색일, 2024. 1. 11)

제주자치경찰단 홈페이지(http://www.jeju.go.kr/jmp/intro/about.htm, 검색일 2023.13. 30)

타코마시경찰국 홈페이지(https://www.cityoftacoma.org/government/city_departments/police/
operations_bureau, 검색일 2024. 01. 22)

로스앤젤스 카운티 셰리프국 홈페이지(https://lasd.org, 검색일 2024. 01. 31)

"現行警察制度の発足", 昭和49年 警察白書, 警察庁, (https://www.npa.go.jp/hakusyo/s49/
s490100.html, 검색일: 2019.09.10)

국외문헌

Adams, Tomas F. (1985). *Police Field Operation*. New Jersey: Prentice-Hall. Inc. Banton,
Michael(1964). *The Policeman in the Community,* New York : Basic Books, Inc.

Berkley, Georg E. (1976). *Centralization, Democracy and the Police. In Jim Munroe(ed), Classes,
Conflict and Control.* Cincinnati. Ohio: Anderson Publishing.

Cordner, W. Gary. (2014). *Community policing*. The Oxford Handbook of Police and
Policing.

Crameer, James(1964). *The World's Police*. London : Cassell and Co.

Hartman, John L., Michael K. Brown, David W. Stephens(2013). *Community Policing: A
Contemporary Perspective,* Pearson Education, Inc.,

Friedmann, Robert R. (1992). *Community Policing: Police-Community Partnerships,* Lexington
Books.

Goldstein, Herman(1979). *Problem-Oriented Policing,* McGraw-Hill, Inc..

Ingleton, Roy D. (1979). *Police of the World*. London: Ian Allan.

Jennifer Mason. (1996). *Qualitative Researching,* London : Sage Publication.

Langworthy, Robert H. and Travis Ⅲ, Lawrence F. 1994. *Policing in America*. New York:
Macmillan Publishing Company.

National Association of College and University Police(NACCP)(2022). *Annual Report on*

Campus Law Enforcement.

Skolnick, Jerome, David Bayley(1988). *Community Policing: A Contemporary Perspective,* Oxford University Press.

Skogan, Wesley G. (2006). *Community Policing: Can It Work?,* Wadsworth Publishing Company,

United States Bureau of Justice Statistics(1993). *Law Enforcement Management and Administrative Statistics* (LEMAS). Washington, DC: US Department of Justice, Office of Justice Programs, National Institute of Justice.

United States Bureau of Justice Statistics(2022). *Law Enforcement Management and Administrative Statistics* (LEMAS). Washington, DC: US Department of Justice, Office of Justice Programs, National Institute of Justice.

Walker, Samuel. (1999). *The Police in America: An Introduction.* New York: McGraw-Hill.

Wilson, J. 0. (1968), *Varieties of Police Behavior.* Cambridge, MA: Harvard

University.

Wilson, O. W. and McLaren, Roy Clinton(1977). *Police Administration, 4th ed.* New York: McGrew Hill Book Co.

警察廳長官官房(編)(1995).『警察法解說(新版)』. 東京:東京法令出版.

警察廳長官官房(編)(1997).『主要諸外國の警察制度』. 東京:立花書房.

西村光利(2014).『日本の警察の歴史』. 東京大学出版会.

田村正博(1997).『警察行政法解說(三訂版)』. 東京:東京法令出版.

大津英男(1985).『警察行政』. 東京: 良書普及會.

日本辯護士聯合會 (編)(1996).『日本の 警察』. 日本評論社

吉田英法(2008). "明治前期の警察制度の変遷と近 代警察の確率に至る経緯". 安藤忠夫外2人編.『警察の進路ー21世紀の警察を考えるー』. 東京法令出 版.

島根悟(2008), "国家地方警察及び市町村自治体警察並立時代の概観ー両者の制度的関係を主に", 安藤忠夫外2人編.『警察の進路ー21世紀の警察を考えるー』. 東京法令出 版.

저자 소개

최종술

(崔宗述, Choi, jong sool, E-mail: cjs2634@deu.ac.kr)

◎ 학력·경력

- 부산대학교(행정학 학사·석사)
- 동국대학교 대학원 경찰행정학과 졸업(법학 박사, 경찰학전공)
- 2013년 2월 22일 대통령 표창장 수상(지방분권 공로)
- 2016년 10월 21일 경찰청장 감사장(경찰의 날 기념)
- 현, (KCI 등록) 한국지방자치경찰학회 회장(2021~)
- 현, 부산지방검찰청 시민검찰위원회 위원(2021~)
- 전, 부산지방노동위원회 공익위원(조정부분)(2020~2023)
- 전 부산지방경찰청 인권위원회 위원장(2018~2019)
- 전, (대통령소속) 지방분권촉진위원회 실무위원(2008~2013)
- 전, (대통령소속) 지방자치발전위원회 실무위원(2014~2016)
- 전, 미국 John Jay College of Criminal Justice(in New York City)
  Visiting Scholarship(2007~2008)
- 전, 미국 University of West Georgia, Visiting Scholarship(2017~2018)
- 현, 2001년 3월 ~ 동의대학교 인문사회과학대학 경찰행정학과 교수

◎ 주요 논문 및 저서

- 서울형 자치경찰 정착을 위한 행·재정적 지원 방안 연구(2023), 서울시의회
- 한국경찰의 이원화 자치경찰제 도입방안 연구(2023), 한국자치행정학회
- 국가경찰위원회의 실질화 방안 비교 분석 연구(2023), 한국지방정부학회
- 부산형 자치경찰제 추진모델 개발에 관한 연구(2020), 부산발전연구원
- 한국의 이원화 자치경찰제 도입방안 연구(2023), 한국자치행정학보
- 정부의 자치경찰제 도입방안의 개선방안과 과제(2019), 한국경찰학회보
- 한국 자치경찰 도입 갈등의 프레임 분석(2019), 한국자치행정학보

- 경찰인사관리론, 대왕사, 2004. 08.
- 현대행정의 이해(4인공저), 도서출판 지누, 2016. 12.
- 한국경찰의 역사와 국민생활, 도서출판 다찬, 2013. 12. 외 다수.

자치경찰론

초판발행	2024년 8월 26일
지은이	최종술
펴낸이	안종만·안상준
편 집	박세연
기획/마케팅	박부하
표지디자인	BEN STORY
제 작	고철민·김원표
펴낸곳	(주)**박영사**
	서울특별시 금천구 가산디지털2로 53, 210호(가산동, 한라시그마밸리)
	등록 1959. 3. 11. 제300-1959-1호(倫)
전 화	02)733-6771
f a x	02)736-4818
e-mail	pys@pybook.co.kr
homepage	www.pybook.co.kr
ISBN	979-11-303-2093-9 93350

* 파본은 구입하신 곳에서 교환해 드립니다. 본서의 무단복제행위를 금합니다.

정 가	23,000원